本书是湖南省社会科学成果评审委员会重点项目（XSP18ZDI013）资助成果、湖南省哲学社会科学规划基金一般项目（16YBA237）资助成果、湖南工商大学湖南省高校思想政治工作（统一战线工作）创新发展中心资助成果、湘潭理工学院（原湖南工商大学北津学院）研究成果。

九州文库

凝集民族复兴力量的理论与机制研究

刘定平 著

九州出版社
JIUZHOUPRESS

图书在版编目（CIP）数据

凝集民族复兴力量的理论与机制研究 / 刘定平著
. -- 北京 ： 九州出版社 , 2021.7

ISBN 978-7-5225-0286-1

Ⅰ. ①凝… Ⅱ. ①刘… Ⅲ. ①中国特色社会主义—社会主义建设模式—研究 Ⅳ. ① D616

中国版本图书馆 CIP 数据核字 (2021) 第 136457 号

凝集民族复兴力量的理论与机制研究

作　　者	刘定平　著
责任编辑	周弘博
出版发行	九州出版社
地　　址	北京市西城区阜外大街甲 35 号（100037）
发行电话	（010）68992190/3/5/6
网　　址	www.jiuzhoupress.com
印　　刷	三河市华东印刷有限公司
开　　本	710 毫米 ×1000 毫米　16 开
印　　张	16.5
字　　数	261 千字
版　　次	2021 年 9 月第 1 版
印　　次	2021 年 9 月第 1 次印刷
书　　号	ISBN 978-7-5225-0286-1
定　　价	95.00 元

目　录
CONTENTS

上编　新时代统一战线重要理论研究

下 编　新时代大统战生态机制研究

上编

01

新时代统一战线重要理论研究

第一章 新时代统一战线的重要地位

我们这里所说的统一战线，是马克思主义政党在不同历史时期，按照党的总目标、总策略的需要，围绕当时党的中心工作，团结工人阶级内部，同时联合其他一切可联合的阶级、阶层、政党、团体等，在共同利益的基础上结成的政治联盟。中国共产党领导的统一战线，在不同的历史时期围绕当时党的中心工作，取得了一系列伟大成就，其“法宝”地位不断巩固。党的十八大以后，在习近平总书记关于进一步加强和创新统一战线工作的重要思想的指引下的新时代统一战线，进一步提高了地位，发挥着越来越重要的作用。新时代，我国比任何时期都更加接近中华民族复兴的伟大目标，因而新时代统一战线具有非常重要的历史地位。

第一节 新时代统一战线的历史方位

一、适应新形势的统一战线

新时代新形势下的统一战线，是应对社会主要矛盾转化的统一战线，是适应所有制形式多样化的统一战线，是适应社会阶层多样化的统一战线，也是适应思想观念多样化的统一战线。

（一）应对社会主要矛盾转化的统一战线

进入新时代，我国社会主要矛盾转化为人民日益增长的美好生活的需要和不平衡不充分的发展之间的矛盾。这是依据我国现阶段生产力发展情况和人民对美好生活的向往做出的重大判断，是党和国家开展各项工作的立足点，是解决我国改革发展各种难题、推动现代化建设的关键所在。

社会主要矛盾实际上是社会总供给与社会总需求之间的矛盾。从需求侧看，是人们在对物质文化提出更高需求的基础上对民主、法治、安全、环境等提出了新的要求。从需求的主体看，人民是历史的创造者，是创造历史成果的享有者，也是历史向前发展的推动者。中国共产党始终坚持以人民为中心，始终代表的是最广大人民的根本利益，始终追求的是为人民谋幸福的目标，始终以人民满不满意作为评判工作的标准。人民是统一战线的主体，是统一战线存在和发展的基础，是开展统一战线工作的力量，也是统一战线发挥作用的最大受益者。从需求侧的客体看，美好生活需求既反映人们在思想上的解放和国家发展水平上的提高，又是推动国家发展不止步的内在动力，这也是统一战线内部成员团结在党的周围，自愿接受党的领导，发挥自身力量以期盼实现的愿望。社会主要矛盾的需求侧与统一战线在主体与客体上存在一致性，因此统一战线在认识社会主要矛盾的内涵、社会主要矛盾需求侧的发展过程以及为实现人们对美好生活的向往凝集力量上有着独特的优势和动力。从供给侧看，由于我国地理特征和历史性选择的因素，我国在生产力得到极大提高的同时仍存在地区、区域、产业、行业等领域发展不平衡，社会总的生产能力发展还不充分的问题。我国统一战线在数量上的广泛性和在质量上的精英集聚特点，为解决供给侧矛盾提供了有效支持。我国统一战线是广泛的政治联盟，不仅体现在成员界别的多样，也体现在成员覆盖面的全面。统战成员广泛地分布在不同区域、不同领域、不同行业，促使他们通过发挥自身专长和能力为各地区的发展做出贡献，统战成员内部既团结又联合的优势加强了成员间紧密联系、相互合作，为不同区域和行业间的合作和互助创造了条件，从而有利于在一定程度上加强联系、缩小差距、实现协调发展。此外，统一战线吸收和聚拢了各类具有先进知识、特殊专长、创新意识和管理能力的社会精英分子，通过发挥他们的专业素养和创新能力转变生产方式，实现更高质量和更有效率的发展，创造新的突破。因此，统一战线不仅与社会主要矛盾的转化和解决具有内在联系，而且是新时代应对社会主要矛盾转化的必要手段和重要途径。

（二）适应所有制形式多样化的统一战线

改革开放以来，立足我国国情和发展的需要，在探索和实践中对所有制结构逐步调整，形成了公有制为主体、多种所有制经济共同发展的基本经济制度。这一伟大创造经过了实践的检验证明，它不仅能极大地解放和发展生产力，推动国家经济持续发展，使人民生活水平不断改善，而且巩固了公有制的主体地位，推动了非公有制经济健康发展，展现了中国特色社会主义制度的优越性，坚定了人民群众对实现中国梦的信心。与此同时，伴随着所有制结构多样化发展，不同群体对资源的使用和利益的分配上有不同的诉求，由此引起的利益多样化、社会矛盾多发的情况时有发生，从而影响社会稳定和人民团结。另外，伴随着非公有制经济的快速发展，非公有制经济和非公有制经济人士成为推动国家改革创新、现代化建设的重要力量，但是一部分人也显现出一些弱点和不足，如一些非公有制经济人士的政治意识不强、法律意识淡薄，对自身成长的规划和作用的发挥认识不到位等。公有制经济与非公有制经济都是社会主义市场经济的重要组成部分，共同为我国经济社会发展取得的历史性成就奠定了经济基础和物质保障。目前，非公有制经济固定资产投资已经超过全国60%，占国内生产总值的比重已经超过一半，提供了80%以上的城镇就业岗位和90%以上的新增就业岗位。非公有制经济的快速发展和非公有制经济人士的不断增多，使得非公有制经济人士日益成为重要的统战对象。在所有制形式多样化的条件下，发挥统一战线包容多元、和而不同、统一共识、化解矛盾的功能，积极引导和服务非公有制经济健康发展、非公有制人士健康成长。在巩固我国基本经济制度的同时，凝聚人心、维护秩序是统一战线的使命，也是统一战线的优势。一是加强思想上的引导，巩固所有制多样化条件下共同思想政治基础，更好地发挥根本目标和根本利益一致性基础上的多样化的作用。一方面增强非公有制经济人士的政治意识，增强对党和政府的信任，自觉坚持党的领导，贯彻落实党的方针政策，提高法治意识，依法依规从事商业活动，增强服务社会、回报社会的奉献意识和积极参与、建言献策的责任意识。另一方面尊重多元、包容差异，通过多种所有制经济中蕴含的活力优化资源配置，发挥非公有制经济人士的作用，调动各方面的积极性，满足人民日益增长的需求。二是为非公有制经济发展创造良好的环境，是《中国共产党统一战线工作条例（试行）》（以下简称《条例》）对统一战线优势在非公有制经济领域发挥作用的要求。统一战线作为政府与社会的桥梁，为非公有制经济人士提供与政府部门交流对话更加便捷的渠道和途径，从而在与自己切身利益相关的经济政策制定和实施中更多地表达意见和争取利益。引导非公有制企业遵纪守法，创造良好的市场竞争环境、和谐的劳动关系，在保证经济发展的同时构建良好社会环境，为维护非公有制经济企业合法利益、促进非公有制经济发展提供政策上和法律上的保障。对非公有制经济人士的统战方法在灵活性的基础上实现多样化，以兼容并蓄的态度为多种所有制共同发展创造良好的社会环境和人力资源保障。三是积极做好非公有制经济人士工作，促进非公有制人士健康成长是统一战线扩大群众基础的内在要求。坚持“团结、服务、引导、教育”的工作方针，随着非公有制经济的快速发展、非公有制经济人士的增多以及在经济社会中发挥的作用越来越大，必须将非公有制经济人士紧紧团结在党的周围，发挥其社会主义事业建设者的重要作用，为推进经济增长、增加市场活力、规范市场秩序贡献力量。统一战线工作的定位就是服务于党和国家各项工作，在毫不动摇地鼓励支持和引导非公有制经济发展的要求下，做好非公有制经济及非公有制经济人士的服务工作至关重要，尽可能地在资源分配、信息畅通、人才培养等方面为非公有制经济提供更多的帮助和服务，鼓励非公有制经济人士有序地政治参与和利益表达，尽可能地了解其思想，帮助其解决实际困难。非公有制经济人士作为统一战线成员的重要组成部分其思想，状态对统一战线内部是否能够达成共识具有重要影响。

因此，必须加强对非公有制经济人士的引导：一方面加强政治上的引导，提高非公有制经济人士的政治信念和政治意识，坚定政治立场，自觉践行社会主义核心价值观，不断加强对国家大政方针和发展环境的信心，更加积极地投入到中国特色社会主义事业的建设中，为国家转变经济发展方式、推动创新驱动发展贡献智慧和力量。[①] 另一方面加强道德上的引导，非公有制经济人士是国家经济发展中的重要参与者，是保证国家经济健康有序发展的重要力量，非公有制经济人士的道德素养在一定程度上影响着市场秩序和规范。另外，还要激发非公有制经济人士的社会责任感，鼓励非公有制经济人士在

① 参见李桂梅、李润芝：《论非公有制经济人士社会主义核心价值观的培育》，湖南师范大学社会科学学报，2014年第4期，第5-11页。

个人事业取得成就的基础上积极回报社会，加大对慈善事业、公益事业、基础事业的投入和支持，为推动共享发展，实现全面建成小康社会的奋斗目标贡献力量。统一战线是一个平台，既整合各类资源，又给予个人充分发展的机会，正是因为有这两者的结合，所以在对非公有制经济人士的帮助和教育上具有优势，统一战线里包括了不同领域的精英分子，对非公有制人士在理想信念、法律规范、经济政策、管理方式等各方面都可以提供帮助，以促进非公有制人士更加全面的发展。

（三）适应社会阶层多样化的统一战线

随着改革开放的深入，我国经济结构、政治结构发生了重大变化，从而社会阶层结构也发生了变动和分化。社会主义市场经济的发展，新的就业类型、就业岗位、就业形式不断涌现，越来越多的人从体制内流动到体制外，新的社会阶层不断产生。不同社会阶层和群体存在不同的诉求和利益，从而使人民内部关系更加复杂和多变，统一战线包含的范围、统战成员发展的广度和统战工作开展的方法也必须适应阶层多样化而不断发展。新分化的社会阶层人士中，党外知识分子比重大，他们知识水平相对较高、专业性强、思维活跃、政治参与和权利意识较强，对新时代开展统战工作提出了新的要求和任务。因此，在社会阶层多样化下，统一战线的范围、对象和方法都要及时调整，及时做好新社会阶层人士的吸收、引导和教育工作，更好地维护他们的权利，发挥他们的专业特长，最大限度地将他们团结起来。

团结一切可以团结的力量，调动一切积极的因素共同致力于中国特色社会主义伟大事业。这既是统一战线的目标所指，也是统一战线的价值所在。社会阶层多样化的今天，通过统一战线凝聚共识、协调利益以更好地联系和吸收社会各阶层人士，增进团结、积聚力量。统一战线的团结面宜宽不宜窄，团结的人宜多不宜少。新的社会阶层不断涌现，新社会阶层人士的类型和数量不断增多，因此必须及时将新社会阶层人士更好地吸收进统一战线的队伍。在弄清各阶层人士的规模、特点、诉求和发展趋势的基础上，应充分发挥统一战线不同阶层的特色和需求，加强与新社会阶层人士的联系，尊重他们的想法，关注他们的意愿，倾听他们的诉求，代表他们的利益，给予帮助和引导，不断改进工作方法，运用与时俱进的新媒体手段加强对新社会阶层人士的思想政治教育、职业技能培训，使他们形成发自内心的认同，主动将自己所学所擅长的知识、技能运用到现代化建设之中。随着社会结构的变化和社会阶层的分化，各社会阶层及各阶层内部成员的多样性增强，其中存在的身份差异和利益诉求也各不相同，各社会阶层的具体利益与社会整体利益存在着差异，各阶层内部不同群体的具体诉求和追求也存在差异。在此情况下，需要充分发挥统一战线包容差异的内在优势，发挥协调功能，合理协调各方面的差异，减少影响团结的摩擦，避免和化解存在的潜在具体利益冲突，最大限度将社会各阶层人士团结联合到统一战线内，维护阶层多样性的同时，保证社会长期和谐稳定。社会阶层多样化带来的不仅仅是思想、诉求和利益的多样化，同时也可能会导致一些体制外的无序表达，这在一定程度上会影响社会团结与稳定。因此，合法、公开、有序的表达渠道和途径是社会阶层多样化下的要求，统一战线在保证民主协商、参政议政方面有内化于心的思想共识，也有外化于制的制度保障。通过畅通民主渠道，各党派、各团体、各社会组织通过联系其所代表的群众来倾听不同的声音和有效的建议，更好地反映社情民意，更有效地实现下情上达，以维护社会各阶层人士的合法权利和参与意愿。《条例》的制定和实行，为保证各阶层人士参政议政的权利和规范参政议政的途径提供了制度保障，为满足社会各阶层成员政治参与、民主监督意愿提供了制度化规定和法治化保证，有效地推进了国家民主法治建设。

（四）适应思想观念多样化的统一战线

历史唯物主义认为社会存在决定社会意识。随着改革开放的发展，经济社会结构发生重大变化，人们的思想观念也因此日益多元化。一方面改革开放在解放生产力的同时极大地解放了人们的思想，人们的思想和意识更加独立、复杂和多变，从而出现多种且差异性较大的价值取向。另一方面随着社会主义民主政治的发展和人民生活水平的提高，人们的权利意识觉醒，对国家建设的参与和管理更加积极，对精神文明需求更加强烈，从而产生新的心理反应。另外，在扩大对外开放中，西方文化和价值观念，包括一些落后、腐朽的思想观念等也涌入中国。加之西方国家一直企图对我国进行文化渗透，达到和平演变的阴谋。因此，在推进中国特色社会主义伟大事业中，需要统一战线弄清楚思想多元多样多变的原因，寻找巩固统战成员共同思想政治基础的着力点，不断统一思想、凝聚共识，为推进伟大事业提供思想保证。首先，中华民族源远流长的历史中蕴含着民族自豪感，革命年代抵御外部侵略过程中培育的爱国主义民族精神，改革建设历程里取得的伟大成就中形成的民族自信心，不断增强着中国人民的民族认同感，成为思想观念多样化下统一战线实现凝聚人心、扩大共识的重要基础。其次，统一战线的根本定位是党领导下的统一战线，这个定位在人们思想观念日益活跃和多变的时代，在多种思想观念的碰撞中不断强化党在意识形态的领导地位，坚持一元化的指导思想，不断巩固和加强人民团结奋斗的思想政治基础。再次，统一战线能够存在并不断发展就是因为其内涵一致性与多样性的统一，在维护和争取不同群体的具体利益和特殊利益，强化全体人民的根本利益和共同利益上具有内在统一性。正是这一特征使得人们在思想上自愿认同统一战线，自觉坚持对共同理想和共同利益的追求。

意识形态是国家文化发展和文化自信的内容，也是增强国家凝聚力和向心力的基础。在思想多样多变的时代，统一战线尊重多元、包容差异的特性为多元思想观念提供了生存的环境和发展的空间，同时，统一战线的政治性和协调性又为在多元思想观念中寻求共通点和引导正确价值取向提供了可能。因此，发挥统一战线的作用和优势，须不断加强思想引导、扩大思想共识，巩固马克思主义在意识形态的指导地位。首先，坚持和巩固党在统一战线中的领导地位，牢牢掌握意识形态工作的领导权。加强理想信念教育和理论武装，加强党的路线方针政策的宣传和落实，不断提高人们对党的执政能力的认可，对国家大政方针的支持，对错误思想观念的抵制，自觉弘扬主旋律。其次，加强思想政治引导。伴随着社会变革、经济转型所带来的社会思想观念相互交织、纷繁复杂的社会现实，如何规避其消极影响来发挥其积极作用，关键在于统一战线内部的思想政治引导，对原则性的错误观念必须旗帜鲜明地进行批评和指正，决不能放任不管，也不能随波逐流；对因认识偏差造成的误会要积极化解，帮助其提高政治思考和是非判断的能力，从而形成正确的认识，达成统一的共识；对立场坚定、思想健康的观念要给予积极认可并大力弘扬。最后，要照顾好同盟者的利益。社会结构变化、思想观念多样必然引起人们更多、更复杂的思考，必然有差异性、选择性的不同追求。要使人们形成共识、团结一致，必然要在对美好生活的共同向往和根本利益一致性的基础上，照顾好同盟者的利益。巩固和完善中国共产党领导的多党合作和政治协商制度，帮助和支持各民主党派加强自身建设；坚持民族区域自治制度，发挥各民族地区的自主性，坚持精准扶贫、精准脱贫，推动民族地区经济发展；尊重信仰自由，引导宗教与社会主义相适应；维护新社会阶层人士的合法权利，为其提供广阔的发展平台；为非公有制经济和非公有制经济人士的发展创造良好的环境和支持等。

二、担当新重任的统一战线

（一）坚持中国特色社会主义的统一战线

马克思主义理论与中国革命、建设、改革的实践和中华文化相结合，形成了独具中国特色的社会主义道路、理论、制度和文化，这既是统一战线形成和发展的背景，又是新时代统一战线理论升华与实践发展的保证。在中国革命、建设和改革的实践经验总结中探索总结出来的统一战线理论，不仅指导着各项事业的发展，而且丰富和完善着中国特色社会主义理论体系。统一战线在具体运用和实践中逐步掌握的规律和形成的制度性要求，保证了统一战线的实施，为处理好统一战线内部各种关系提供了制度性的规范。在巩固统一战线成员的共同理想和思想政治基础，达成共识、增强认同的过程中，不断增强统战成员的共产主义信仰和中国特色社会主义信念，不断用社会主义核心价值观来自觉引导和规范自身行为，这一过程实质上也是推进社会主义先进文化发展的过程，是不断提高社会文明程度和个人文明素养的有效途径。也即是说，统一战线为中国特色社会主义事业发展形成团结合作的向心力，为始终坚持中国特色社会主义政治发展道路，为发扬民主、包容差异、协调关系、尊重利益，为维护稳定提供思想和制度上的保障。

习近平总书记指出："中国特色社会主义事业越是向前推进，越需要凝聚最广泛的力量。"[①]这意味着，推动中国特色社会主义道路、理论、制度和文化向前发展，离不开统一战线的支撑。第一，不同的历史时期，由于社会主要矛盾的不同、经济社会发展状况不同以及社会阶级阶层组成不同，对统一战线的任务和统战对象的要求也会发生变化。如新民主主义革命时期争取民族独立和人民民主的任务，要求统一战线根据革命时期的社会现实和各阶级的

① 《习近平总书记同党外人士共迎新春》，《光明日报》，2013年2月8日第1版。

本质属性，在党的领导下团结工人阶级、农民阶级、小资产阶级和民族资产阶级，加强统一战线内部联合与合作，为抵御外侵筑起了坚实的城墙，为获得人民解放扩大了阶级基础和群众基础。进入新时代，面对不断变化的新形势、国家工作开展的新部署、人民发展提出的新需求，统一战线的覆盖面不断扩大，统战要求和工作方式更加与时俱进以适应新时代国家各项工作发展要求。新时代统一战线是最广泛同盟者的统一战线，把全体社会主义劳动者、社会主义事业建设者、拥护社会主义的爱国者、拥护祖国统一和致力于中华民族伟大复兴的爱国者紧紧团结在中国共产党周围，坚定不移地走中国特色社会主义道路，为推进社会主义现代化建设和实现人民对美好生活的要求建言献策、各尽其能、贡献力量。第二，在统战工作的具体开展和发挥统战成员作用的过程中形成的科学决策内容、民主监督方式、政治参与规定等有利于在国家未来发展的有效经验的基础上进行科学总结和高度概括，并通过统战工作的实践检验，逐步形成科学合理的指导性理论，不断丰富和完善中国特色社会主义理论体系，为新时代统战工作和深入推进改革发展提供理论性指导并在不断实践中获得新的发展，以实现"实践、认识、再实践、再认识"的良性循环。第三，统一战线历来与国家政权、政党、民族宗教、基层群众等联系密切，涉及面广泛、接触面复杂。因此，对统一战线领域各项工作的原则、要求和运行必然提出制度性规范，以保证这一法宝作用能更好地进行发挥。总结统一战线发展的历史经验教训，须立足于新时代的特征和要求上，更加理性和科学地处理政党关系、民族关系、宗教关系、阶层关系、海内外同胞关系。总结处理"五大关系"的有效经验，不断探索促进"五大关系"和谐并进的规律，推进统一战线工作的运行和程序更加制度化、规范化、法治化，为统一战线的作用更好地进行发挥提供制度保证，其中，《条例》就是统一战线工作制度化、规范化、程序化的重要标志。统一战线的广泛性和包容性也决定了它与现代化建设的各项工作紧密相关。统战工作的制度化建设不仅为统战工作提供制度保障，也推动其他各项工作规范化发展，更是有利于促进中国特色社会主义制度更加完善和定型，形成一套互相衔接又相互促进的制度体系，展现出中国特色社会主义制度的优越性。第四，统一战线得以形成的基础条件就是共同的价值追求和内在认同。统战成员在长期的相处和合作中形成的民族文化认同、爱国主义情怀和为国奉献的使命感和责任感是推动国家发展的强大精神动力。随着时代发展和统战实践而不断丰富的统战理论、不断创新的统战方法、不断夯实的统战思想，既是对中华优秀传统文化中蕴含的和合思想的继承，又是对革命文化沉淀的团结奋进、艰苦奋斗精神的传承，更是体现了对社会主义文化发展的理论创新和文化自信的推动，为社会主义先进文化的发展注入活力。

（二）实现中华民族伟大复兴的统一战线

中国梦是历史的、现实的，也是未来的。实现中华民族伟大复兴是近代以来全体中国人民的梦想，是中国共产党自成立之日起就自觉肩负起的历史使命；是中国革命中无数革命先驱前仆后继、英勇拼搏的坚定信念；是改革开放新时代党的工作重点转移、坚持发展才是硬道理的内在动力；是新时代党和国家发展的总任务和统一战线内涵不断延伸、覆盖不断广泛、力量更加巩固的新要求。在《条例》中，明确把“致力于中华民族伟大复兴”写入统一战线，这意味着统一战线的巩固和发展需要中国梦的引导和支撑，中国成就和中国梦想为统一战线的巩固增添信心，也为统战工作在新时代顺利开展提供了现实条件。把握习近平总书记关于进一步加强和改进统一战线工作的重要思想的历史方位需要始终坚持中华民族伟大复兴梦的奋斗目标，需要在新时代处理好改革、发展、稳定关系中不断巩固统一战线成员的思想政治基础，争取更加广泛的认同和支持。中国梦是民族梦、国家梦，也是人民梦，“民族独立、人民解放”“国家富强、人民幸福”的目标充分展现中国梦的落脚点始终是人民，这意味着国家梦与个人梦是统一的，每个人可以在推动国家社会发展的过程中拥有实现自己的梦想的平台和机会。统一战线就是这样一个将国家梦与人民梦联系起来的纽带，给予统战成员更多机会和渠道参与国家发展、展现自身专长、实现个人价值。统一战线工作开展和实现的基础是通过中国梦这个共同目标形成中华儿女团结奋斗的最大公约数，统一战线扩大和发展的过程是在帮助和支持个人梦想的同时，将个人梦想的实现成果以有效方式整合优化，凝聚成实现民族梦、国家梦的力量和优势。

统一战线的领导力量与实现中国梦的领导力量是一致的。统一战线的统战对象是实现中国梦的依靠力量，统一战线的功能特色是实现中国梦的有效手段。统一战线与伟大梦想在内容和要求上有着高度契合点，新时代，统一战线更要发挥其重要法宝作用来承担起实现民族振兴、国家富强和人民幸福的重要使命。一是凝聚力量，实现中华民族大团结。中国革命、建设、改革的实践证明人心整齐、民族团结是取得民族独立和国家富强的基本要求和首要保障。当前，中华民族迎来了从站起来、富起来到强起来的伟大时代，在决胜全面建成小康社会，奋力实现“两个一百年”奋斗目标的关键时刻，面对更加复杂的统战环境和广泛的统战对象，如何有效达成人民共识、加强内部和谐、促进民族团结，历史经验给予了我们统一战线这一重要法宝，激发中华儿女的使命感和责任感，充分发挥人民群众的参与性和主动性。通过相互尊重和同心协力增进统战成员的内部和谐，通过对新的社会阶层人士和党外知识分子的引导和吸收不断拓宽统一战线的覆盖面，通过妥善处理好人民内部矛盾以减少内耗，寻求整体利益最大化。团结一切可以团结的力量，不断提升统一战线的包容性和凝聚力，紧紧团结全体社会主义劳动者、社会主义建设者、拥护社会主义的爱国者、拥护祖国统一和致力于中华民族伟大复兴的爱国者，为实现伟大梦想凝聚共识、凝聚人心、凝聚力量，在命运共同体意识下因团结而形成强大的合力；二是各尽其能，实现中国人民大联合。唯物辩证法揭示事物各要素在结构、排列组合上的不同对事物整体功能的发挥有着重要影响。实现中华民族伟大复兴需要的凝聚力量，不是简单地把各要素聚集起来，而是要求社会各要素以最合理的方式进行整合，将各自发挥的最大功能联合成整体效应。因此，实现中华民族伟大复兴在坚持党的领导下必须充分调动各党派、各民族、各阶层和各群体人民的积极性和参与感，充分利用统一战线密切联系群众和整合社会资源的优势，既发挥统战成员各自专长，各尽其能，又优化人力、物质资源配置，协调整合各方面的优势形成整体合力，实现统一战线内部联合发展，以此构建统一战线成员之间优势互补、协调合作、共同进步的模式，以最广的范围和最优的方式为国家发展集聚智慧和力量；三是包容协调，实现共同利益与具体利益的统一。中华民族伟大复兴是一个伟大梦想，既体现在奋斗目标的设定上，也体现在其内涵丰富、包罗万象之中。实现伟大梦想的内涵涉及经济、政治、文化、社会、生态各方面，也需要各方面的力量，因此必然涉及许多差别化的诉求、不同的具体利益。矛盾的普遍性和特殊性原理揭示了共性是寓于特殊性中的，也就是说各方力量的具体利益中必然蕴含了中国梦得以确立和实现的共同利益。统一战线既体现了这种具体利益与共同利益相统一，又具备协调实现中国梦这一共同利益与统战内部各群体的具体诉求和利益的功能，从而对维护国家内部团结和稳定具有重要意义。中国共产党始终代表最广大人民群众的根本利益，各党派、各阶层、各群体反映其代表群体的具体利益。在阶层分化、利益多元的今天，不同群体对物质财富的分配、民主法治的要求、精神文化的需要有着不同程度的诉求。要平衡各方诉求尽可能地实现各群体的具体利益，同时不断巩固和突显中华民族的整体利益并凝聚人民共识为共同利益而努力。这就要求充分发挥统一战线的巨大包容性和协调性，在共同利益与具体利益出现冲突时引导人们个人利益服从集体利益，局部利益服从整体利益，并尽可能地尊重和保证具体利益，妥善处理一致性和多样性的关系，畅通利益表达渠道，拓宽利益实现途径，实现发展成果由人民共享，给予多样性的展现和发挥作用的空间，又保证多样性展现和发挥作用的合法途径，以保证多元社会中的主流方向，将一致性始终贯穿其中。

（三）推进“四个全面”战略布局的统一战线

“四个全面”是在经济进入新常态，面对发展质量和效益还不高，改革进程中的矛盾利益凸显，法治建设任务繁重，党的建设还存在薄弱环节等现实情况下提出来的，是着力解决我国发展中的难题和突破发展瓶颈的有效方法，是推动中国特色社会主义事业发展的战略布局，是实现“两个一百年”奋斗目标和中华民族伟大复兴的中国梦的理论创新。新时代，要形成更广泛的统战政治联盟，发挥统一战线的功能和优势，突出统一战线的地位和作用，需要“四个全面”提供理论指导和行动指南。“四个全面”从战略目标和战略举措两方面为新时代统一战线的发展和统战工作的开展提出要求并推进落实。一方面要求把握统一战线大团结大联合的主题，加强中国共产党和各民主党派团结合作，加强各民族交流与发展，引导宗教与社会主义相适应，加强党外人士和新社会阶层人士的引导和吸收，鼓励海内外同胞致力于祖国发展，为实现第一个百年目标，团结一切可以团结的力量。另一方面要求全体人民一道步入全面小康社会，为统一战线全体成员树立了清晰可行的目标，做出了庄严可信的承诺，为统战工作的具体落实和激发全体人民共同奋进、共享发展成果的信念提供了动力。全面深化改革、全面依法治国、全面从严治党的战略举措以严密的逻辑性联系从不同角度推进统战工作的具体落实。在破解发展难题、解构利益藩篱、推进法治建设、树立法律权威和巩固党的领导、加强党的建设中，必然要求统一战线在整合资源、建言献策、民主监督、参政议政等领域发挥更有效的作用，必然要求最大化地吸收和整合统战对象，搭建平台，更好地发挥党内外人士的专业作用，畅通渠道落实各项方针政策。

党的十九大提出，中国特色社会主义事业的战略布局是“四个全面”。习近平总书记明确指出，统一战线有自己的优势，应该也完全能够为落实“四个全面”的战略布局做出贡献。[①]具体来说，一是发挥人才整合资源的优势，为“四个全面”凝聚智慧和力量。充分利用统战对象广泛性的特点，利用民主党派、无党派人士、党外知识分子及海内外各种统战力量的专业和特长，对推进“四个全面”具体举措的制定和落实提出切实可行的建议对策，保证决策的科学性和可行性。另外，适应统战工作现实的需要，转变当前统战工作的思路和方法，形成更加开阔的视野。以“大统战观”为指导，团结留学人员、新媒体代表人士和非公有制经济人士特别是年轻一代的“新三种人”，拓宽其政治参与和利益表达的渠道。[②]二是发挥协调关系、化解矛盾的优势，为“四个全面”创造稳定的环境。随着改革开放和社会主义市场经济的持续发展，人们的思想观念更加多样和多变，各阶层的利益格局发生深刻的调整，不同群体在资源分配和追求具体利益的过程中发生冲突，引发社会的不稳定。这种冲突属于人民内部矛盾，解决好这种冲突靠的就是统一战线。统一战线有着最广泛的联盟、合法畅通的渠道和包容多样的特性，在协调内部关系、化解冲突矛盾中必能发挥巨大作用。一方面，通过凝聚统战成员的共识，处理好一致性与多样性的关系，在保持和鼓励统战内部活力的基础上更加坚定对共同目标和理想的追求，为保持内部团结和谐提供思想上的保证。另一方面，通过协商代替对抗的方式，了解各方所想所谋、听取各方诉求和建议，加强各方交流与信任，从而发现产生矛盾的原因、树立解决矛盾的共识、以适当“妥协”的方式达成一致，甚至在本来存在的利益差异中寻求利益结合点，将存在的非对抗性矛盾转化为推进合作的动力，从而在统一战线内部形成相互理解和相互帮助的氛围和传统，促进党际关系、民族关系、宗教关系、社会各阶层关系和海内外同胞关系和谐发展，维护社会秩序和谐稳定。三是通过反映问题、贡献对策的优势为“四个全面”的落实提供保障。统一战线

① 《习近平谈人民政协和社会主义协商民主》，共产党员网，2016年3月3日。

② 参见《九三学社青岛市委2016年各基层组织换届工作报告汇编》，2016年8月10日。

工作内容丰富、统战对象覆盖广泛的特征使得统一战线具有多样性和社会性的特点，更能够从不同角度、不同专业对推进“四个全面”的落实提出合理化建议。

（四）推进国家治理体系和治理能力现代化的统一战线

新时代统一战线作为夺取中国特色社会主义胜利的重要法宝，在推进国家治理体系和治理能力现代化的过程中，具有独特的优势和重要的作用。国家治理体系和治理能力是国家制度和制度执行能力的集中体现，是中国特色社会主义民主政治不断发展进程中，制度设计和制度执行日臻科学、合理、有效，政府、社会、民众多方良性互动逐步建构明晰，权力与权力的边界日渐厘清、有序的系统动态过程。治理体系和治理能力的现代化既是对统一战线制度化、规范化、程序化的发展要求，也是发挥统一战线内在优势为国家制度建设和执行提供保障的内在要求。国家治理体系和治理能力的现代化是全面深化改革的总目标，也是中国特色社会主义现代化发展的要求。新时代统一战线作为夺取中国特色社会主义胜利的重要法宝，其本身就是国家治理体系和治理能力现代化的重要体现。更为重要的是，新时代统一战线能起到巩固党的执政基础、提升党的领导和执政能力的作用，能起到完善社会多元共治体系的作用，能起到推进立法的民主与科学的作用，能起到维护国家的政治稳定、保证执政有力、促进参与有序、实现社会和谐的作用。当前，新时代统一战线在如下两个方面发挥着越来越大的作用。

一方面，新时代统一战线为中国特色社会主义制度的制定和完善提供智力支撑。一是“人多力量大”的优势在统一战线内部得到充分印证。统一战线作为最广泛的政治联盟，在人力数量和人才质量上都有巨大优势。可以发挥智库优势，充分听取民主党派、无党派人士和社会各阶层代表人士的想法、诉求和建议，为制度的确立和完善建言献策，保证制度的科学性和可行性。二是人民民主的本质要求是统一战线的核心。在抗战胜利前夕，毛泽东与黄炎培的“窑洞对”充分反映了中国共产党在“历史周期律”的警示下，通过理论与实践的总结探索跳出这个周期律的方法。这个方法就是民主，它是妥善处理统一战线内部关系、保证统一战线团结有力的根本方法。新时代全面深化改革，推进国家治理体系完善，需要民主协商，发挥统一战线协商功能。通过政党协商、人大协商、政府协商、政协协商、人民团体协商、基层协商和社会组织协商等对制度的内容和执行的程序加强交流与商议，达成制度最优化。对各项制度之间的相互衔接配合、发挥整合效应提供有效方案，以推动建立一整套行之有效、相互协调的中国特色社会主义制度体系，从而推进国家治理体系现代化。三是合法有序的表达渠道是统一战线民主的表现。民主党派、无党派人士通过政治协商、参政议政的合法渠道和程序，使各种有利于国家发展的建议和意见上升为制度性的规定，避免了无序化的表达。这种合法有序的参与途径本身也是对制度规范的遵守和落实。

另一方面，新时代统一战线为制度的执行提供监督和创造环境。制度的制定只是基础，只有各项制度真正落实好才能发挥其效用，而无论是制度的贯彻执行还是监督反馈都需要人。办好中国的事情，关键在人。做好统战工作，关键也是人。统一战线本身就是做人的工作，统一战线的对象是制度执行的主体，统战成员的广泛性为制度的落实奠定了群众基础，统战成员不同界别的特殊性为制度的落实提供不同的方法和途径。扩大统战成员对提高中国特色社会主义制度的共识，增强全体人民的制度自信、力量凝聚，为制度的落实和高效运转集聚人力资源具有重要意义。

统一战线本身具有多样性和差异性的特征，统战成员不同界别的特色，使得统一战线在对制度运行的监督和反馈方面有天然的优势，如我国多党合作制度要求发挥民主党派的民主监督作用，民主党派在制度制定时参与沟通、提出意见，对制度执行过程和各部门落实情况实施监督，并对发现的问题及时反馈以规避可能因落实不力带来的误差和错误，民主监督、法律监督和党内监督相辅相成，以保证各项制度有效落实，促进制度在运行中不断发展和完善。

第二节　新时代统一战线的战略定位

一、新时代统一战线在党和国家工作大局中的地位

“统一战线”一词出自毛泽东的《论反对日本帝国主义的策略》，在近现代史中，我们经历了大革命时期的国共统一战线，土地革命时期的工农民主统一战线，抗日战争时期的抗日民族统一战线，解放战争时期的人民民主统一战线，以及现在社会主义时期的爱国统一战线。自党的十一届三中全会以

后，我国进入了改革开放和社会主义现代化建设的历史新时代，爱国统一战线成为有各民主党派和各人民团体参加的，包括全体社会主义劳动者、社会主义事业的建设者、拥护社会主义的爱国者和拥护祖国统一的爱国者的最广泛的联盟。它的任务主要是团结一切可以团结的力量，调动一切积极因素，为建设有中国特色的社会主义、统一祖国、振兴中华服务。

党的十八大以来，在习近平总书记新时代中国特色社会主义思想指导下，统一战线不断创新发展、巩固扩大，在中国特色社会主义事业中发挥了重要的法宝作用。党的十九大报告鲜明提出，统一战线是党的事业取得胜利的重要法宝，必须长期坚持。要高举爱国主义、社会主义旗帜，牢牢把握大团结大联合的主题，坚持一致性和多样性统一，找到最大公约数，画出最大同心圆。在习近平总书记新时代中国特色社会主义思想的指引下，在决胜全面建成小康社会、夺取新时代中国特色社会主义伟大胜利、实现中华民族伟大复兴中国梦的新征程中，统一战线必将继续发挥其独特而巨大的作用。

（一）统一战线是最大的政治

毛泽东作为中国共产党第一代中央领导集体的核心，很早就明确指出，统一战线、武装斗争、党的建设，是中国共产党在中国革命中战胜敌人的三个主要的法宝。其中，统一战线和武装斗争，是战胜敌人的两个基本武器。而中国共产党的组织，则是掌握这两个武器以实行对敌冲锋陷阵的英勇战士。民主革命时期，我们有两条战线：第一条战线是军事战线，仗打得很好；第二条战线是政治战线即统一战线，人也团结得很好。两条战线相互配合，相辅相成，因此很快取得了民主革命的胜利。干革命，离不开统一战线。搞建设，同样离不开统一战线。正如毛泽东所说："是人多好些，还是把许多积极因素赶走好些呢？还是把积极因素团结起来好。……团结了更多的人，阻碍就少些，事情就容易办得通。"[①]

进入改革开放的历史新时代，邓小平作为中国共产党第二代中央领导集体的核心，继续强调："统一战线仍然是一个重要法宝，不是可以削弱，而是

① 毛泽东：《工商业者要掌握自己的命运》（1955年10月27日），《毛泽东文集》第六卷，人民出版社1999年版，第488页。

应该加强，不是可以缩小，而是应该扩大。”[①] 此后，中国共产党几任中央领导集体始终坚持：统一战线是中国共产党的总路线、总政策的重要组成部分，是我们排除万难、夺取胜利的一大法宝。在中央统战工作会议中又明确提出：统一战线是夺取革命、建设、改革事业胜利的重要法宝，是增强党的阶级基础、扩大党的群众基础、巩固党的执政地位的重要法宝，是全面建成小康社会、加快推进社会主义现代化、实现中华民族伟大复兴中国梦的重要法宝。这表明，中国共产党对统一战线地位作用的认识达到了新的高度。

2015年5月中旬，在北京召开的中央统战工作会议上，习近平总书记发表了重要讲话。会议继承几代中国共产党人的优良传统，把统一战线摆在全党工作的重要位置，进一步强调了统一战线的重要法宝作用。统一战线人才荟萃、智力密集，可以说是一个大智库。习近平总书记希望同志们着眼“十三五”时期发展，把握经济发展新常态这个大逻辑，就经济社会发展的重大问题、全面深化改革的难点问题、推动创新创造的关键问题，为中共中央决策和施政提供有价值的意见和建议。要用实劲、做实事、求实效，特别是要在补短板上聚焦发力，把统一战线各界智力凝聚起来、创造活力激发出来。要完善民主监督，加强对重大改革举措、重要政策贯彻执行情况和“十三五”时期重要约束性指标等的监督，促进相关工作。

进入新的历史时期，我国所有制形式、社会阶层、思想观念更加多样，新的社会群体不断涌现，对统一战线扩大团结面、增强凝聚力提出了更高要求。中共中央在不断巩固工农联盟的基础上，广泛团结社会各阶层人士，着眼推动构建“亲”“清”新型政商关系，毫不动摇地鼓励、支持、引导非公有制经济发展，支持非公有制经济人士弘扬企业家精神，积极投身供给侧结构性改革，加快转型升级，服务社会民生，参与脱贫攻坚，在发展壮大企业的同时报效国家、回馈社会。引导和支持党外知识分子、回国留学人员发挥专业优势，投身创新创业，一批优秀的党外知识分子在各自领域创造出引领世界潮流的科技成果。

还要邀请海内外中华儿女共筑中国梦。十八大以来，统一战线着眼实现中华民族伟大复兴，最大限度地扩大团结面，广泛凝聚海内外中华儿女助力

① 邓小平：《在政协、统战部宴请各民主党派和工商联代表的招待会上的讲话》（1979年10月19日），《邓小平文选》第二卷，人民出版社1993年版，第203页。

国家改革发展，捍卫国家核心利益。坚持“一国两制”、“港人治港”、“澳人治澳”、高度自治的方针，支持香港、澳门发展经济、改善民生、推进民主、促进和谐，加强内地同香港、澳门在各个领域的交流合作，积极引导港澳同胞增进国家认同和民族认同，有力地促进了港澳长期繁荣和稳定。必须毫不动摇坚持一个中国的原则，坚持“九二共识”的政治基础，坚决反对“台独”，积极推进两岸民间各领域交流合作，切实做好争取人心的工作，增进了两岸同胞亲情和福祉。同时，必须坚持以人为本、为侨服务的宗旨，着力凝聚侨心、汇集侨智、发挥侨力、维护侨益，引导他们共同致力于国家现代化建设与和平统一大业，推进全球反“独”促统运动，传承和弘扬中华民族优秀文化，增进中国人民与世界各国人民的友谊。

政治制度不能脱离特定社会政治条件和历史文化传统来抽象评判，不能生搬硬套外国政治制度模式，适合的才是最好的。我们已经进入中国特色社会主义的新时代，这一新时代就是中国人民从站起来、富起来到强起来，继续前行的伟大历史时期。各党派、各阶层、各民族、各团体、各界人士对国家发展充满着自豪和坚定，充分展示了中国特色社会主义的道路自信、理论自信、制度自信和文化自信。我国当前所取得的伟大成就就是对我国政治制度的最大肯定。

（二）统一战线是全党的工作

习近平总书记指出，统战工作是全党的工作，必须全党重视，大家共同来做。各级党委要把统战工作摆在重要位置，各级党政领导干部要带头学习宣传和贯彻落实统一战线政策法规，带头参加统一战线重要活动，带头广交深交党外朋友。要坚持党委统一领导、统战部牵头协调、有关方面各负其责的大统战工作格局，形成工作合力。要加强统战干部队伍建设，统战干部要发扬优良作风，做到诚恳谦和、平等待人、廉洁奉公，真正赢得党外人士尊重和认同，团结他们同我们党一起奋斗。[①]

回首历史，我们党在波澜壮阔的光辉历程中由小变大、由弱变强，一条基本经验就是通过建立和运用统一战线，获得最广泛力量支持。从民主联合战线、抗日民族统一战线，到人民民主统一战线、爱国统一战线，都为党凝

① 《巩固发展最广泛的爱国统一战线》，《中国青年报》，2015年05月21日03版。

聚了最广泛的人心，汇聚了最强大的力量，为完成党在各个时期中心任务做出了不可替代的历史性贡献。一部统一战线史，就是一部我们党不断团结联合各方力量、发展壮大，从胜利走向胜利的历史。

做好新形势下统战工作，最根本的是要坚持党的领导，实行的政策、采取的措施都要有利于坚持和巩固党的领导地位和执政地位。做好新形势下统战工作，必须正确处理一致性和多样性关系，不断巩固共同思想政治基础，同时要充分发扬民主、尊重包容差异，尽可能通过耐心细致的工作找到最大公约数。做好新形势下统战工作，必须善于联谊交友，统一战线是做人的工作，搞统一战线是为了壮大共同奋斗的力量。在革命、建设、改革各个历史时期，我们党始终把统一战线和统战工作摆在全党工作的重要位置，努力团结一切可以团结的力量、调动一切可以调动的积极因素，为党和人民事业不断发展营造了十分有利的条件。现在，我们党所处的历史方位、所面临的内外形势、所肩负的使命任务发生了重大变化。然而，越是变化大，越是要把统一战线发展好，把统战工作开展好。①

我们党长期执政的根本在于人心。实践证明，统一战线巩固发展之时，就是党执政能力增强、事业顺利发展之刻。这要求党保持同人民群众的血肉联系，使党的各项决策和工作顺应民意、赢得人心，真正跳出“其兴也勃、其亡也忽”的历史周期律。作为党特殊的群众工作，更需要统一战线这种暖人心、聚人心、得人心的方式，不断巩固党的执政基础。

发挥党员在统战工作中的作用。全党动手做统战工作是对全体党员的要求。一些在特殊领域工作的党员，同本领域的党外人士联系密切，要自觉承担起统战工作责任。全体党员要发挥引导者作用，正面引导、解疑释惑，关键时刻旗帜鲜明、正面发声，影响广大统战成员自觉跟党走。此外，要发挥联结者作用，增强政治意识和阵地意识，对现实思想问题抓得准、说得清、把得住，把统一战线广大成员紧密团结在党的周围。

正是由于在中国共产党领导下充分发挥统一战线作用，我们取得了革命、建设和改革事业的胜利，中国人民从此站起来了、富起来了。如何站在新的历史起点上，实现“两个一百年”奋斗目标，实现中华民族伟大复兴，真正

---

① 《人民日报评论员：统战工作要靠全党共同来做——五论学习贯彻习近平中央统战工作会议重要讲话精神》，《人民日报》，2015年5月25日01版。

强起来？正如习近平总书记所指出，中华民族伟大复兴，绝不是轻轻松松、敲锣打鼓就能实现的，全党必须准备付出更为艰巨、更为艰苦的努力。①

党的十九大报告指出，“中国特色社会主义制度的最大优势是中国共产党领导”。②中国共产党之所以能够由小到大并长期执政，靠的就是拥有的独特优势。邓小平认为，党的优势不仅在于政权中的适当数量，主要在于群众的拥护。毛泽东认为，共产党员是一种特别的人，他们完全不谋私利，而只为民族与人民求福利。他们生根于人民之中，他们每时每刻地总是警戒着不要脱离群众，他们不论遇着何事，总是以群众的利益为考虑问题的出发点，这样，他们就能获得广大人民群众的衷心拥护，这就是他们的事业必然获得胜利的根据。中国共产党的这些认识，得到党外爱国民主人士的普遍高度赞同，认为“群众拥护”的确是中国共产党的最大优势。其主要原因是处处以群众利益为出发点，并虚心接受群众意见，中共历代领导人无一不以人民疾苦为念，而忘却个人安乐，夜以继日为人民服务，中国共产党赢得了人心，这是我国党外爱国民主人士逐步接受共产党领导的根本原因。

党的十八大以来取得的巨大成就，使党的群众拥护的最大优势更加扩大，使广大统一战线成员对党的领导更加信任，愿意紧密团结在以习近平总书记为核心的党中央周围，为中华民族伟大复兴的中国梦的早日实现贡献力量。党的领导是统一战线事业发展的根本保证，随着中国共产党群众拥护优势的巩固和扩大，做好统一战线工作有了更大的优势。

二、统一战线与“四个全面”战略布局的关系

“四个全面”战略布局是实现“两个一百年”奋斗目标、实现中华民族伟大复兴中国梦的必由之路。所以，为了做好新形势下的统战工作，必须坚持在党的领导下最广泛地联合各种社会政治力量，实现统战对象的最大化，最大限度地联合海内外统战力量。

① 《继承发扬永久奋斗的伟大传统——学习习近平总书记在纪念五四运动100周年大会上的重要讲话》，求是网，2019年05月02日。

② 《习近平：中华民族伟大复兴，绝不是轻轻松松、敲锣打鼓就能实现的》，新华网，2017年10月18日。

（一）“四个全面”是统一战线团结奋斗的行动指南

自十八大起，党中央高度重视统战工作。习近平总书记曾指出，当前和今后相当长一段时间，要着力服务全面建成小康社会、全面深化改革、全面依法治国、全面从严治党的战略布局。而“四个全面”的战略布局是从我国发展现实需要中得出来的，是从人民群众的热切期待中得出来的，也是为推动解决我们面临的突出矛盾和问题提出来的。统一战线有自己的优势，应该也完全能够为落实“四个全面”的战略布局做出贡献。

党的十八大以来，以习近平同志为核心的党中央着眼实现中华民族伟大复兴中国梦，围绕中国特色社会主义的总体布局进行战略思考和总体谋划，审时度势，层层推进，推出了执政兴国的一系列“组合拳”。从十八大的全面建成小康社会到十八届三中全会的全面深化改革再到十八届四中全会的全面推进依法治国，从系列重要讲话精神到“三个全面”再到“四个全面”，这不仅是工作部署上的不断深化完善，也是思想理论上日臻成熟的重要标志。“四个全面”与毛泽东思想、邓小平理论、“三个代表”重要思想、科学发展观既一脉相承又与时俱进，是治国理政方略与时俱进的新创造，是中国特色社会主义理论体系的新发展，是马克思主义与中国实践相结合的新飞跃。可以说，“四个全面”重要论述的提出，为第21次中央统战工作会议的召开、为《中国共产党统一战线工作条例》的出台，明确了指导思想，奠定了理论基础，提供了政策依据。

第20次全国统战工作会议提出“三个重要法宝”“四个必然要求”“三项重要任务”等重要论述，明确了当时统一战线的重要地位和作用，突出了全面建设小康、科学发展、执政兴国、先进性建设等目标要求，凸显了鲜明的时代特征。① “四个全面”战略布局，涵盖了方方面面，使党和国家事业的战略方向、重点领域、主攻目标更加清晰，内在逻辑更加严密，治国理政的总体框架更加完整。“四个全面”战略布局的提出，表明治国理政进入新常态。“四个全面”贵在全面，即不能有取舍、不能有偏颇、不能有侥幸、更不能有各取所需、自以为是、自作主张，它展示的是一种魄力、魅力、执行力。诸如“小康社会”，必须是56个民族、14亿人民的“小康”；诸如“深化改革”，

① 《四个全面战略布局与统一战线——对中央统战工作会议关于当前统战工作战略定位的认识和思考》，中共黄山市黄山区统战部，2017年7月27日。

则不能有任何利益集团从中作梗，而要以人民有更多“获得感”为标准；诸如“依法治国”，就是要在社会生活所涉及的方方面面，要有法可依、有法必依、执法必严、违法必究；诸如“从严治党”，既要讲政治纪律又要讲政治规矩，既要反经济腐败又要反政治腐败，不能让“政治转基因”在执政党内成气候。

统一战线历来是为党的总路线总目标服务的，“四个全面”战略布局对统一战线提出了新任务、新要求。从“四个必然要求”，到中国特色社会主义经济、政治、文化、社会和生态文明“五位一体建设”，再到“四个全面”战略布局，统一战线围绕中心、服务大局的目标更明确、内涵更丰富、路径更清晰、要求更具体。“四个全面”战略布局集目标、动力、保证、保障于一体，是统一战线凝心聚力、团结奋斗的行动指南。

习近平总书记在2015年2月11日同党外人士迎春座谈会上指出，统一战线有自己的优势，应该也完全能够为落实“四个全面”的战略布局做出贡献。[①] 这是总书记对统一战线提出的新希望、新要求。统一战线服务“四个全面”，应该有所作为，也可以有所作为。统一战线在服务“四个全面”战略布局中有着制度优势、人才优势、网络优势、渠道优势（参政议政、民主监督、政治协商等）和功能优势（沟通思想、反映诉求、协调关系、化解矛盾、凝聚人心、整合力量）。统一战线成员要做协调推进“四个全面”战略布局的坚定拥护者、积极宣传者、自觉实践者和有力推进者，努力为推动“四个全面”战略布局的具体实践多添助力、多增合力、多做贡献。可以说，“四个全面”就是当前统一战线团结奋斗的行动指南。

（二）统一战线是实现“四个全面”战略任务的重要法宝

统一战线要围绕“四个全面”的战略布局凝结各方智慧和力量，形成推动改革的共同意志和共同行动，通过凝聚海内外统战力量，巩固和发展壮大最广泛的爱国统一战线。统一战线在服务“四个全面”战略布局中有着制度优势、人才优势、网络优势、渠道优势（参政议政、民主监督、政治协商等）和功能优势（沟通思想、反映诉求、协调关系、化解矛盾、凝聚人心、整合力量）。统一战线成员要做协调推进“四个全面”战略布局的坚定拥护者、积

① 《习近平同党外人士共迎新春 俞正声张高丽出席》，《人民日报》，2015年2月13日01版。

极宣传者、自觉实践者和有力推进者，努力为推动“四个全面”战略布局的具体实践多添助力、多增合力、多做贡献。

从当前党和国家政策和行动可以看出，为了完成“四个全面”战略任务，一定要做好统战工作，统战工作积极作用的发挥，应主要从以下三个方面出发建构“大统战观”的格局，为“四个全面”建设提供支持：

第一，以维护和发展改革、发展稳定大局为核心，最大范围地推进统战对象扩大化。

第二，在“四个全面”建设关键时期，需要巩固和发展最广泛的爱国统一战线，凝聚各方面智慧和力量，尤其是海外统战力量。

第三，服务“四个全面”战略布局，需要政党协商、参政议政、巩固和发展最广泛的爱国统一战线，三位一体。

总而言之，统一战线要围绕“四个全面”的战略布局凝结各方智慧和力量，形成推动改革的共同意志和共同行动，在服务“四个全面”工作中“有为”，然后自身也“有位”。

第三节 进一步巩固与提高统一战线工作的地位

以习近平同志为核心的党中央继承党的历史传统，着眼时代主题，对新形势下统一战线的地位做出了新的论述，强调统一战线是中国共产党凝聚人心，汇聚力量的政治优势和战略方针，是夺取革命、建设、改革事业胜利的重要法宝，是增强党的阶级基础、扩大党的群众基础、巩固党的执政地位的重要法宝，是全面建成小康社会、加快推进社会主义现代化、实现中华民族伟大复兴中国梦的重要法宝。在新的历史条件下提升了爱国统一战线的地位和作用。

一、把新时代统一战线确立为实现中国梦的法宝

把统一战线当作法宝，在毛泽东领导的新民主主义革命时期就在党内达成了共识，并成为党的政治建设的重要内容。中国共产党的历史反复证明，党取得的成就总是与统一战线的巩固、壮大紧密地联系在一起的。抗日战争

时期中国共产党获得政治认同的一个重要原因是其倡导、建立了抗日民族统一战线，并且在危难时期坚持和维护了全民族抗战的大局。进入改革开放新时期，邓小平重申统一战线的法宝地位，通过不断发展壮大爱国统一战线走出了“文革”造成的困局，开创了建设社会主义现代化的新局面。十八大以来的党中央接续了这一传统，把新时代统一战线确立为实现中华民族伟大复兴中国梦的法宝。以习近平同志为核心的党中央继承党的历史传统，着眼时代主题，对新形势下统一战线的地位做出了新的论述，从党的发展历程、党的执政地位、党肩负的历史使命上，重申了统一战线的法宝地位，从而把统一战线与实现中华民族伟大复兴的中国梦联系起来，赋予了这一法宝新的时代内涵，在新的历史条件下巩固与提升了爱国统一战线的地位和作用。中国梦承载着鸦片战争以来的历史使命，代表着全球几代华夏儿女的愿望，无论从历史的深度还是影响的广度看，把统一战线当作实现中国梦的法宝都极大地提升了新时期爱国统一战线的历史地位。

2015年的中央统战工作会议，是2008年后首次召开的全国性的统战工作会议，会议名称调整为“中央统战工作会议”。只有两字之差，却将会议的规格从部委层面上升到中央层面，体现出中央对统战工作的高度重视，表明新一届中央领导集体把统战工作提高到一个新的高度。习近平总书记指出，[①] 要做好新形势下统战工作，最根本的是要坚持党的领导，同时要充分发扬民主、尊重包容差异。这些年以来，在党中央的坚强领导下，统一战线高举爱国主义、社会主义旗帜，牢牢把握大团结大联合的主题，增进对中国特色社会主义的道路自信、理论自信、制度自信，促进政党关系、民族关系、宗教关系、阶层关系、海内外同胞关系和谐，巩固和发展团结、奋进、开拓、活跃的局面，为推动经济社会发展、维护社会和谐稳定、促进祖国统一做出了重要贡献。

二、强调民族工作、宗教工作都是全局性工作

习近平总书记强调，民族工作、宗教工作都是全局性工作。[②]2015年召开的中央民族工作会议，明确了当前和今后一个时期民族工作的大政方针和战略任务，即要求各级党委抓好会议精神贯彻落实，促进各民族和睦相处、和

① 《做好新形势下统战工作最根本的是要坚持党的领导》，新华社，2016年5月20日。

② 《巩固和发展最广泛的爱国统一战线》，新华网，2015年5月20日 。

衷共济、和谐发展。而宗教工作本质上是群众工作，要全面贯彻党的宗教信仰自由政策，依法管理宗教事务，坚持独立自主自办原则，积极引导宗教与社会主义社会相适应。积极引导宗教与社会主义社会相适应，必须坚持中国化方向，必须提高宗教工作法治化水平，必须辩证看待宗教的社会作用，必须重视发挥宗教界人士作用，引导宗教努力为促进经济发展、社会和谐、文化繁荣、民族团结、祖国统一服务。

在2015年召开的中央统战工作会议上，习近平总书记指出，[①]统一战线的团结和谐是整个社会团结和谐的重要基础。团结、争取和教育宗教界人士历来是中国共产党领导的最广泛的爱国统一战线的重要组成部分。我国实行民族宗教政策的目的就是处理好民族宗教问题，将全国各族人民团结到统一战线的大阵营中来，共同致力于社会主义现代化建设。巩固和发展新时期党同各民族、宗教界的爱国统一战线，是处理好与各少数民族、宗教界人士关系的重点。我国许多爱国宗教人士，与共产党长期合作、肝胆相照，在联系广大信教群众、推动宗教改革、引导宗教与社会主义社会相适应等方面发挥了重要作用。目前，基层宗教界代表人士工作是敌我双方争夺的重要阵地，团结宗教界、发挥宗教界代表人士“举旗手”重要作用，是新形势下做好宗教界代表人士的统战工作的需要，是抵御敌对势力渗透的需要。习近平总书记在讲话中指出，宗教问题始终是我们党治国理政必须处理好的重大问题，宗教工作在党和国家工作全局中具有特殊重要性，关系中国特色社会主义事业发展，关系党同人民群众的血肉联系，关系社会和谐、民族团结，关系国家安全和祖国统一。我国宗教工作形势总体是好的，党的宗教工作基本方针得到贯彻，党同宗教界的爱国统一战线不断巩固，宗教工作法治化明显加强，宗教活动总体平稳有序。实践证明，我们党关于宗教问题的理论和方针政策是正确的。[②]

党的十八大以来，党中央先后召开了中央统战工作会议、中央民族工作会议、全国宗教工作会议、第二次中央新疆工作座谈会、中央第六次西藏工作座谈会和全国新的社会阶层人士统战工作会议，颁布了我们党关于统一战线的第

① 《巩固和发展最广泛的爱国统一战线》，新华网，2015年5月20日 。

② 《习近平：全面提高新形势下宗教工作水平》，《人民日报》，2016年4月24日01版。

一部党内法规《条例》和一批规范性文件。[①] 这说明，以习近平同志为核心的党中央高度重视统一战线工作，把民族工作、宗教工作当作全局性工作来抓。

三、强调从战略高度加强党外代表人士队伍建设

习近平总书记强调，[②] 培养使用党外代表人士，是我们党的一贯政策。要加大党外代表人士培养、选拔、使用工作力度，努力培养造就一支自觉接受中国共产党领导、坚定不移地走中国特色社会主义道路、具有较强代表性和参政议政能力的党外代表人士队伍。党外代表人士工作的重点是科学使用、发挥作用，关键是加强培养、提高素质。要引导党外优秀人才自觉学习中国特色社会主义理论，自觉践行社会主义核心价值观，自觉弘扬中华传统美德。他还指出，促进非公有制经济健康发展和非公有制经济人士健康成长，要坚持团结、服务、引导、教育的方针，一手抓鼓励支持，一手抓教育引导，关注他们的思想，关注他们的困难，有针对性地进行帮助引导，引导非公有制经济人士特别是年轻一代致富思源、富而思进，做到爱国、敬业、创新、守法、诚信、贡献。工商联是党和政府联系非公有制经济人士的桥梁和纽带，统战工作要向商会组织有效覆盖，发挥工商联对商会组织的指导、引导、服务职能，确保商会发展的正确方向。

习近平总书记强调，[③] 党外知识分子工作，是统一战线的基础性、战略性工作。做党外知识分子工作，不仅要增强责任意识、配强工作力量，还要改进工作方法，学会同党外知识分子打交道，特别是学会做党外知识分子思想政治工作的本领。要高度重视和做好新经济组织、新社会组织中的知识分子工作，引导他们发挥积极作用。留学人员是人才队伍的重要组成部分，也是统战工作新的着力点。要坚持支持留学、鼓励回国、来去自由、发挥作用的方针，鼓励留学人员回国工作或以多种形式为国服务。要加强和改善对新媒体中的代表性人士的工作，建立经常性联系渠道，加强线上互动、线下沟通，让他们在净化网络空间、弘扬主旋律等方面展现正能量。他还指出，只有坚持和完善中国共产党领导的多党合作和政治协商制度，在“四个全面”新形

① 《巩固壮大新时代统一战线》，《人民日报》，2018年3月14日。

② 《习近平对统战工作有哪些新要求》，环球网，2015年5月21日。

③ 《习近平：学会同党外知识分子打交道》，《新京报》，2015年5月21日第A05版。

势下，统一战线工作不仅要在促进政党关系、民族关系、宗教关系、阶层关系、海内外同胞关系和谐，巩固和发展团结、奋进、开拓、活跃的大局面上做文章，同时也要重点团结留学人员、新媒体中的代表人士和非公有制经济人士特别是年轻一代，为推动经济社会发展、维护社会和谐稳定、促进祖国统一做出贡献。最大限度调动一切积极因素，共同致力于实现中华民族伟大复兴。

为了实现海内外统战工作的高度统一和中华民族的伟大复兴，应做到以下几点。第一，我们要实现以认同中华民族伟大复兴为底线的海内外统战工作对象的统一，以求最大程度地包容和支持为中华民族伟大复兴服务的所有对象。第二，海内外统战对维护国家核心利益影响很大，特别是海外统战对维护和实现祖国统一，推动中国和平崛起，实现中华民族伟大复兴都具有战略意义。第三，海外统战工作服务对象不能局限于少部分人，不仅要扩展到所有海外同胞，还要重点关注统战华侨华人专业技术人才，关注海外的中国商贸人员和中国移民，最大程度地包容这些潜在的统战力量。其中，广大海外留学生是我国人才队伍的重要组成部分，也是目前统战工作新的着力点，未来要进一步巩固和发展最广泛的爱国统一战线，推进“四个全面”战略布局，少不了这群朝气蓬勃的年轻人。第四，国内的统战对象应涵盖“精英”和“草根”的阶层统一，特别关注以新媒体中的代表人士和非公有制经济人士为主的新阶层人士。

鉴于海外统战对象数量庞大、实力雄厚，统战工作应高举“以拥护中国国家统一和推动中华民族的崛起”为海外统一战线的旗帜，以求统战成员的最大化。虽然华侨华人数量激增的状况仍将持续相当长时间，其教育背景、政治理念、国家认同、价值观形态等仍与中国大陆有巨大差异，但绝大多数人拥护中国国家统一和中华民族崛起，这是海外统战工作的基石和目标。中国本土的兴盛和海外华族实力的成长相辅相成，共同构成中华民族的崛起。以“中华民族崛起”为旗帜，体现了中国人民和加入外国国籍的华人的共同利益。与此同时，也必须加大对新生代的团结力度，建立最广泛的统一战线，形成为国家复兴做出贡献的合力。

2015年5月的中央统战工作会议明确了留学人员是统战工作新的着力点，是我国人才队伍的重要组成部分。从1978年到2018年底，各类出国留学人员累计达585.71万人。其中432.32万人已完成学业，有365.14万人在完成学业后选择回国发展，153.39万人正在国外进行相关阶段的学习和研究，还有67.18万人选择留在国外。2018年度我国出国留学人员总数就有66.21万人。其中，国家公派3.02万人，单位公派3.56万人，自费留学59.63万人。[①] 华侨华人中科技和管理人才的质量远超过大陆，是中国大陆人才引进的主要来源地。

留学回国人员是中国经济发展重要的人力资源。改革开放以来，响应国家“人才资源是第一资源，拓宽留学渠道，吸引人才回国，支持创新创业，鼓励为国服务”的政策号召，大批优秀留学人员回国。中国留学生回国者主要分布在高校科研机构、政府事业单位和经济发展的各行各业，特别是在知识经济时代的信息工程行业、金融行业、互联网、传媒等前沿，中国优秀留学回国人员的带头作用和对中国经济发展、社会进步的引领作用尤为突出。此外，“创业中国”也已成为当代留学人员最鲜明的时代特征。2015年5月25日，中共中央正式制定颁布《中国共产党统一战线工作条例（试行）》，该《条例》不仅是中国共产党关于统一战线工作的第一部法规，同时也为“大统战观”统战留学人员服务“四个全面”战略布局指出了方向和原则。中国留学生是中国可利用的重要海外资源。随着中国经济和政治现代化程度的提升，海外智力人才的科技潜力将与中国的发展相呼应，互相推动。

地缘、神缘、族源是数千年中国宗法社会的支柱和情感的纽带，已成为中国传统文化的重要组成部分，是中国本土和海外留学生价值观的重要构成因素。无论其政治认同和意识形态如何，都不同程度上保有凝聚地缘、神缘、族源纽带的乡情。因此，强调乡情应是海外统战工作的出发点，以激发海外留学生的家国情感，进而关注家乡所在的祖国。华侨华人社会的社团数量已经超过万个，以地缘社团数量最多也最具影响力。以乡情为统战工作的出发点，以海外社团为渠道，最大程度联络和影响海外留学生群体。

在同文同族基础上强调共同利益。中国大陆与海外留学生同享共同文化，有相似价值观，更容易沟通和信任。沟通和信任是一切商业关系的基础，也更容易通过合作寻求共同利益。以往的统战工作更多强调海外同胞和海外留学生对中国本土的贡献，中国大陆经过四十多年的改革开放，经济迅速崛起，

① 教育部2018年度我国出国留学人员情况统计。

社会稳定发展，已经有能力成为海外同胞的合作发展伙伴，特别是已经居留在海外的前留学生群体，他们是高级专业技术人才，在各行业具有重要影响力。强化这种合作关系，不仅有利于中国本土，更有利于海外留学生，达到中国本土和中华民族利益的统一。

海外统战工作主体多元化（侨务、民族、文化、教育、商务等），全球化时代的海外统战对象的数量不断增多，其专业、职业、能力日益高端化以及认同、居留、活动范围日益多元化。他们与中国大陆的关系日益呈全方位态势，仅有党务部门从事统战工作已经完全不适合现实和潜在的海外统战对象。因此，各政府涉外部门，尤其是涉外工作较多的侨务、民族、文化、教育、商务等部门，都应当关注统战工作。具体到海外留学生群体，应继续坚持“支持留学、鼓励回国、来去自由、发挥作用”的十六字方针，各政府涉外部门都应将留学生群体的统战工作作为重点工作之一，给予多元关注。

现代化科技是统战工作的新手段。网络时代突破了人与人交往的时空限制，使人际交往、信息传播和商务模式便捷无比，更在很大程度上改变人类的生活和交往方式。网络时代也为海外统战工作的广泛开展提供了便捷、廉价的新手段。海外统战工作主体信息和联络统战对象的网络化，应是今后统战工作技术手段的突破。网站、网络论坛、微博、社交群落、社会娱乐等，均可借助网站成为平台，最大程度联络海外统战对象。留学生群体是现代化科技主要的研发者、运营体、使用和传播者，利用现代网络平台，与留学生群体建立密切的互动，有助于团结和培养回国工作和以多种形式为国服务的潜在力量。

调动民间积极性，扶植国内以联络海外为宗旨的非政府组织，相比党务和政府部门，国内的非政府组织与海外沟通具有情感相近、相互熟悉、联络方便、不易引起当地国反感等优势。统战部门如果能与民政部门协调，扶植以联络海外为宗旨的非政府组织的成立和活动，调动民间统战工作的积极性，借助非政府组织与海外留学生社团和人员互联互通，其效果将事半功倍。可以说，华侨华人特别是拥有专业技能的留学生具有作为推动中华民族伟大复兴的主力军之一的潜能，而能否充分发挥这种潜能和实现这种可能性，取决于我们的海外统一战线工作能否奏效。

总之，在当代中国发展和建设进程中，统一战线不仅体现为其在革命、建设和改革过程中为实现、维护和巩固中国共产党领导的战略和策略作用，也体现为其在革命、建设和改革过程中的缔造、建设和治理社会与国家的功能。而新时代党的统一战线正在解决人民群众最关心、最直接、最现实的利益问题中争取人心和力量，在多党合作和政治协商中不断加强党的建设、提高执政本领，在广泛联谊交友、密切联系群众中将统一战线成员紧紧团结在一起，为实现中华民族伟大复兴的中国梦不懈奋斗，因此，我们必须充分认识统一战线的战略地位及其重要作用。

第二章　新时代统一战线理论的创新

以习近平总书记关于进一步加强和改进统一战线工作的重要思想为标志，新时代的中国特色社会主义统一战线理论有了重大创新和长足发展。新时代统一战线理论的创新和发展，进一步丰富了马克思主义统一战线理论，为新时代巩固和壮大爱国统一战线提供了科学指南。

第一节　新时代统一战线理论创新的历史基础

习近平总书记指出："在革命、建设、改革各个历史时期，我党始终把统一战线和统战工作摆在全党工作的重要位置，努力团结一切可以团结的力量、调动一切可以调动的积极因素，为党和人民事业不断发展营造了十分有利的条件。"①纵观中国共产党的革命和建设历史，统一战线理论历来是党的总路线和总任务的重要组成部分，是党的政治优势和优良传统。同一时期中国化马克思主义的水平，决定了该时期我党统一战线理论的水平。统一战线是在中国共产党领导中国人民进行新民主主义革命和社会主义建设的过程中形成、发展和壮大起来的，统一战线理论是与时俱进的，在每个特定时期都有其特定的内容，它的性质是由各个历史时期的社会主要矛盾，以及党和国家的主要任务等来决定的。

① 《巩固发展最广泛的爱国统一战线 为实现中国梦提供广泛力量支持》,《人民日报》，2015年5月21日第1版（通讯）。

一、中国共产党成立时期到土地革命战争时期

1921年中国共产党一经成立就提出要最大限度地团结一切可能团结的力量。1922年中国共产党第二次全国代表大会做出了建立“民主的联合战线”的决议，并指出“我们共产党应该出来联合全国革命党派，组织民主的联合战线，以扫清封建军阀，推翻帝国主义的压迫，建设真正民主政治的独立国家”，逐步形成了民主联合战线思想。1924年1月，中国国民党第一次全国代表大会召开后，以国共合作为基本形式的各革命阶级的统一战线正式形成，开创了反帝反封建革命的新局面。

随着第一次国共合作的破裂，我党在残酷的革命实践中逐步认识到，要取得中国新民主主义革命的胜利必须及时调整党的中心工作为发动工农群众，开展土地革命。在土地革命战争时期，我党建立了“反封建压迫、反国民党统治的工农民主统一战线”，积极领导工人革命运动，建立农村革命根据地。在统一战线的发展对象上运用马克思辩证唯物主义的观点进行认真分析，确立了新的统战目标——建立以工农联盟为基础的最大限度的联合。这些思想成为我党争取理解与支持、谋求发展壮大的主要策略。

二、抗日战争时期到解放战争时期

“九一八”事变以后，中日民族矛盾急剧上升。1935年12月中共中央召开瓦窑堡会议，提出抗日条件下与民族资产阶级重新组建统一战线的新政策，从民族利益的高度出发，主张“停止内战，一致对外”，积极倡导和组织“抗日民族统一战线”。在“西安事变”和平解决后，国共两党实现了第二次合作。在第二次国共合作期间，我党始终注重对统一战线的领导和党中央在全党中的核心地位。同时，为了坚持、扩大和巩固抗日民族统一战线，我党总结反“摩擦”斗争的经验，制定了“发展进步势力，争取中间势力，孤立顽固势力”的策略总方针。我党在国共第二次合作期间积极争取政治改革，同各个民主党派和民主人士建立了密切的团结合作关系，成了全民族抗战的中流砥柱。

抗日战争胜利后，中共中央发表《对目前时局的宣言》，明确提出“和平、民主、团结”三大口号，阐明中国共产党关于在和平民主团结的基础上，实现全国的统一，建设独立自由与富强的新中国的主张，顺应历史潮流与民众

要求，与国民党当局签订了《双十协定》，提出“由国民政府召开政治协商会议，邀集各党派代表及社会贤达，协商国事，讨论和平建国方案，及召开国民大会各项问题”。积极谋求建立长期合作，坚决避免内战，建设独立、自由和富强的新中国。《双十协定》的签订标志着我党在政治上取得了主动，在人民面前表现了和平的诚意，在国民党统治区和各民主党派中扩大了影响。

解放战争时期，我党在工农联盟的基础上，尽可能地团结一切可以团结的力量，建立了最广泛的人民民主统一战线，彻底打垮了蒋介石反动政府，取得了解放战争的胜利。1948年4月30日，中共中央发布纪念“五一”劳动节口号，发出了召开政治协商会议、成立民主联合政府的号召，得到了各民主党派和社会各界的热烈响应。这一历史事件标志着各民主党派、无党派民主人士、各人民团体和爱国华侨等各方面力量公开自觉地选择了中国共产党的领导，坚定地走上了新民主主义、社会主义的道路，揭开了我国民主政治建设和政党制度建设的新篇章。在此基础上，1949年我党主持召开了第一次全国政治协商会议。正是人民民主统一战线思想的巨大感召力，为中华人民共和国的建立奠定了坚实的思想基础和广泛的群众基础。

中国革命胜利的基本经验也告诉我们：由于中国人民受到帝国主义、封建主义和官僚资本主义的严重压迫，在中国建立革命统一战线的群众基础是十分广泛的。建立广泛的统一战线，是坚持和发展革命的重要政治基础。

三、新中国成立到社会主义建设时期

中华人民共和国成立后，中国共产党成为执政党，我国进入了由新民主主义向社会主义转变的过渡时期，我党领导下的人民民主统一战线也随之进入一个新的历史阶段。毛泽东坚持共产党在人民民主统一战线中的领导地位，他指出：“我们必须团结各民族、各民主阶级、各民主党派、各人民团体及一切爱国人士，必须巩固我们这个已经建立的伟大的有威信的革命统一战线。”①

新中国成立之初，党的中心任务是恢复国民经济，巩固人民政权，把我国从落后的农业国建设成为先进的工业国，因此人民民主统一战线的思想仍然是我党领导下实现各方力量联盟和民主的重要指导。我党通过人民民主统一战线的思想团结大多数，充分调动多种积极因素，确保土地改革和社会主

---

① 中共中央文献研究室：《毛泽东年谱》下卷，中央文献出版社2002年版，第439页。

义改造等党面临的主要经济社会恢复发展工作的顺利开展，并初步建立了社会主义基本制度和体制。1950年召开的第一次全国统战工作会议，就建国初期人民民主统一战线的方针政策问题进行了讨论，对贯彻党的统战政策，更好地发挥人民民主统一战线的作用，有很重要的指导意义。会议指出要进一步扩大统一战线的内容，尤其在民主党派工作、人民政协职能转变、知识分子工作、民族工作以及宗教工作等方面，统一战线思想有了巨大新拓展，奠定了当代统战工作的新格局，开创了真正意义上的各民主党派参政议政的先河。1954年12月，中国人民政治协商会议第二届全国委员会一次会议通过的《中国人民政治协商会议章程》明确规定，政协“作为团结全国各民族、各民主阶级、各民主党派、各人民团体、国外华侨和其他爱国民主人士的人民民主统一战线的组织，仍然需要存在”。

社会主义建设初期，党的八大正确分析了国内外新形势，顺应了国内主要矛盾以及党和国家中心任务的转变，将统一战线的核心思想从“人民民主统一战线”进一步升华到“爱国统一战线”，强调“调动一切积极因素，团结一切可能团结的人，并且尽可能地将消极因素转变为积极因素，为建设社会主义社会这个伟大的事业服务”。[①] 十年“文革”时期，我党的统一战线事业遭受了破坏，但中国共产党与各民主党派风雨同舟、患难与共的多党合作仍然得到了坚持和保留。“四人帮”被粉碎以后，随着我党从思想上进行全面“拨乱反正”，统一战线事业也开始逐步得到恢复和发展。

四、改革开放和社会主义现代化建设的新时期

1978年，党的十一届三中全会决定把党的工作重点转移到社会主义现代化建设上来，标志着我国进入了改革开放和社会主义现代化建设的新时期。1981年，党的十一届六中全会在《关于建国以来党的若干历史问题的决议》中第一次明确提出了“我们的社会主义制度还是处于初级的阶段”的论断，这是对我国现实国情的客观阐释，也是新时期统一战线思想最重要的背景。邓小平指出：“随着党和国家工作重心的转移，爱国统一战线的基本任务就是要团结一切可以团结的力量，群策群力、坚定不移地执行党的基本路线，维

① 中共中央统战部：《中国统一战线教程》，中国人民大学出版社2013年版，第49页。

护并发展安定团结的政治局面，为社会主义现代化建设服务、为祖国的和平统一服务。”邓小平新时期统一战线理论根据新时期的变化和国家工作重点的转移，对过去的经验进行总结并吸取教训，据此提出了新时期统一战线理论，丰富和发展了统一战线理论。统一战线思想发展成为全体社会主义劳动者、拥护社会主义的爱国者和拥护祖国统一的爱国者的最广泛的统一战线，并且是建设中国特色社会主义的重要一部分。江泽民在新的历史时期高举邓小平理论伟大旗帜，在邓小平统一战线理论的基础上发展了具有中国特色的统一战线理论。2006年，胡锦涛在全国统战工作会议发表讲话中指出：“在新世纪新阶段，统一战线地位重要、作用重大。”充分肯定了统一战线的地位。

改革开放和社会主义现代化建设新时期以来，中国共产党领导的统一战线都属于爱国统一战线性质，故始终称之为爱国统一战线。从理论形态上看，有邓小平统一战线理论、“三个代表”重要思想统一战线理论、科学发展观统一战线理论，党的十七大提出中国特色社会主义理论体系整合了邓小平理论、“三个代表”重要思想和科学发展观，从而形成了中国特色社会主义统一战线理论。中国特色社会主义统一战线理论的创新发展是马克思主义统战理论与新时代中国实际相结合的理论成就，既丰富了马克思主义统一战线理论，也为新时代统一战线进一步发展提供了科学指南，有利于凝聚各方面的力量为实现中华民族伟大复兴的中国梦而奋斗。中国特色社会主义统一战线伴随着新时期、新时代中国社会的巨大变革而发展，既深刻反映了改革开放以来中国社会实际的新变化和党对统一战线工作的新要求，又立足于时代主题不断创造性地丰富和发展马克思主义统一战线基本原理，揭示了新时期以来爱国统一战线的发展规律和基本要求。党的十八大以来，以习近平同志为核心的党中央高度重视统战工作，进一步拓展党的统一战线思想，将统一战线思想提升到了新境界。2017年，习近平总书记在十九大报告中指出：“中国特色社会主义进入新时代，我国社会主要矛盾已经转化为人民日益增长的美好生活需要和不平衡不充分的发展之间的矛盾。”① 这标志着中国共产党对中国社会主要矛盾有了新的论断，这个新论断决定了中国共产党新的历史任务，也为党的统一战线思想的创新拓展指明了方向。

① 习近平：《决胜全面建成小康社会 夺取新时代中国特色社会主义伟大胜利——在中国共产党第十九次全国代表大会上的报告》，人民出版社2017年版。

第二节　新时代统一战线理论创新的发展历程

习近平总书记关于加强和改进统一战线工作的重要思想，是习近平新时代中国特色社会主义思想在统一战线领域的具体运用和实践验证的辩证统一。[①]习近平总书记关于加强和改进统一战线工作的重要思想是习近平新时代中国特色社会主义思想的重要组成部分，为做好新时代统战工作提供了思想指引和行动指南。[②]纵观习近平总书记的从政生涯，恰好契合了中国波澜壮阔的四十余年的改革开放历程，契合了我党社会主义建设新时期中国化马克思主义的发展过程。习近平总书记关于加强和改进统一战线工作的重要思想也随着习近平总书记在中国大地上的生动实践而不断发展进步、形成完善。根据习近平总书记的人生经历和他在各个历史时期、工作阶段在统一战线领域的工作重心和特点，可以把习近平总书记关于加强和改进统一战线工作的重要思想的形成过程分为萌芽与探索时期、实践与形成时期、丰富与完善时期。

一、萌芽与探索时期：基层工作时期到党的十八大召开

从在陕西省延川县文安驿公社梁家河村插队的七年知青岁月到辗转多地历任厦门市委常委、宁德地委书记、福州市委书记、福建省委副书记、浙江省委书记、上海市委书记等重要地方领导职务的地方工作时期以及2007年开始至2012年党的十八大召开的中央工作阶段，这一时期内，习近平总书记从扎根基层的基层群众工作到推动地方经济社会发展的地方领导工作再到把握大局的中央工作过程中，积累了丰富而宝贵的工作经验，其中也包括对党的统战工作思想的积极探索。

习近平总书记在梁家河开展基层工作时就善于联系团结群众，后来习近平总书记曾感慨："七年上山下乡的艰苦生活对我的锻炼很大。最大的收获有两点：一是让我懂得了什么叫实际，什么叫实事求是，什么叫群众……"[③]在福建工作时期，习近平总书记积极推动闽台直航，关注政商关系。在浙江工

① 《统一战线在改革开放历史进程中不断巩固壮大》，求是网，2018年10月31日。

② 《中央统一战线工作领导小组召开习近平总书记关于加强和改进统一战线工作的重要思想研讨会》，《人民日报》，2019年10月19日第1版（通讯）。

③ 《开学季，重温习近平青春成长故事》，《新民晚报》，2020年9月1日。

作期间，习近平总书记十分关心党外知识分子，关心宗教的健康发展，熟悉宗教的教义，并提出自己的独到见解。在上海工作期间，习近平总书记始终与民主党派人士保持密切交往，积极吸纳来自各方的智慧和建议。习近平总书记前往上海各民主党派和工商联调研时谈道："要充分发挥民主协商在我国政党制度中的独特优势，充分发挥民主党派和无党派人士参政议政的作用，充分发挥民主党派的民主监督作用，使我们的政党关系更加和谐。"[①]他还先后走访上海五大教的五个具有代表性的宗教场所，认真调研，了解宗教界人士的生活、学习和工作情况。

这一时期，习近平总书记非常注重对党的统一战线理论学习和实践。他从自身工作领域的实际情况出发，把统一战线工作置于其工作重心之中，以整体意识和长远眼光冷静思考、精心谋划、积极探索党的统一战线事业，为之后关于加强和改进统一战线工作的重要思想的形成奠定了坚实的理论和实践基础。

二、实践与形成时期：党的十八大召开到党的十九大前

这一时期，是习近平总书记关于加强和改进统一战线工作的重要思想形成过程中的重要阶段，以习近平同志为核心的党中央高度重视统战工作，带动全党形成重视统一战线、发展统一战线的良好局面。党中央、国务院以及中央委托有关部门召开的包括中央统战工作会议、纪念中国人民政协召开65周年的会议、中央民族工作会议、全国宗教会议、互联网和信息安全会议等党外人士协商会、座谈会和情况通报会在内的各类会议共57次，其中习近平总书记亲自主持和出席的就达11次。在这一系列重要会议中，习近平总书记就统战工作的重要地位、重要作用和重大意义，对做好政党协商工作、做好党外知识分子工作等方面做了重要论述，丰富了党的统一战线思想。习近平总书记在多次与民主党派人士、非公有经济人士、港澳台代表人士、海外留学生代表人士等的座谈过程中，在充分尊重多样性的基础上，对统一战线各领域的方针政策做出了全面的调整，把同一性和多样性有机结合起来。[②]例如，在政党关系方面，进一步明确了各民主党派、无党派和工商联的参政党地位，明确了中央、各级党委与参政党协商的内容、形式、次数，不仅充分肯定了

---

① 《习近平在上海：真正的政绩在老百姓的口碑里》，上观新闻，2017年9月29日。

② 《习近平在上海：真正的政绩在老百姓的口碑里》，上观新闻，2017年9月29日。

各民主党派在当代中国政治生活中的地位，还出台了相关具体的政策和意见，从制度层面落实参政党参政议政的权益，发挥参政党的作用。这些探索在加强了统一战线在政党合作协商方面的制度化建设的同时，也确立了新时代与民主党派统一战线工作的目标。在阶层关系方面，进一步明确非公有制经济在我国经济社会发展中的地位和作用，出台保护非公有制产权的法规，明确工商联以各民主党派同等地位代表非公有制经济人士的利益，对引领非公有制经济和非公有制人士健康发展和健康成长提出具体要求，为新阶段中国特色社会主义统一战线做好非公有制经济领域的工作指明了目标和路径，促进了非公领域统战工作的发展。在统一战线代表人士建设方面，明确了建设的对象、目标、方法和责任落实，对如何做好他们的工作明确目标、提出要求，从而为做好统一战线代表人士工作确定了重点和方向，为新时代处理好统一战线各方面关系奠定了方针政策基础。统一战线理论创新发展为统一战线各个领域的工作确立了目标，指明了路径，落实了责任，从而极大地推进了统一战线工作在各领域的开展。

正如习近平总书记在2015年5月的中央统战工作会议上所指出：做好新形势下统战工作最根本的是要坚持党的领导，要深入研究统战工作面临的形势，扎扎实实做好统一战线各方面工作，巩固和发展最广泛的爱国统一战线，为推进“四个全面”战略布局，为实现“两个一百年”奋斗目标、实现中华民族伟大复兴的中国梦，提供广泛力量支持。①

这一时期习近平总书记还对一系列新思想、新观点、新要求进行了科学概括。“人心向背、力量对比是决定党和人民事业成败的关键，是最大的政治”，“统战工作是党的特殊群众工作，要有特殊的方式方法，讲求很强的工作艺术”，“做好新形势下统战工作必须正确处理一致性和多样性的关系”②等重要新观点和新要求在这一时期被广泛应用于统一战线领域的实践，并在实践中不断丰富发展。

这一时期，以习近平同志为核心的党中央在继承我党以往统一战线思想

① 《巩固发展最广泛的爱国统一战线 为实现中国梦提供广泛力量支持》，《人民日报》，2015年5月21日第1版（通讯）。

② 《凝心聚力，开创统一战线事业新局面——深入学习习近平总书记关于统一战线的重要思想》，《求是》，2017年9月30日。

的基础上总结经验、推陈出新，领导和推动统一战线在实践中不断创新发展、巩固壮大，促进并实现了习近平总书记关于加强和改进统一战线工作的重要思想的形成，并使其在中国特色社会主义事业中发挥了重要作用。

三、丰富与完善时期：党的十九大召开以来

这一时期，习近平总书记关于加强和改进统一战线工作的重要思想的形成与完善主要表现在党的十九大和习近平新时代中国特色社会主义思想以及习近平总书记系列重要讲话精神中。习近平总书记在党的十九大报告中指出："统一战线是党的事业取得胜利的重要法宝，必须长期坚持。要高举爱国主义社会主义旗帜，牢牢把握大团结大联合主题，坚持一致性和多样性统一，找到最大公约数，画出最大同心圆。"[①]党的十九大后通过的宪法修正案还进一步充实和完善了爱国统一战线和社会主义民族关系的内容，为做好新时代统一战线工作提供了遵循。2019年10月中央统战工作领导小组召开的习近平总书记关于加强和改进统一战线工作的重要思想研讨会也强调：学习贯彻习近平总书记关于加强和改进统一战线工作的重要思想，是当前和今后一个时期统一战线的重大政治任务。[②]

党的十九届四中全会审议通过的《中共中央关于坚持和完善中国特色社会主义制度、推进国家治理体系和治理能力现代化若干重大问题的决定》，把握时代发展大势，立足我国发展新的历史方位，强调要巩固和发展最广泛的爱国统一战线，坚持大统战工作格局，并做出一系列战略部署，为做好新时代统战工作进一步指明了方向。坚持党委统一领导、统战部牵头协调、有关方面各负其责的大统战工作格局，对于进一步形成全党重视、共同来做统战工作的强大合力，广泛团结海内外中华儿女，共同致力于实现中华民族伟大复兴的中国梦，具有十分重要的意义。[③]十九大后的这一系列重大会议、文件、论断在一定程度上意味着习近平总书记关于加强和改进统一战线工作的重要

---

① 习近平：《决胜全面建成小康社会 夺取新时代中国特色社会主义伟大胜利——在中国共产党第十九次全国代表大会上的报告》，人民出版社2017年版。

② 《中央统一战线工作领导小组召开习近平总书记关于加强和改进统一战线工作的重要思想研讨会》，《人民日报》，2019年10月19日第1版（通讯）。

③ 尤权：《坚持大统战工作格局》，《人民日报》，2019年11月26日第6版。

思想进入了丰富与完善时期。

这一时期，习近平总书记在统一战线的基础理论方面，把中国梦纳入统一战线的性质，扩大了统一战线的政治基础，确立了统一战线作为实现中国梦的法宝地位；重新规划了统一战线的工作对象和范畴，明确了工作重点；结合“四个全面”战略布局，从引领民族复兴的角度明确了统一战线在新阶段的新任务，从而推进了统一战线基础理论的创新发展。在统一战线的制度化建设方面，把统一战线纳入协商民主和国家治理体系、治理能力现代化的范畴和视野，确立了统一战线制度化建设的发展目标和具体要求，实现了统一战线制度化建设理论的重大突破。在统一战线各领域方面，针对各领域面临的问题和担负的任务，提出了一系列新策略和新措施，推进了统一战线各领域方针政策的发展。依据十九大报告的精神，十八大以来以习近平总书记关于加强和改进统一战线工作的重要思想为主体的统一战线理论的创新发展成果已经成为习近平新时代中国特色社会主义思想的重要组成部分。

第三节　新时代统一战线理论创新的主要内容

新时代统一战线理论创新的内容十分丰富，例如：强调中国共产党同党外人士团结合作的共同思想政治基础就是中国特色社会主义，肯定和支持他们做中国特色社会主义的亲历者、实践者、维护者、捍卫者；强调各民主党派是与中国共产党通力合作的中国特色社会主义参政党；强调要发挥统一战线在协商民主中的积极作用；强调处理好民族问题、做好民族工作，是关系祖国统一和边疆巩固的大事，是关系民族团结和社会稳定的大事，是关系国家长治久安和中华民族繁荣昌盛的大事，对解决民族问题的正确道路做出“八个坚持”的精辟概括；强调要把做好宗教界人士工作放到十分重要的位置，发挥宗教界人士和信教群众在促进经济社会发展中的积极作用；强调治国必先治边，治边必先稳藏，积极构建维护稳定的长效机制，加快推进西藏跨越式发展和长治久安；强调坚持依法治疆、团结稳疆、长期建疆，努力建设团结和谐、繁荣富裕、文明进步、安居乐业的社会主义新疆；强调要引导非公有制经济人士和其他新的社会阶层人士发扬劳动创造精神和创业精神，做合格的中国特色社会主义事业的建设者；强调要关注那些具有特殊性的知识分子，下功夫做好网络意见领袖、网络作家、签约作家、自由撰稿人、独立演员歌手等群体的工作；强调要按照支持留学、鼓励回国、来去自由、发挥作用的方针，把做好留学人员工作作为实施科教兴国战略和人才强国战略的重要任务，使留学人员回到祖国有用武之地，留在国外有报国之门；强调港澳社会各界要以国家和港澳整体利益为重，紧密团结起来，两岸同胞共同努力，共同来圆中国梦，广大海外侨胞要弘扬中华民族勤劳善良的优良传统，努力为促进祖国发展和中国人民同当地人民的友谊做出贡献。概括起来，新时代统一战线理论创新的主要内容体现在如下几个问题中。

一、新时代统一战线的领导权问题

习近平总书记指出："只要我们深入了解中国近代史、中国现代史、中国革命史，就不难发现，如果没有中国共产党的领导，我们的国家、我们的民族不可能取得今天这样的成就"①，党必须牢牢抓住统一战线的领导权。我党的统一战线的演进过程中，党的领导始终贯穿其中，本章第一节对这一问题进行了较为清晰的论述。总之，中国革命、建设和改革的历史经验反复证明，党的领导问题是统一战线的核心问题。只有坚持中国共产党的领导，统一战线才能坚持正确的方向，发挥其应有的作用。

（一）党总揽全局协调各方是现实需要

"坚持党对一切工作的领导。党政军民学，东西南北中，党是领导一切的。"②党的十九大把"坚持党对一切工作的领导"作为新时代坚持和发展中国特色社会主义基本方略的第一条，并将其写入党章。我国的国家性质决定了中国共产党是中国特色社会主义建设事业的领导核心，所以新时代党的统战工作要加强党的领导。习近平总书记强调党作为最高政治领导在治国理政中的核心地位，比喻为"众星捧月"。③党是我们各项事业的领导核心，古人讲

---

① 习近平：《在全国党校工作会议上的讲话》，人民出版社2016年版，第2页。

② 习近平：《决胜全面建成小康社会 夺取新时代中国特色社会主义伟大胜利——在中国共产党第十九次全国代表大会上的报告》，人民出版社2017年版。

③ 习近平：《在庆祝全国人民代表大会成立60周年大会上的讲话》，《人民日报》，2014年9月6日第2版。

的“六合同风，九州共贯”，在当代中国，没有党的领导，这个是做不到的。中央委员会、中央政治局、中央政治局常委会，这是党的领导决策核心。党中央做出的决策部署，党的组织、宣传、统战、政法等部门要贯彻落实，人大、政府、政协、法院、检察院的党组织要贯彻落实，事业单位、人民团体等的党组织也要贯彻落实，党组织要发挥作用。各方面党组织应该对党委负责、向党委报告工作。为了实现民族独立、国家富强、人民幸福的历史使命，当前比历史上任何时候都更应该坚持党的领导。所以，进入新时代，虽然统一战线的内容、任务和运行机制都发生了变化，但是中国共产党对统一战线的领导没有削弱，而是进一步加强了。因为中国共产党的领导是中国特色社会主义最本质的特征。没有中国共产党的领导，就没有新中国，就没有中国的繁荣富强，就无法实现中华民族的伟大复兴。坚持中国共产党这一坚强领导核心，是中华民族的命运所系，也是新时代统一战线工作的根本所在。

（二）党对统一战线的领导主要是政治领导

党对统一战线的领导主要是政治领导。政治领导即政府、政党、政治集团等政治主体运用政治权力或权威，通过对政治客体的作用和影响，实现一定的政治原则和方向。习近平总书记认为：“党对统一战线的领导主要是政治领导，即政治原则、政治方向、重大方针政策的领导，主要体现为党委领导而不是部门领导，集体领导而不是个人领导。”[①] 在统战工作中，实行的政策、采取的措施都要有利于坚持和巩固党的领导地位和执政地位。坚持党的领导要坚定不移，但在这个过程中也要尊重、维护、照顾同盟者的利益，帮助党外人士排忧解难。这是我们党的职责，也是实现党对统一战线领导的一个重要条件。

中国共产党的领导是中国特色社会主义最本质的特征。服务于中国特色社会主义现代化建设的统一战线工作，作为中国特色社会主义事业的重要组成部分，必然要始终坚持中国共产党的领导，这是对统一战线的根本要求，也是统一战线在新时代始终保持正确方向、发挥重要作用的根本保证。各级党委在开展统战工作过程中要坚持以习近平新时代中国特色社会主义思想广泛凝聚人心，引导统一战线广大成员牢固树立“四个意识”，切实增强“四个

① 中共中央宣传部：《习近平新时代中国特色社会主义思想学习纲要》，学习出版社、人民出版社2019年6月第1版，第136页。

自信”，不断增进对中国共产党的政治认同、思想认同、理论认同、情感认同，自觉拥护和贯彻党的统一战线方针政策，自觉在新时代做中国特色社会主义的亲历者、实践者、维护者、捍卫者。要正确处理一致性和多样性的关系，既坚守团结合作的政治底线，不断巩固共同思想政治基础，又重视发扬民主，尊重包容差异，不断延伸包容性的半径，最大限度地画好团结奋斗的同心圆，确保统一战线始终沿着正确政治方向持续巩固发展壮大。

二、新时代统一战线中的政党关系问题

在我国革命、建设和改革的历程中，中国共产党同民主党派、无党派人士之间逐渐形成并建立起了平等、团结、友善的良好政治关系。这层关系在实践发展中不断巩固和完善，成为我国社会主义民主政治建设的巨大推动力。新时代，为了使各民主党派适应发展形势、提高自身能力，更好地参政议政、合作共事，2013 年，习近平总书记将民主党派明确定位为“中国特色社会主义参政党”，[①] 这一概念对处理好统一战线中的政党关系问题提出了新的要求。关于如何深入认识我国政党制度的含义、存在的价值以及如何完善我国的政党制度等问题，习近平总书记也做出了深刻论述。

（一）正确认识和重视我国的政党制度

我国的多党合作制度植根于我国政治土壤，具有鲜明的中国特色。合作而非竞争的政党关系，是世界政党关系中一道独特的风景线。而“中国特色社会主义参政党”这一概念的提出，更是从内容和结构上对世界政党政治理论进行了扩充。可以说，我国多党合作制的创造性提出对世界政党制度的丰富做出了伟大贡献。

此外，与西方国家相比，我国政党制度体现出更多的优越性。无论是从政党制度模式、政权运作方式还是民主实现的形式，我国各党派之间所表现的协同意识与合作精神都更为强烈，这对于民主政治的发展、政治局面的稳定以及和谐社会的推动具有极大的促进作用。更重要的是，我国政党制度集统一领导与民主协商于一体，既保证了中国共产党的核心地位、政治威望和对国家的有效治理，同时也有利于充分考虑和照顾各社会团体、阶层、政党

① 《习近平有庆祝人民政协会议成立65周年会讲话》，新华网，2014年9月第22日。

的利益诉求和对国家政治生活的参与，从而有效克服和避免各党派和利益团体为谋私利而相互竞争甚至倾化的弊端。因此，要用好、发展好我国的这一制度，坚信多党合作制是符合我国国情、适合我国发展的正确的制度模式。

（二）坚持和完善中国共产党领导的多党合作和政治协商制度

中国共产党领导的多党合作和政治协商制度是党和人民在不断地经验总结中创造的具有中国特色的社会主义政党制度。长期以来，它为正确处理我国的政党关系提供了重要的制度保障。为此，我党向来都十分重视这一基本政治制度。习近平总书记对此也强调指出：我们要不断地坚持和完善我国的多党合作制度，维系好我们党与民主党派之间的良好关系。

“任何一项制度要发挥效能，既有赖于制度本身的科学设计，更离不开参与者的积极主动作为。”①因此，要想使我国的政党制度产生其应有的功效，除了不断完善制度本身之外，还需在参政党身上下点功夫，促使其履行好“参政议政、民主监督、社会服务”三大基本职能。2015年2月11日，同党外人士迎新春座谈会上，习近平总书记指出：“着力推动政党协商深入开展，民主党派和无党派人士应担负起重要责任。”②随后，新出台的关于统一战线的首部党内法规更是明确将“政治协商”纳入了民主党派职能范围内，通过法制化的形式使其固定下来。由此奠定了它作为民主党派基本职能的合法地位。

深入开展的关键在于体制、机制和程序的健全和完善。通过建立健全知情和反馈机制、增加讨论的平台和机会以及健全协商程序等方式，从实质上贯彻落实好政党协商职能的有效开展。此外，民主党派的另一基本职能——民主监督，也深受党中央高度重视。早在2013年，习近平总书记就提出要从思想上的转变和制度上的完善来加强民主监督，从而为民主党派和无党派人士切实履行好这一职能提供有力的保障。

（三）鼓励和支持各民主党派加强自身建设。

打铁还需自身硬。民主党派的存在是我国多党合作制度的存在和发展的重要基础，具有历史必然性和现实基础性，民主党派自身水平直接关系着多党合作的质量与成效。因此，促推我国政党制度的进一步发展，必须在鼓励

① 中共中央统战部：《巩固发展最广泛的爱国统一战线：中央统战工作会议精神和〈中国共产党统一战线工作条例（试行）〉解答》，华文出版社2015年版，第105页。

② 徐宾：《习近平同党外人士共迎新春》，《人民日报》，2015年3月13日第1版。

和支持民主党派不断加强自身建设上下大功夫、下足功夫、下实功夫。

“民主党派加强自身建设”的提法最早见于1986年中共中央统战部下发的《关于新时期党对民主党派工作的方针任务的报告》文件中[①]，并且在随后的各个历史时期都有一定程度的发展。但由于一些主客观原因，在很长一段时间内，各民主党派始终未能明确自身建设的目标，以至于“建设一个什么样的参政党”的问题一直悬而未决。2002年，各民主党派全国代表大会修订各自的《章程》时针对这一问题提出了目标任务，至此，参政党的自身建设才有了明确的方向引导。此后，随着形势的变化，各种新情况、新问题不断出现，对参政党的要求也就越来越高。对此，习近平总书记进一步发展了参政党建设的目标，指出：“各民主党派是同中国共产党通力合作的中国特色社会主义参政党，无党派人士是我国政治生活中的一支重要力量。”[②]这就从性质、地位和作用方面进一步发展了参政党建设理论，也为新形势下参政党建设提供了目标和方向。

方向既已明确，那具体又该如何做呢？习近平总书记指出：“要支持民主党派加强思想、组织、制度特别是领导班子建设，提高政治把握能力、参政议政能力、组织领导能力、合作共事能力、解决自身问题能力。”[③]当然，各个参政党的建设问题也需要中国共产党的协助和推动，这是作为执政党的政治责任。参政党与执政党相互依存、相辅相成，离了任何一者，多党合作制也就失去了存在和发展的依托。

三、新时代统一战线中的民族关系问题

民族的团结关乎国家政局的稳定和社会的发展，是影响国家长治久安的重要前提条件。立足于我国多民族的基本国情，我们必须要正确认识和处理民族关系，促进各民族和睦共处、团结协作、共同发展，为中华民族的繁荣复兴创造必要条件。习近平总书记历来高度重视民族工作，他指出：“处理好民族问题、做好民族工作，是关系祖国统一和边疆巩固的大事，是关系民族

① 王英偶：《统一战线理论与实践研究——〈北京社会主义学院学报〉十周年论文集》，学苑出版社2015年版，第224页。

② 张烁：《习近平同党外人士共迎新春》，《人民日报》，2013年2月8日第1版。

③ 《巩固发展最广泛的爱国统一战线 为实现中国梦提供广泛力量支持》，《人民日报》，2015年5月21日第1版（通讯）。

团结和社会稳定的大事，是关系国家长治久安和中华民族繁荣昌盛的大事。”①

（一）正确认识我国统一多民族的国情，准确把握新时代民族关系特征

对我国民族和民族问题的准确把握是做好民族工作的先决条件。只有摸清了“家底”，才能深知民族工作的重要性，增强做好民族工作的自觉性和责任心。自古以来，统一多民族是我国的一大基本特征。各民族在这片辽阔的土地上辛勤劳作、繁衍生息，共同创造了绵延不绝的华夏文明，成为中华儿女共同的精神支柱。在几千年的历史长河中，各民族之间虽有冲突、斗争发生，但基本上都没有影响大一统的局面。基于对这一客观事实的深刻认识，习近平总书记指出：“多民族是我国一大特色，也是我国发展的一大有利因素。”②

这是我们党依据历史特点和现实情况首次提出的对我国多民族特点和作用的认识，为做好当前和今后的民族工作奠定了基础。相关调查数据显示，仅占全国总人口7.7%的少数民族有60%居住在我国边疆落后地区。由此可知，大部分少数民族地区自然条件差、生存环境艰苦、发展水平落后，与中东部地区的差距明显且仍在不断拉大。少数民族是我们这个大家庭中不可缺失的重要组成部分。要使整个中华民族繁荣发展、团结统一，就必须尊重、团结、帮扶少数民族，让其逐步摆脱贫穷落后的现状，共享改革开放和现代化建设成果。但与此同时，随着社会主义市场经济的发展推进和改革开放的不断深入，我国的民族关系呈现出新特征，民族工作开始面临一些新问题、新挑战。如：经济发展势头迅猛，但整体水平依然较低；市场经济起步晚、竞争力较弱；各民族间交流融合趋势不断增强，但民族间利益纠纷也逐步上升；民族关系总体和谐稳定，但也不乏民族分裂势力、宗教极端分子搞破坏，发生暴力恐怖事件等。③总之，新形势下的民族关系更加复杂，民族工作的任务相较之下也更加艰巨。

---

① 《中央民族工作会议暨国务院第六次全国民族团结进步表彰大会在北京举行》，《人民日报》，2014年9月30日第1版（通讯）。

② 《习语精读：多民族是我国的一大特色，也是我国发展的一大有利因素》，广西民族报网，2019年7月31日。

③ 人民日报评论员：《坚持中国特色解决民族问题的正确道路——论学习贯彻习近平中央民族工作会议重要讲话精神》，《人民日报》，2014年10月9日第1版。

（二）坚持走具有中国特色的解决民族问题的正确道路

党早已对民族工作高度重视。新中国成立后，党中央更是把民族平等作为立国的根本原则之一，将民族工作和治国理政联系起来。对于处理民族关系，我党始终秉承着一个理念，即坚持走中国特色解决民族问题的正确道路。

正如习近平总书记所肯定的："新中国成立65年来，党的民族理论和方针政策是正确的，中国特色解决民族问题的道路是正确的，我国民族关系总体是和谐的，我国民族工作是成功的。"①所以，我们要继续坚持这一正确道路，并从实际出发推动政策创新和完善，让各族人民增强对中华民族、中华文化的认同，实实在在地用好中国特色这一法宝。在明确了这一道路正确性的基础上，习近平总书记作了"八个坚持"的科学表述，包括坚持中国共产党的领导是根本保证；坚持维护祖国统一是最高利益所在；坚持各民族一律平等是立国根本原则的体现；坚持和完善民族区域自治制度是基本制度保证；坚持打牢中华民族共同体的思想基础是凝心聚力之本；坚持依法治国是增强法制意识、实施法律手段，促进民族和谐稳定的重要保障等。"八个坚持"全面概述了中国特色解决民族问题正确道路的丰富内涵，为做好新形势下民族工作提供了基本依据。

此外，提高民族政策的法治化程度也是极为重要的。对此，习近平总书记提出：要加强"四个体系"建设，做到"三个平等"②。这为民族工作更加公正、科学、合法地开展提供了法律护航和制度保障，有利于维护和推进各民族的和谐与发展。第二，关于坚持和完善民族区域自治制度，习近平总书记强调应分"两步走"。首先在全面深入了解这一基本政治制度的基础上要对其抱有绝对的自信，充分相信它是解决中国民族问题的正确选择和重要制度保障。"民族区域自治制度是党的民族政策的源头、是根基。"③否定了这个源头和根基，其他具体的民族策略也无从谈起。对其重要性有了明确的认识之后，

---

① 郝时远：《坚定不移走中国特色解决民族问题正确道路》，《人民日报》，2015年6月10日第7版。

② 中央社会主义学院理论学习中心组：《画出最大的同心圆——习近平总书记在中央统战工作会议上重要讲话精神学习讲座》，中共中央党校出版社2015年版，第133页。

③ 中央社会主义学院理论学习中心组：《画出最大的同心圆——习近平总书记在中央统战工作会议上重要讲话精神学习讲座》，中共中央党校出版社2015年版，第122页。

接下来就应落实于实际行动。习近平总书记提出要做到“两个结合”，即坚持统一和自治相结合，国家最高利益的实现为前提和基础，放权民族地区依法开展地方工作，解决自身特殊问题，维护自身特殊权利；坚持民族因素和区域因素相结合，这主要是由各民族在分布上交错夹杂、文化上兼收并蓄、情感上相互交融、经济上相互依存所决定的。[①]

（三）新时代民族地区的主要发展目标

党的十八大提出2020年在全国范围内建成小康社会的明确目标，少数民族作为我国整体的一个重要组成部分，必然直接关系着这一目标的实现与否。然而，由于历史、地域分布等原因，民族地区多处于相对贫困落后状态，成为全面建成小康社会的“重点、难点和短板”。因此，加快推进民族地区发展是解决现阶段我国民族问题的根本途径，能够为民族地区与全国同步全面建成小康社会注入了强大正能量。但需要强调的是，同步进入小康不是同一水平的小康，而是以承认一定差距为基础的小康，这是依据客观情况的必然选择，也是考虑全局发展的必然结果。那么，具体又该如何发展呢？对此，习近平总书记提出最好的办法就是“加速度、实现跨越式发展”。[②]具体而言就是：就业和教育是基础，经济和民生是重点，国家政策支持是手段，民族地区内生动力是强化剂。

目标明确，措施到位，这就为帮助少数民族地区甩掉贫困的帽子、早日享受小康生活提供了方法论指导。全国的小康要以少数民族的小康的实现为前提。所以，只有加快做好民族地区的发展工作，保证民族地区全面小康社会的建成，才能早日实现全国范围的小康。

四、新时代统一战线中的宗教关系问题

宗教工作理念是党的宗教工作理论创新和实践经验的总结，是党长期理论探索的重要成果。正确认识并充分运用党的宗教工作理念处理好宗教关系是涉及党和国家工作的重要方面。习近平总书记正确把握新时代宗教的活动规律，坚持用马克思主义宗教观正确认识宗教，明确提出了中国特色社会主

① 杨圣敏：《民族区域自治制度保障国家统一和民族进步》，《人民日报》，2017年7月26日。

② 魏后凯：《确保民族地区与全国同步全面建成小康社会》，《中国民族》2015年第3期，第87页。

义宗教理论，深刻阐明了宗教工作的一系列重大理论和实践问题。

（一）正确认识和把握宗教工作的本质

宗教工作理念是长期理论探索的重要成果。在革命、建设和改革历程中，中国共产党把马克思主义宗教观与中国实际和时代特征相结合，促进了党的宗教工作理论和理念的创新。在新民主主义革命时期，党就从具体国情和客观环境出发，不仅一贯强调保护宗教信仰自由权利，而且积极发展同宗教界的爱国统一战线，并取得了良好的成效。

新中国成立后，党全面认识宗教产生和存在的自然根源、社会根源、阶级根源和认识根源，深刻揭示宗教的群众性、民族性、国际性、复杂性和长期性等特点，坚持同宗教界在政治上团结合作、信仰上互相尊重，创造性地认识和处理社会主义条件下的宗教问题。进入改革开放新时期，党坚持以邓小平理论、"三个代表"重要思想、科学发展观为指导，将宗教工作放在建设中国特色社会主义伟大事业全局中观察，深刻认识宗教工作本质上是群众工作，宗教方面的矛盾主要是人民矛盾，形成了"全面贯彻党的宗教信仰自由政策，依法管理宗教事务，坚持独立自主自办的原则，积极引导宗教与社会主义社会相适应"的宗教工作基本方针，丰富和发展了党在社会主义建设新时期关于宗教问题的相关理论。

（二）构建积极健康的宗教关系

新时代要构建新型宗教关系，致力促进宗教中国化和宗教工作法治化。宗教工作是全局性工作，宗教本质是群众性工作，要运用群众工作的方法开展宗教工作，就是要积极引导宗教与社会主义社会相适应，把宗教信众的追求统一到中国梦的实现中，要认识到信教群众与非信教群众都共同为建设中国特色社会主义献策献力。

习近平总书记还首次系统论述了宗教内部的五对关系，[①]即"党和政府与宗教的关系、社会与宗教的关系、国内不同宗教的关系、我国宗教与外国宗教的关系、信教群众与不信教群众的关系"。这在实际上已提出了新时代新型宗教关系的标准是积极健康。强调构建积极健康的宗教关系，核心是处理好政教关系，必须坚持党的领导，牢牢把握巩固党的执政地位、扩大党的执政基

① 《瞄准中国梦习近平首次系统阐述马克思主义宗教观》，中国青年网，2016年4月25日。

础这个根本。坚持党同宗教界在政治上团结合作、信仰上互相尊重。坚持政教分离，宗教不得干预国家行政、司法、教育等职能实施，政府依法管理涉及国家利益和社会公共利益的宗教事务。强调在处理社会与宗教关系上，坚持宗教是社会的一部分，宗教要适应社会、服务社会；在处理国内不同宗教关系上，坚持各宗教一律平等、和睦相处，各宗教在法律上享有平等地位，都应履行我国法律规定的权利和义务；在处理我国宗教与外国宗教关系上，既要坚持独立自主自办原则又支持正常的对外交往，坚决抵御境外势力利用宗教进行的渗透；在处理信教群众与不信教群众关系上，要促进彼此尊重、和谐相处。要积极构建新时代中国特色社会主义宗教理论，以统战思维与法治思维相结合的方式，坚持宗教中国化和宗教工作法治化，积极引导宗教与社会主义社会相适应，切实做到导之有方、导之有力、导之有效。

（三）积极引导宗教与社会主义社会相适应

新时代，以习近平同志为核心的党中央根据我国发展的阶段性特征和我国宗教的具体实际，进一步强调要做好宗教引导工作。党的十八大报告指出："全面贯彻党的宗教工作基本方针，发挥宗教界人士和信教群众在促进经济社会发展中的积极社会作用。鼓励和引导新的社会阶层人士为中国特色社会主义事业做出更大贡献。"[①]2015年5月，习近平总书记在中央统战工作会议上强调："必须辩证看待宗教的社会作用，必须重视发挥宗教界人士作用，引导宗教努力为促进经济发展、社会和谐、文化繁荣、民族团结、祖国统一服务。"[②]"积极引导宗教与社会主义社会相适应"既有长时间来实践与理论发展的清晰脉络，更是对党的宗教工作经验的科学总结。

积极引导宗教与社会主义社会相适应，有以下四点值得注意。第一，必须坚持中国化方向。2014年3月27日，习近平总书记在联合国教科文组织总部发表演讲时指出，[③]要用社会主义核心价值观和中华文化浸润我国各种宗教，充实时代内容。第二，必须提高宗教法治化水平。提高宗教法治化水平，要完善涉及宗教的法律法规。宗教方面的具体事务，要通过国家一般性的法律

① 《积极引导宗教与社会主义社会相适应》,《人民日报》，2016年7月12日。

② 《巩固和发展最广泛的爱国统一战线 为实现中国梦提供广泛力量支持》,《人民日报》，2015年5月21日第1版（通讯）。

③ 《习近平在联合国教科文组织总部的演讲》，新华网，2014年3月27日。

法规来调节。习近平总书记强调要依法管理宗教事务，正确区分合法宗教与打着宗教旗号的违法犯罪活动，坚决制止非法宗教活动，遏制极端、抵制渗透、打击犯罪。[①]第三，必须辩证看待宗教的社会作用。要因势利导，调动积极因素，抑制消极因素。并且要努力挖掘宗教教义、宗教道德和宗教文化中有利于社会发展、时代进步和健康文明的内容，鼓励宗教界多做善行善举，引导宗教努力为促进经济发展、社会和谐、文化繁荣、民族团结、祖国统一服务。第四，必须重视发挥宗教界人士作用。习近平总书记提出要努力培养更多政治上靠得住、宗教上有造诣、品德上能服众、关键时起作用的宗教界代表人士。习近平总书记还对各级党委提出要求指出："新形势下，宗教工作范围广、任务重，既要全面推进，也要重点突破。各级党委要加强对党关于宗教问题的理论和方针政策的学习，加强对宗教基本知识的学习。"[②]

五、新时代统一战线中的海内外同胞关系问题

统一战线作为决定党和人民事业成败的重要法宝，在人心向背、力量对比上能发挥关键作用，是夺取政权和巩固政权的基础。在以和平方式解决社会制度和历史遗留的政治问题上，人心是最大的政治。无论是港澳"一国两制"的实施，还是两岸和平发展的推进，能够保障国家主权安全、利益发展，最终实现国家完全统一的是人心和民意。港澳台侨统战工作中争取人心的核心作用，是由爱国统一战线第二个范围联盟的特殊性所决定的。港澳台目前存在的问题给统一战线提出了做好争取人心工作的迫切任务和重要课题。中华人民共和国成立以来70年的社会主义现代化建设实践证明，统一战线在社会主义现代化建设中发挥着重要作用。做好港澳台侨学生、海内外同胞群体的统战工作，无论对于经济发展、社会稳定都有莫大的效用。

（一）坚持"一国两制"，促进港澳地区更加繁荣稳定

实现中华民族伟大复兴是团结港澳台同胞的最大公约数，爱国主义是凝聚港澳同胞的精神旗帜和实现国家统一的思想政治基础。在"一国两制"条件下，两地、"两制"之间社会制度和意识形态不同，但是我们始终同属一国。

---

① 《习近平：全面提高新形势下原教工作水平》，新华社，2016年4月24日。

② 习近平：《全面提高新形势下宗教工作水平》，《人民日报》，2016年4月24日第1版。

党的十九大报告提出："必须把维护中央对香港、澳门特别行政区全面管治权和保障特别行政区高度自治权有机结合起来"；"要支持香港、澳门融入国家发展大局，让香港、澳门同胞同祖国人民共担民族复兴的历史责任、共享祖国繁荣富强的伟大荣光"[①]；两岸同胞是命运与共的骨肉兄弟、是血浓于水的一家人，愿意率先同台湾同胞分享大陆发展的机遇，逐步为台湾同胞在大陆学习、创业、就业、生活提供与大陆同胞同等的待遇，增进台湾同胞福祉；推动两岸同胞共同弘扬中华文化，促进心灵契合；坚决维护国家主权和领土完整，绝不容忍国家分裂的历史悲剧重演。这十分清晰地界定了中央与特别行政区、祖国大陆与台湾、内地人民与港澳台同胞之间的关系，在原有的"和谐"基础上增加了"一国"、法治、责任、共享、融合等理念。习近平总书记指出要以中国梦引领海内外中华儿女团结奋斗，提出"赢得青年才能赢得未来"，强调做港澳台青年工作。[②]这些重要讲话精神构成了我们处理海内外同胞关系的大逻辑、大方针。

（二）稳步推进两岸关系友好发展，携手共圆"中国梦"

习近平总书记指出：中国梦意味着中国人民和中华民族的价值体认和价值追求，意味着全面建成小康社会、实现中华民族伟大复兴，意味着每一个人都能在为中国梦的奋斗中实现自己的梦想，意味着中华民族团结奋斗的最大公约数。[③]对于实现中华民族伟大复兴的中国梦的认同是新时代"大统战"的共识，也是最大"公约数"的价值目标。"大统战"就是为了实现中国梦、即实现中华民族伟大复兴而服务的。实现中国梦的两个"百年"目标是党在现阶段的工作重心，伴随着"大统战"自身的不断发展，其价值功能定位不断变化并日益丰富完善，将为中国梦的实现奠定坚实的基础。

习近平总书记在参加十二届全国人大四次会议上海代表团审议时提出，[④]将持续推进两岸各领域交流合作，深化两岸经济社会融合发展，增进同胞亲情和福祉，拉近同胞心灵距离，增强对命运共同体的认知。台湾学者、企业

---

① 习近平：《决胜全面建成小康社会 夺取新时代中国特色社会主义伟大胜利——在中国共产党第十九次全国代表大会上的报告》，人民出版社2017年版。

② 《习近平：加强海内外中华儿女大团结》，新京报，2019年10月1日第A04版。

③ 《中国式现代化的基本性质和鲜明特征》，《四川日报》，2021年8月9日。

④ 《习近平两岸关系：重要讲话展现政治定力和坚强决心》，人民网，2016年3月8日。

家普遍认为，习近平总书记的讲话表达了对于台湾同胞的深情厚谊，对于民间交流的殷切期盼。这是我们统战工作的重要成果和基石。“九二共识”明确界定了两岸关系的根本性质，是确保两岸关系和平发展的关键。承认“九二共识”的历史事实，认同两岸同属一个中国，两岸双方就能开展对话，协商解决两岸同胞关心的问题，台湾任何政党和团体同大陆交往也不会存在障碍。习近平总书记说，我们秉持“两岸一家亲”理念，尊重台湾现有的社会制度和台湾同胞生活方式，愿意率先同台湾同胞分享大陆发展的机遇。[①]将扩大两岸经济文化交流合作，实现互利互惠，逐步为台湾同胞在大陆学习、创业、就业、生活提供与大陆同胞同等的待遇，增进台湾同胞福祉。将推动两岸同胞共同弘扬中华文化，促进心灵契合。习近平总书记强调，坚决维护国家主权和领土完整，绝不容忍国家分裂的历史悲剧重演。一切分裂祖国的活动都必将遭到全体中国人的坚决反对。我们有坚定的意志、充分的信心、足够的能力挫败任何形式的“台独”分裂图谋。绝不允许任何人、任何组织、任何政党、在任何时候、以任何形式、把任何一块中国领土从中国分裂出去。习近平总书记表示，实现中华民族伟大复兴，是全体中国人共同的梦想。我们坚信，只要包括港澳台同胞在内的全体中华儿女顺应历史大势、共担民族大义，把民族命运牢牢掌握在自己手中，就一定能够共创中华民族伟大复兴的美好未来。[②]

（三）充分发挥海外侨胞的独特优势

建立海外统一战线，是中国共产党在改革开放新时期发展爱国统一战线做出的重大决策。习近平总书记在2018年春节团拜会上发表重要讲话指出：“近代以后久经磨难的中华民族，在百折不挠的奋斗中迎来了从站起来、富起来到强起来的伟大飞跃。”[③]广大华侨华人对这一讲话内容产生强烈共鸣。

习近平总书记的讲话得到了海外侨胞的热切回应和积极反响，这是习近平总书记为我们展示的一次成功的统战工作，习近平总书记贺词中的“世界大同，天下一家”，具有深厚的中国文化和中国哲学底蕴，也在中国特色的大国外交理念中得到生动体现。新西兰中国和平统一促进会会长张培军说：“全

① 王建民《十九大报告确立未来对台工作的大政方针》，《今日中国》，2017年10月26日 。

② 《释放明确对台政治信号—解读习近平两岸关系发展重要讲话》，《今日中国》，2016年3月29日 。

③ 习近平：《在2018年春节团拜会上的讲话》，《人民日报》，2018年2月15日第2版。

球瞩目的十三届全国人大一次会议选举产生新一届中国领导人，习近平总书记再次当选中华人民共和国主席，这个结果也表达出我们海外华侨华人的心愿与期待，是大势所趋，民心所向。”张培军表示，中共十八大以来，以习近平同志为核心的党中央，带领全中国各族人民在全面建成小康社会的历史性的五年中，取得了辉煌成就，有目共睹。新当选的国家主席习近平年富力强，目光远大，深受中国人民的信赖和拥护，在奋力推进新时代中国特色社会主义的前进征程中，不负众望，堪当大任。①这符合中国各族人民的热切期望，也是海外侨胞的共同心愿，必将给万众一心实现中华民族的伟大复兴带来无限希望。

六、新时代统一战线中的党外知识分子关系问题

党外知识分子是统一战线各领域代表人士的源头。广交深交党外知识分子朋友，着力做好党外知识分子工作，努力做党外知识分子的知己，对于巩固和壮大统一战线具有十分重要的意义。同时也正是党和国家领导人了解、理解、尊重、关心知识分子，积极为知识分子成就事业、施展抱负创造条件，而被知识分子视为知己，才促成了最广泛最团结的统一战线。

（一）重点做好“新三种人”的统战工作

习近平总书记特别强调了在新时期要加强“三类人”的工作，即：作为统战工作新的着力点的留学人员、新媒体中的代表性人士和非公有制经济人士特别是年轻一代。②对于这三类优秀的群体，不仅要团结，还要“加大党外代表人士培养、选拔、使用工作力度”。把这“三种人”作为统战新重点，体现了中国高层对新型人才的重视，体现了我党统战工作转型升级的决心。

第一类人是留学人员。习近平总书记提出留学人员是人才队伍的重要组成部分，是统战工作的新着力点。留学人员大多是有着全球化视野和思维的复合型人才，对于他们的吸纳和任用也有助于中国强化对国际规则制定权、国际舆论引导权的竞争。“留学人员”，这一群体在本次中央统战工作会议上被重点提到，被称为“人才队伍的重要组成部分”，他们将会成为我党统战工作着重团结的对象。习近平总书记对留学人才的统战思想可谓是“不拘一格

① 《人民的信赖 郑重的誓言——记习近平当选国家主席、中央军委主席并进行宪法宣誓》，新华网，2018年3月18日。

② 《新四大社会阶层有哪些，如何发挥作用》，新华道讯社，2015年8月30日。

降人才”。习近平总书记指示：[①]留学人员是“统战工作新的着力点”。很明显，这种新的表述表明中央对留学人员统战工作的重视程度在提高。在2013年10月欧美同学会成立100周年庆典上，习近平总书记将长期以来中国对待留学人才的指导方针概括为“支持留学、鼓励回国、来去自由、发挥作用”十六个字，做到“使留学人员回到祖国有用武之地，留在国外有报国之门”。[②]

第二类人是新媒体代表人士。在习近平总书记的讲话中，另一个引人注目的新提法，就是“要加强和改善对新媒体中的代表性人士的工作”。这是习近平总书记在统战工作中首次提到“新媒体中的代表性人士”。不难看出，“新媒体中的代表性人士”已被列为“巩固发展最广泛的爱国统一战线”的重要团结人群。习近平总书记指出，新媒体中的代表人士在“净化网络空间、弘扬主旋律等方面展现正能量”，[③]这会大大有助于网络社会的进步和团结。而对于如何与他们联谊交友，习近平总书记不仅提醒统战干部“要改进工作方法”，更直接给出解决办法，那就是要善于借助新媒体，“建立经常性联系渠道，加强线上互动、线下沟通”。

第三类人是非公有制经济人士，其中的年轻一代格外引人注目。针对他们，习近平总书记特别强调要“促进非公有制经济人士健康成长”，引导“年轻一代致富思源、富而思进”。[④]关于进一步团结非公有制经济人士，习近平总书记认为，要坚持团结、服务、引导、教育的方针，一手抓鼓励支持，一手抓教育引导，关注他们的思想，关注他们的困难，有针对性地进行引导。在中央统战工作会议上，习近平总书记还特别指出，要团结好“年轻一代”。对年轻一代，习近平总书记还提出了期待，希望他们能“致富思源、富而思进，做到爱国、敬业、创新、守法、诚信、贡献”，简言之，就是希望他们接好父辈的班，成为真正的“创二代”。对这三类人群，不仅要团结，而且要培养使用。习近平总书记表示，“要加大党外代表人士培养、选拔、使用工作力度”，目的就是要“培养造就一支自觉接受中国共产党领导、坚定不移地走中国特色社会主义道路、具有较强代表性和参政议政能力的党外代表人士队

---

① 《海外留学生热议习近平总书记在中央统战工作会议上的讲话》，《中国青年报》，2015年5月26日。

② 《海外留学生热议习近平总书记在中央统战工作会议上的讲话》，《中国青年报》，2015年5月26日。

③ 《习近平网络滋养论画出成风化人同心圆》，央广网，2016年4月20日。

④ 《习近平：巩固发展最广泛的爱国统一战线》，新华网，2015年5月21日。

伍”[①]。因而引领这样一部分人特别是年轻一代的企业家、创业家健康发展，既有助于中国各层次非公经济体的健康优化，也有助于培养一批青年企业领袖，推动他们积极参与国内外市场竞争，全面搞活、搞好经济社会的发展。

尊重劳动、尊重知识、尊重人才、尊重创造，是我党长期以来始终坚持的一项长期方针，也是新形势下做好统战工作，进一步巩固和发展最广泛的爱国统一战线的重要指导原则。做好三大领域优秀群体的工作，充分发挥“三类人”的战略价值和意义，有助于形成中国参与国际竞争的长效软实力，也有助于中国跨越诸如“中等收入陷阱”等一系列转型期阵痛。这“三类人”若统战得法、使用得当，必然迸发出蓬勃的活力，以新的方式展现中国的国家新形象。

（二）党外知识分子的统战工作方法

正确认识党外知识分子问题，是统一战线的基本问题；重视和做好党外知识分子工作，是统一战线工作的重要方面，在团结和凝聚最广泛的社会力量投入中国特色社会主义伟大事业中有着举足轻重的作用。为此，习近平总书记在中央统战工作会议上就党外知识分子工作做了专门论述，《中国共产党统一战线工作条例（试行）》也以独立章节对党外知识分子工作提出了要求。

习近平总书记在出席中央统战工作会议并发表的重要讲话中强调，党外知识分子工作，是统一战线的基础性、战略性工作。[②]做党外知识分子工作，不仅要增强责任意识、配强工作力量，还要改进工作方法，学会同党外知识分子打交道特别是做思想政治工作的本领。习近平总书记指出，统战工作是全党的工作，必须全党重视，大家共同来做。各级党委要把统战工作摆在重要位置，各级党政领导干部要带头学习宣传和贯彻落实统一战线政策法规，带头参加统一战线重要活动，带头广交深交党外朋友。[③]要加强统战干部队伍建设，统战干部要发扬优良作风，做到诚恳谦和、平等待人、廉洁奉公，真正赢得党外人士尊重和认同，团结他们同我们党一起奋斗。

总而言之，做好新形势下统战工作，必须掌握规律、坚持原则、讲究方

① 中共中央宣传部编:《习近平总书记系列重要讲话读本（2016年版）》，学习出版社、人民出版社2016年版。

② 《习近平：学会同党外知识分子打交道》，新京报，2015年5月21日。

③ 《习近平：巩固发展最广泛的爱国统一战线》，新华网，2015年5月21日。

法，最根本的是要坚持党的领导，实行的政策、采取的措施都要有利于坚持和巩固党的领导地位和执政地位。习近平总书记高度重视和做好新经济组织、新社会组织中的知识分子工作，引导他们发挥积极作用。要加强和改善新媒体中的代表性人士的工作，建立经常性联系渠道，加强线上互动、线下沟通，让他们在净化网络空间、弘扬主旋律等方面展现正能量。要加大党外代表人士培养、选拔、使用工作力度，努力培养造就一支自觉接受中国共产党领导、坚定不移地走中国特色社会主义道路、具有较强代表性和参政议政能力的党外代表人士队伍，团结和鼓舞他们，为共同实现中华民族的伟大复兴不懈奋斗。

第三章　新时代统一战线理论的逻辑思维

新时代统一战线正在逐步形成“大统战”局面，因为新时代统一战线理论的逻辑就是“大统战”的逻辑，即：在理论层面寻求最大“公约数”，在实践层面画出最大“同心圆”。其价值目标就在于构建中华民族命运共同体，实现中华民族伟大复兴，同时推动人类命运共同体的构建。

第一节　以“最大公约数”理念引领“大统战”工作

党的十八大以来，习近平总书记指出在新形势下开展统战工作，必须正确处理一致性和多样性关系，不断巩固共同思想政治基础，同时要充分发扬民主、尊重包容差异，尽可能通过耐心细致的工作找到最大公约数。十九大报告中指出：“要高举爱国主义、社会主义旗帜，牢牢把握大团结大联合的主题，坚持一致性和多样性统一，找到最大公约数，画出最大同心圆。”①

把统一战线和最大公约数结合起来，是以习近平同志为核心的党中央科学分析统一战线和统战工作所面临新形势形成的重大理论创新。在目前各种社会思潮相互交织、相互碰撞的复杂社会背景下，最大公约数思想突出了统一战线的着力点，指明了统战工作的目标和方向，对统一战线壮大共同奋斗

① 习近平：《决胜全面建成小康社会 夺取新时代中国特色社会主义伟大胜利——在中国共产党第十九次全国代表大会上的报告》，人民出版社2017年版。

的力量具有很强的现实针对性和指导意义。

寻求最大公约数的方法与统一战线求同存异、体谅包容的理念高度契合。党的十九大以来，面对错综复杂的国际国内形势，习近平总书记审时度势，从战略高度提出要寻求各方面的最大公约数，要求“各级领导干部要善于以最大公约数的思想方法研究问题、解决问题，聚合众力、融合众智”[①]。最大公约数理念要求在面对利益格局多元、价值取向多样的复杂局面时，最大限度地寻求利益共同点和共同价值观。这一思想涉及、贯穿内政外交和党的建设各领域、全过程。在当前协调推进“四个全面”战略布局的伟大实践中，学习和把握这一重要方法论具有深远意义。

习近平总书记关于最大公约数的论述是一个立意深远、内涵丰富、博大精深的有机整体。它主要涵盖：中国梦是海内外中华儿女团结奋斗的最大公约数，社会主义核心价值观是内化于心的最大公约数，协商民主是固化于制的最大公约数，合作共赢是外交统战的最大公约数。最大公约数理念体现为中国特色社会主义确立兴国之魂，体现为实现中国特色社会主义伟大事业凝聚人心与汇集力量，汇聚起实现中国梦的强大精神力量。

一、中国梦：海内外中华儿女团结奋斗的最大公约数

（一）统一战线的发展离不开中国梦

习近平总书记指出中国梦意味着中国人民和中华民族的价值体认和价值追求。[②] 中国梦意味着全面建成小康社会、实现中华民族伟大复兴，意味着每一个人都能在为中国梦的奋斗中实现自己的梦想，意味着中华民族团结奋斗的最大公约数。《中国共产党统一战线工作条例（试行）》明确把“致力于中华民族伟大复兴”写入统一战线性质。这意味着实现中华民族伟大复兴的中国梦成为海内外中华儿女的团结奋斗的最大公约数。统一战线是一致性和多样性的统一体。坚持共产党的领导、坚持中国特色社会主义道路是共同的思想政治基础，这是新时期的统一战线的底线。对中华民族共同体的认同，对实现中华民族伟大复兴的中国梦的认同，这是新时期的统一战线的共识。这

① 杨卫敏:《论习近平新时代大统战战略思维》，载《江苏省社会主义学院学报》2019年3月26日，第1页。

② 《汇聚起中华儿女大团结的磅礴力量》，《光明日报》，2021年8月20日。

个底线、这一共识，既是统一战线的共同思想政治基础，也是“最大公约数”的理论内核。在此，“最大公约数”意味着实现中华民族的伟大复兴的中国梦的共同理想。

1. 中国梦提供了统一战线正确处理一致性与多样性关系的价值支撑

中国梦具有鲜明的时代特征、文化特征、实践特征，既为统一战线在新的历史起点上凝心聚力提供了前进方向，又为正确处理一致性与多样性关系提供了价值支撑。

中国梦诠释了正确处理一致性与多样性的时代价值。在一致性中发展多样性，在多样性中维护一致性，这是当代世界发展的大势所趋，也是中国梦的主要内涵。中国梦顺应了时代发展的要求，提取统一战线各界人士的价值交集，寻求思想政治共识，作为连接一致性与多样性的纽带和桥梁，满足了各个政党、各个民族、各个宗教、各个阶层以及不同制度下海内外中华儿女多样化的利益诉求，把共同的夙愿凝聚成实现民族复兴的强大精神动力，将多元的价值观统一于中国梦这个一致性之中，共同谱写实现中华民族伟大复兴的新篇章。

中国梦诠释了正确处理一致性与多样性的文化价值。中国梦反映了中华文化兼容并蓄的内在品格。文化的重要性主要表现在满足了特定群体的价值归属感和认同感，统一战线正是由多元文化构成的有机整体。实现中国梦，统一战线必须坚定文化自觉、文化自信、文化自强，不断增强统一战线各界人士对中华文化的认同感和归属感，自觉践行中国梦蕴含的一致性与多样性相统一的价值追求，积极促进统一战线各领域的价值凝聚，进一步提升统战文化的软实力，充分激发中华文化在统一战线正确处理一致性与多样性关系中的价值引导作用。

中国梦诠释了正确处理一致性与多样性的实践价值。统一战线践行中国梦，要团结和带领广大成员立足于社会主义初级阶段这个总依据、五位一体这个总布局、实现社会主义现代化和中华民族伟大复兴这个总任务，为中国特色社会主义事业贡献力量。中国梦为统一战线注入了更加强大的活力，构筑了更加广阔的舞台。一方面，国家要积极为统一战线在实现中国梦的具体实践中提供有力保障；另一方面，统一战线也要勇于把服务于国家总体战略的责任扛在肩上。

2. 中国梦确定了统一战线正确处理一致性与多样性关系的思想原则

中国梦继承了中国政治传统中关于矛盾普遍性与特殊性的哲学观点，奠定了新起点上统一战线正确处理一致性与多样性关系的思想基础。统一战线是一致性与多样性关系的统一体，“和而不同”“存异求同”“和衷共济”是统一战线在正确处理一致性与多样性关系时所要遵循的重要原则。

中国梦是“和而不同”原则的表达。在一致性中发展多样性，是“和而不同”原则的精神实质。统一战线是政治一致性和文化多样性的政治共同体，在组织结构上符合“和而不同”原则。统一战线实现中国梦必须基于共同的理想和目标，在实现祖国统一、民族复兴上高度一致，共同致力于多党合作、民族和睦、宗教和顺、阶层和谐、海内外同胞和衷共济。

中国梦是“存异求同”原则的表达。在多样性发展中保持一致性，是“存异求同”原则的现实要求。统一战线的“异”是客观现实，“同”是目标方向。“存异”就是要保留统一战线各个领域的多样性，“求同”就是要达成统一战线思想认识一致性，这是异中见同、异中求同、异中存同的过程。中国梦是统一战线多样性发展的新共识。统一战线把实现中国梦作为凝聚社会共识的重要载体，既满足了特殊利益诉求的需要，又达到了殊途同归的目的，真正体现了异中见同、异中存同的精神。

中国梦是“和衷共济”原则的表达。统一战线是一个自洽的、完整的政治结构，其一致性与多样性关系在实现中国梦中完成了有机统一。实现中国梦，统一战线必须深刻理解和准确把握“和衷共济”原则。“和衷共济”原则契合了统一战线正确处理一致性与多样性关系的准则。统一战线是由不同文化背景的人组成的，实现中国梦就是要充分发挥各政党、民族、宗教、阶层、海内外同胞的力量，各尽所能、各取所需，取长补短、相得益彰。

3. 中国梦指明了统一战线正确处理一致性与多样性关系的行动路径

当前，我国正处于发展的关键期、改革的攻坚期、矛盾的凸显期，统一战线在正确处理一致性与多样性的关系时，面临着前所未有的压力，承担了前所未有的责任，在实现中国梦的伟大进程中，增进思想共识、发展协商民主、协调利益关系，是统一战线正确处理一致性与多样性关系的实现路径。

统一战线能够长期存在，就是因为不同的价值观念、不同的思维方式、不同的行动目标可以取得最大公约数，达成思想共识。我们应该充分认识意识形态工作的极端重要性，把实现中国梦作为统一战线共同的思想基础来凝聚共识、弥合差异。

中国梦确定了中华民族伟大复兴的新目标，升华了中国特色社会主义建设事业的新境界，拓宽了各民族人民全面建成小康社会的新实践，得到了广大统一战线成员的认同和支持。统一战线必须按照实现中国梦的总体要求，进一步增强道路自信、理论自信、制度自信和文化自信，引导各界人士始终与中国共产党在思想上同心同德、目标上同心同向、行动上同心同行。

（二）统一战线在实现中国梦中的战略地位

统一战线服务中国梦实现是统一战线围绕中心、服务大局的需要，具有深刻的内在依据和战略地位。

1. 统一战线是实现中国梦的重要主体

在我国，统一战线是全体社会主义劳动者、社会主义事业的建设者、拥护社会主义的爱国者和拥护祖国统一的爱国者的最广泛的联盟。统一战线是我国人民范畴的基本组成，是中国梦主体的重要方面，是实现中国梦的重要依靠力量。从狭义的角度来看，统一战线中的党外代表人士是我国社会各界的精英，能够为中国梦的实现贡献积极力量。从广义的角度来看，统一战线成员占据我国人口的很大规模，是实现中国梦的重要力量，更是享受中国梦成果的重要对象。可见，统一战线服务中国梦是中国梦以人民为其价值主体的具体反映，统一战线服务中国梦具有深刻的主体依据。

2. 统一战线是承载中国梦目标利益的重要载体

统一战线的本质是在共同利益基础上的团结合作。统一战线以大团结大联合为主题，以实现共同目标、共同利益为追求，具有明确的指向性。在当前，统一战线的共同利益、共同目标是实现中国特色社会主义事业新胜利和全面建成小康社会。中国梦旨在将实现国家富强、民族振兴和人民幸福，统一于中国特色社会主义事业的伟大进程。统一战线的共同利益、共同目标包含于中国梦的总体目标之中。统一战线追求的政党关系、民族关系、宗教关系、阶层关系、海内外同胞关系和谐，是中国梦总体目标的具体化。统一战线“五大关系”和谐目标的实现将为中国梦总体目标的实现创造良好环境。中国梦实现过程中带来的国家富强、民族振兴和人民幸福的共同利益将为统一战线全体成员所分享，也将为统一战线特殊利益的实现创造必要条件。

3. 统一战线是实现中国梦的重要思维源泉

中国梦作为中国特色社会主义理论发展的最新成果，内含科学的思维方法，体现了对马克思主义方法论的科学运用。中国梦强调国家梦想与人民梦想、集体梦想与个人梦想、长远梦想与短期梦想、宏观梦想与微观梦想、梦想追求与制度保障的有机统一，鲜明地体现了统筹兼顾的和合思维。统一战线以求同存异为根本思维，以统筹兼顾为重要方法，与中国梦战略思想的辩证特征是一致的。统一战线坚持求同存异和利益兼顾，能最大化增进统一战线的一致性，增进统一战线成员追求中国梦的共识；同时能最大化地包容统一战线的多样性，增强统一战线成员追求中国梦的活力。

（三）充分发挥统一战线优势，为实现中国梦凝聚智慧和力量

统一战线服务中国梦具有深刻的基本依据，在实现中国梦进程中能发挥重要作用。围绕党和国家不同时期的发展目标实现大团结，是统一战线永恒不变的主题。实现中国梦的“两个一百年”目标是党在现阶段的工作重心，伴随着统一战线自身的不断发展，其价值功能定位不断变化并日益丰富完善，将为“中国梦”的实现奠定坚实的基础。

1. 统一战线能凝聚中国力量，为中国梦的实现提供力量基础

实现中国梦需要凝聚中国力量，即中华民族的大团结。统一战线通过团结一切可以团结的力量，利用一切可以利用的积极因素，避免一切不利因素来实现我们的奋斗目标。统一战线作为实现中国梦的重要主体，自然也是中国力量的重要方面。这是由统一战线的本质决定的。统一战线作为一种同盟，本身就是不同社会政治力量在共同利益基础上为实现共同目标而结合在一起的。统一战线是凝聚力量和配置力量的基本方式。统一战线能将最广泛的中国力量凝聚到中国梦中来，实现统一战线的大团结、大联合，为中国梦的实现汇聚更多力量。

中国梦的力量来自两个方面，一是领导力量，即中国共产党，二是依靠力量，即14亿人民群众。据新华社报道，中央组织部最新党内统计数据显示，截至2018年底，中国共产党党员总数为9059.4万名，比上年净增103.0万名，增幅为1.2%。党的基层组织461.0万个，比上年增加3.9万个，增幅为0.8%。[①]

① http://jlrbszb.cnjiwang.com/pc/paper/c/201907/03/content_83648.html，最后访问时间：2020年8月6日。

但仅仅依靠党员的力量是无法实现宏伟的中国梦的，我们必须紧紧团结在中国共产党的领导下，发挥14亿人民群众的聪明才智，共同实现国家梦、民族梦、个人梦。统一战线的主体包括了全体社会主义劳动者、社会主义建设者、拥护社会主义的爱国者和拥护祖国统一的爱国者等15个方面，具有空前的广泛性与巨大的包容性。中国梦的主体应该是每个中国人，虽然双方在主体上并不能够完全等同，但统一战线的主体构成了中国梦主体的绝大部分，中国梦，说到底体现的是人民的利益，是人民的事业。没有人民的力量，梦想就不可能实现。实现中国梦必须充分运用统一战线这个重要法宝，把党外各界人士团结起来勠力同行。

2. 统一战线能弘扬中国精神，为中国梦的实现提供精神动力

实现中国梦要弘扬中国精神，包括以爱国主义为核心的民族精神和以改革创新为核心的时代精神。中国精神是中国梦的灵魂，也是统一战线生存发展的基石，中国梦强烈的爱国主义情怀具有强大的号召力与凝聚力，是连接统一战线与中国梦的精神纽带。中国特色社会主义的伟大实践赋予了统一战线鲜明的时代特色，统一战线从来都不是一成不变的，它的内容总是随着时代的进步而创新发展，并形成了新的统战文化。新时期的统一战线越来越体现改革创新的时代精神，统一战线为中国梦提供精神动力，既能弘扬民族精神，也能发扬时代精神。长期以来，中华民族之所以历经磨难仍绵延不绝，就在于始终有一种凝心聚力的精神力量深深地融入了民族的血脉。统一战线所高举的爱国主义、社会主义两面旗帜，超越了阶层之分、党派之异、信仰之别，是民族和人民的福祉所在、光明所在、希望所在。统战文化突出同心奋进、突出以人为本、突出包容和谐、突出发扬民主，具有方向引领、向心凝聚、激发活力、固本强基的作用，能够有力激发统一战线广大成员始终坚守国家兴亡、匹夫有责的担当，始终坚守矢志不渝、破浪前行的勇气，为中国梦的实现提供强大的精神动力。

3. 统一战线能夯实中国道路，为中国梦的实现提供制度保障

统一战线不仅是各种社会政治力量联合的制度，更是一种整合吸纳的制度。统一战线能将其所囊括的广大成员的各种意见、建议和诉求输入体制，促进国家与社会的良性互动。制度具有全局性、根本性、长期性和稳定性的特点，实现中国梦必须要以制度为保障，要从社会制度层面向社会成员传递

追梦起点公平、机会公平、过程公平和结果公平，充分体现出中国梦公平主义的价值。中国共产党领导的多党合作和政治协商制度、民族区域自治制度、“一国两制”、非公经济政策、宗教信仰自由政策、党外代表人士教育培训政策、队伍建设政策等都是统一战线的重要制度，是处理好政党关系、民族关系、阶层关系、宗教关系和海内外同胞关系，确保中国梦得以实现的重要保证。实践证明，充分发挥这些制度的权威性、民主性和广泛性，是建设社会主义民主政治，处理好五大关系的前提和基础。在这个基础上，明确提出要推进社会主义协商民主广泛多层制度化发展，明确了人民政协和统一战线在推进协商民主中的地位和作用，这必将有力地推动我国政治生活的民主化，拓宽民主渠道、规范民主程序、丰富民主形式，切实保障人民拥有更为充分的知情权、参与权和监督权，不断扩大群众有序的政治参与。

4. 统一战线能使中国梦具体化，丰富和发展中国梦的内容体系

中国梦作为思想体系，具有多维层面，包括国家梦、民族梦、个人梦、航天梦、强军梦、祖国统一梦等。统一战线的各个领域都承载着中国梦，并将其具体化为统一战线各领域的梦想，极大地丰富和发展了中国梦的内容体系。具体来说，民主党派的中国梦是做好政治协商、民主监督、参政议政工作，为中国梦的实现建言献策、发挥作用；民族领域的中国梦体现着“两个共同”的主题，实现好团结梦、发展梦，努力争取人心、调动人心、凝聚人心；宗教领域的中国梦是要充分发挥宗教在促进经济社会发展中的积极作用，促进宗教与社会主义社会相适应，做到爱国爱教和服务社会相统一，不断为中国梦的实现增添正能量；阶层领域的中国梦是要发挥新的社会阶层在中国梦实现中作为中国特色社会主义事业建设者的积极作用，促进阶层流动和阶层和谐，激发他们为中国梦努力奋斗的积极性；港澳台同胞和海外侨胞的中国梦集中体现于他们对民族振兴、国家统一的向往。因此，要充分发挥港澳台同胞在中华民族振兴和维护国家统一中的积极作用。

二、协商民主：固化于制的最大公约数

（一）统一战线领域中的协商民主

构建程序合理、环节完整的协商民主体系，在全社会开展广泛协商，坚持协商于决策之前和决策实施之中，完善民主党派中央直接向中共中央提出

建议制度，建立健全决策咨询制度，完善人民政协制度体系，规范协商内容、协商程序，在政协健全委员联络机构，完善委员联络制度，发挥人民政协作为协商民主重要渠道作用，提出开展形式多样的基层民主协商，推进基层民主协商制度化等等，是我们党发挥统一战线在协商民主中的重要作用的重大制度创新，反映了协商民主制度化在统一战线中的新进展和新水平。

1. 统一战线领域中的协商民主是有效衔接国家机构协商与基层自治协商的中观环节

我国的协商民主以党的统一战线和政党制度为标志，这种协商式民主具有自身的特点和优势，中国的统一战线组织及其兼涉的广阔领域是协商民主实践的重要领域，它的空前广泛性和巨大包容性体现出强大的民主功能。从国家与社会二分的视角来看，统一战线是我国重新整合国家与公民社会关系、发展民主政治的现实可用的机制框架，是上传下达、沟通政府与公民不同群体之间关系的桥梁和纽带。以对话、交流、理解、共识为基本宗旨的统战工作本身具有很强的协商性特征，它与我国民主政治的发展具有内在的一致性，对于推进和完善我国的协商民主具有重大的作用。与此同时，作为统战制度实现主要载体的多党合作和政治协商制度，为协商民主提供了政治基础和制度架构，是保证协商民主健康生成、平稳发展的必备条件。

2. 统一战线开展形式多样的基层民主协商推进基层民主协商制度

当前，我国对于统战工作的定位已从传统的以民主党派为中心开始向以处理政党关系、阶层关系、民族关系、宗教关系、海内外同胞关系等方面全方位拓展。宽视野、大领域的大统战格局已初步形成。积极推进协商民主必须开展形式多样的基层民主协商，利用现代科技手段深入推动基层民主协商工作再上新台阶。通过设立社情民意办公室、公布热线电话和网址等方式不断拓宽渠道，引导群众有序表达意愿；充分认识网络的重要性，积极开展网上议政、建立网络交流互动平台，通过网络搜集来自基层的民意民智，贯通协商民主与网络民意通道，提高政治协商工作的开放性；设立基层政协委员联络室、委员工作室、政协工作委员会等，努力拓宽基层群众理性合法有序表达利益诉求的渠道。

（二）统一战线在建设社会主义协商民主中的功能

统一战线在中国社会政治生活中扮演着非常重要的角色，其团结、沟通、协调的功能得到各方面的高度认同。统一战线在建设社会主义协商民主中的功能，主要由社会政治生活的实际需要决定，并由其团结、沟通和协调的功能细化而来，包括社会整合、和谐稳定、促进发展、协调平衡、完善创新等方面。

1. 统一战线是社会主义协商民主重要的社会整合机制

社会主义协商民主建设面临着艰巨而复杂的社会整合任务。目前社会的基本状况是，伴随社会主义市场经济发展，社会关系发生重大调整，社会成员发生分化，利益结构发生深刻变化。如何将分化了的社会成员重新整合起来，是一个现实的紧迫任务。社会主义协商民主在一定程度上承载着社会整合这个历史重任。在社会主义协商民主可以依靠的社会整合机制中，统一战线是非常重要的形式之一。统一战线既以中国共产党的领导为前提，又有各民主党派、各种社会力量的广泛合作，从而形成强大的社会整合力。在建设中国特色社会主义大目标下，民主党派紧密团结在中国共产党周围，形成高度的政治认同，这对于促进政治资源的优化配置、调动各方面的积极性、引导和组织社会沿着现代化的方向不断前进有着极为重大的意义。

2. 统一战线有助于社会主义协商民主实现和谐稳定的目标

社会主义协商民主强调协商与合作，通过协商在全社会达成一致，从而避免冲突，维护稳定。统一战线则是社会主义协商民主实现合作与稳定的重要方式。从政治领域看，在统一战线内，中国共产党和民主党派建立起执政—参政的政治模式，各政党之间以合作、协商代替对立、争斗，最大限度地减少社会内耗，从而维护安定团结的社会政治局面。从整个社会的角度看，统一战线是各统战成员、各种利益关系主体之间协商合作的场域。在中国共产党的坚强领导下，统一战线实现了各党派、各团体和社会各界的广泛联合，并为各种社会利益诉求提供了广阔的公开交流协商的场所，从而实现了社会的广泛有序参与。所以，统一战线以协商为基本形式，能够有效化解各种社会矛盾和冲突，保持政治稳定和社会和谐。

3. 统一战线通过凝聚人心来促进发展

统一战线历来是为党和国家的中心工作服务的。建设社会主义协商民主和中国特色社会主义，都必须广泛团结各种社会力量，充分调动广大人民群众的积极性，共同奋斗。统一战线以大团结、大联合为主题，具有争取人心、凝聚力量的重要作用，能够最广泛地调动各方面的积极性，团结统一战线广大成员埋头苦干、锐意进取，把全社会的力量凝聚到社会主义现代化建设上来，引导他们自觉主动地为社会主义经济建设、政治建设、文化建设、社会建设服务。

4. 统一战线有助于在社会主义协商民主和选举民主之间实现协调和平衡

社会主义协商民主是我国两种民主形式之一。发展协商民主与发展选举民主应该是一致的，即两种民主形式应该是平衡的。协商民主之所以获得发展，原因之一就是能够弥补选举民主自身存在的难以克服的忽视少数人权利和公民参与度不高等不足之处。社会主义协商民主与选举民主应该是相辅相成、互为补充、相互促进、共同发展的。统一战线在协调和平衡选举民主与协商民主中发挥着重要作用。中国的民主政治发展，一方面是坚持协商的传统，另一方面是改革开放以来一些领域不断加强竞争性选举。从世界各国民主政治的发展状况看，选举民主仍然是主要形式。在中国，经过多年的改革开放，发展选举民主的呼声和要求也很高，竞争性选举在一定层次、一些领域、某些环节越来越突出。诚然，发展选举民主对社会主义民主是有益的，但是竞争性选举毕竟与我国某些制度安排不完全一致，现实中需要寻找民主发展的平衡点。发展社会主义协商民主，其重要意义之一就是能够释放选举民主的压力。目前“两会”机制的建立，就是选举民主和协商民主协调发展的重要举措。

5. 统一战线可以推动社会主义协商民主不断完善和创新

统一战线在推进社会主义协商民主中，一方面能促进现有机制的完善，另一方面能不断促进平台和机制创新。本质上，统一战线是符合中国国情、具有协商性质的一种机制。在不同政治力量之间的协商方式等问题上，统一战线已经形成了一套相对稳定的办法，比如协商会、座谈会等。这些机制和工作方式在社会主义协商民主中仍然要坚持，继续发挥其作用，并不断加以改进。比如，征求意见的座谈会，现在由于给予参加座谈的成员时间太短，导致他们没法认真阅读文件资料，加上其他一些原因，座谈会往往变成了“表态会”。这不是座谈会本身的问题，而是实际操作中产生的问题。解决这些问题将推动社会主义协商民主的发展。发展社会主义协商民主，必须有新的机制、新的办法，以适应其作为一种国家政治制度发展的需要。协商民主在西方国家主要作为一种基层民主形式存在，是非国家形态的民主。在中国，社会主义协商民主既包括基层协商民主等非国家形态的民主，也包括人大和政府机关的协商、政协平台上的协商等国家形态的民主。要实现两种民主形式的有机结合，统一战线是重要平台和机制。它作为党的工作机制，一端连接着党政机关、政治精英，一端连接着社会团体、社会公众，是实现国家与社会融合的重要形式。

随着党的十八大把加强中国特色社会主义协商民主制度建设确立为奋斗目标，统一战线也随着协商民主广泛多层制度化发展纳入我国民主政治建设的范畴和进程。党的十八届三中全会通过的《关于全面深化改革若干重大问题的决定》中，明确要求发挥统一战线在协商民主中的作用，表明新一届党中央对统一战线与协商民主相互促进关系的认识达到了新的高度。要贯彻落实好《中共中央关于加强中国特色社会主义参政党建设的意见》《民主党派代表人士队伍建设规划（2018—2027年）》《各民主党派中央关于新时代组织发展工作座谈会纪要》等文件精神，积极支持各民主党派加强自身建设，努力成为政治坚定、组织坚实、履职有力、作风优良、制度健全的合格的中国特色社会主义参政党，做自觉接受中国共产党领导、同中国共产党通力合作的亲密友党和好参谋、好帮手、好同事。[①] 中国协商民主是在统一战线和人民政协的实践中形成的，统一战线是协商民主形成与发展的基本前提，协商民主是统一战线具体运作的实现形式。加强协商民主建设也是加强统一战线工作的组织化、规范化、制度化建设。

三、合作共赢：外交统战的最大公约数

习近平总书记在党的十九大报告中提道："全方位外交布局深入展开。全面推进中国特色大国外交，形成全方位、多层次、立体化的外交布局，为我国发展营造了良好的外部条件……倡导构建人类命运共同体，促进全球治理体系变革。我国国际影响力、感召力、塑造力进一步提高，为世界和平与发展做出新的重大贡献。"[②] 外交统一战线工作的准则是合作共赢，实现不同文明

① 尤权：《坚持大统战工作格局》，2019年11月26日，见 http：//theory.people.com.cn/n1/2019/1126/c40531-31474052.html。

② 《在习近平外交思想指引下奋力推进中国特色大国外交》，《求是》，2019年9月1日。

之间的联合。在全球化的今天，统一战线，不仅要在国内和党内，还必须在国际和全球范围内展开。

1. 合作共赢思想为构建外交统一战线奠定了思想认同基础

合作共赢是外交统一战线的准则，在这个准则上中国统战工作不折不扣地贯彻执行党的外交战略总方针，始终不渝地坚持走和平发展道路，高举和平发展合作的旗帜，与世界各国共同努力建设和谐世界。中国外交统一战线的建设目标，在于向世界宣传中国和平崛起和构建和谐世界的良好意图，提升国家在国际事务中的主导地位。

正基于此，在与他国共建“一带一路”的过程中，中国以自主、平等、协商原则为指导，以维护与实现各参与主体的利益为目的，谋求各个层面的合作。通过“一带一路”建设，沿线国家将与中国共享经济发展红利和经验。中国在“一带一路”倡议实施中，强调“亲、诚、惠、容”，强调“命运共同体”，强调合作共赢，强调各国国家利益的最大公约数，强调相互借力和共谋发展。这些会为沿线国家与中国合作部分地排除思想之忧，让沿线国家发现与中国共同发展的思想交集和协同前进的共振频率。总之，互利共赢的合作理念为中国进行国际统战奠定了坚实的思想基础。

2. 经济上的合作共赢为构建外交统一战线奠定了物质基础

经过多年的快速发展，中国积累下了巨大的财富。中国将外汇储备投向支持“一带一路”倡议沿线国家的能源、基础设施等项目，既弥补沿线国家的资金缺口，也为中国巨额外汇储备的投资和获益找到了新出路。“一带一路”沿线众多亚非国家，需要加强基础设施建设，能承接劳动密集型产业转移等。作为丝绸之路另一端的欧洲发达国家，目前依旧面临经济疲软甚至主权债务危机的困扰，亦有着吸引中国投资的强烈需求。因此，中国较雄厚的经济基础，为“一带一路”倡议的推进奠定了物质基础，为由经济合作溢出为政治、文化和人文合作提供了契机，从而为构建外交统一战线提供了现实条件。

3. 中国和沿线国家已有的合作方式或机制为构建外交统一战线提供了平台

在区域经济一体化现状与国际统战思想影响下，中国已尝试建立了一些合作机制，如中巴、中蒙俄、孟中印缅等跨境经济走廊。经济走廊是相关国家选择部分毗邻区域巧妙地规避某些政治障碍，进而推行务实合作的有效手段。经济走廊建设的最终目标是将经济效益逐渐“外溢”到政治等其他合作领域。另外，政治与安全领域的“亚信”机制与双轨思路，基础设施领域的若干海陆大通道，贸易领域的亚太自贸区，金融领域的亚洲基础设施投资银行、金砖国家新发展银行、丝路基金以及规划中的上合组织银行等若干实体都为以实现大联合为目标的外交统战工作创造了沟通平台，积累了合作经验，某种程度上为中国创造了开展对某些国家统战的机会。

4. 中国推进新型国际关系的努力为构建外交统一战线积累了实践经验

习近平总书记在中央外事工作会议上指出：“我们要坚持合作共赢，推动建立以合作共赢为核心的新型国际关系，坚持互利共赢的开放战略，把合作共赢理念体现到政治、经济、安全、文化等对外合作的方方面面。”[①] 以合作为路径，以共赢为目标，是通向“新型国际关系”的途径。从新中国成立之初的“革命外交”转型至改革开放后的“发展外交”，再转型至新世纪第二个十年开始的“大国外交”，中国对外战略正经历大调整。“韬光养晦”的底色仍在，“有所作为”已不能充分描述新一届中国政府的外交抱负，“奋发有为”很可能成为中国外交的新的主旋律，而“主动布局、周边开始、聚焦经济、兼顾其余”似乎是贯彻这一战略的行动原则。特别是党的十九大以来，承继了十八大以来的改革成果和路线方针，中国在外交方面更加积极主动，不附加政治条件的慷慨援助和国际责任分担赢得了更多国家的认同和赞誉，战略合作伙伴国不断增多，国际朋友圈不断扩大。中国的和平与合作外交，吸引了越来越多国家愿意和中国共谋发展大业，为中国开展外交统战积累了实践经验。

第二节 画出最大的“同心圆”

一、固守“圆心”：政治底线

在新时代的社会背景下，要画出最大“同心圆”，首先要巩固、扩大现有的“同心圆”。对于同心圆而言，圆心是立根之本，必须坚守圆心，同心圆才能得到发展。而半径则是拓展之法、力量之源，它限制了一个同心圆的大小，

---

① 赵猛、高鹏、周琦、邹鹏：《推动构建以合作共赢为核心的新型国际关系——学习领会习近平总书记关于国际关系和外交战略的重要论述》，载《光明日报》，2017年12月8日第1版。

只有延长半径，才能尽可能地扩大同心圆。

一方面，要充分发挥“大统战”一致性原则牢铸圆心。政治底线是习近平总书记“大统战”理念中最大“同心圆”的圆心。只有坚守政治底线，牢铸圆心，才能发展最大“同心圆”。最大“同心圆”是中国共产党领导下的最大“同心圆”，“同心圆”的团结体现为社会各界在政治方向、思想方向上的一致。坚守政治底线就是要使社会各界在思想、政治上保持高度的、一致的共识。 社会各界要毫不动摇地坚持中国共产党的领导，坚持以“四个自信”为底线的内部共识，坚持以爱国主义和社会主义为底线的内外联通共识，坚持以“一国两制，祖国统一”为底线的和平统一共识。当下，国内出现了一些新的群体、阶层，也出现了一些新的思想观念。这些新的阶层群体，是“大统战同心圆”应该发展的方向，而这些新的阶层群体有着多样化的思想观念、多样化的价值取向，对于“大统战”工作来说，尽管这些群体发展复杂且具有开创性，却仍然必须坚持一致性原则，坚守政治底线。“大统战”中一致性与多样性是对立统一的，一致性与多样性的矛盾也是“大统战”的基本矛盾。习近平总书记指出:“统一战线是一致性和多样性的统一体，只有一致性、没有多样性，或者只有多样性、没有一致性，都不能建立和发展统一战线，我们党建立统一战线，是基于一致性和多样性的存在，巩固和发展统一战线，核心是正确处理一致性和多样性的关系。”① 当今时代，我国社会普遍存在一致性与多样性的现象，首要明确的就是一致性蕴藏于多样性之中，并且一致性占据主导地位。尽管这些群体在思想价值上有着各自的多样性，但统战工作就是要在其中抓住它的共性、一致性，即坚守政治底线。在将这些群体纳入“大统战”工作时，必须坚持一致性引领多样性的原则，要不断地对这些群体进行政治引导，及时批评指正背离共同团结奋斗思想政治的言行，凝聚广泛的思想政治底线共识，牢铸“同心圆”圆心。

二、延伸多样性的“半径”

另一方面，要充分发挥“大统战”多样性原则延长半径。“大统战同心圆”的大小面积主要取决于同心圆的半径长短，而“同心圆”半径的尺度主要取

① 《十八大以来文献选编》中册，中央文献出版社2016年版，第561–562页。

决于“大统战”大团结大联合的深度与广度。在新时代，传统统一战线的工作面临更大的挑战，海外留学分子等新兴阶层被纳入“大统战”的工作范围。随着中国特色社会主义的建设，“大统战”的工作范围注定逐渐扩展，“同心圆”的半径也会越来越大。在这样的大形势下，注定“大统战”工作者需要充分发挥“大统战”的多样性，求同存异，最大范围地联合一切能够联合的阶层，团结一切能团结的力量。同时，不断扩大国际“朋友圈”。特别是习近平总书记倡导的“一带一路”建设，旨在借用古代丝绸之路的历史符号，高举和平、发展、合作、共赢的旗帜，积极发展与沿线国家的经济合作伙伴关系，共同打造政治互信、经济融合、文化包容的利益共同体、命运共同体和责任共同体。从一定意义上讲，一带一路不仅是一条经济发展之路，更是一条国际大统战之路。正如习近平总书记所指出的“‘一带一路’是开放的，是穿越非洲、环连亚欧的广阔‘朋友圈’，所有感兴趣的国家都可以添加进入‘朋友圈’。……这条路不是某一方的私家小路，而是大家携手前进的阳光大道”。党的十八大以来，以习近平同志为核心的党中央运用统一战线这个中国共产党的传家宝，努力把拥护我们的国家搞得多多的，把反对我们的国家搞得少少的，广交天下朋友，共襄和平发展大计。既同各国的执政党、参政党、在野党以及各类政治组织交朋友，也同这些国家的智库、媒体、民间社会团体等等社会各界人士打交道。形成了一个党政并蓄、朝野相继、官民兼容的国际“朋友圈”，使我们的朋友遍天下。①截至2019年9月，我国已经与180个国家建立了外交关系。②党的十九大开幕以来有165个国家452个主要政党发来855份贺电贺信。其中，有814份是国家元首、政府首脑、政党和重要组织机构领导人发来的。正如习近平总书记在十九大报告中指出的：“中国共产党是为中国人民谋幸福的政党，也是为人类进步事业而奋斗的政党。中国共产党始终把为人类做出新的更大的贡献作为自己的使命。”③

我们坚信，一个奉行这样崇高理念和宗旨的党，一定会有越来越多的同

---

① 蒋妥：《习近平总书记定调大统战：“大”在哪里》，《决策与信息》，2015年第9期，第1页。

② 数据援引自外交部网站 https：//www.fmprc.gov.cn/web/ziliao_674904/2193_674977/，最后访问时间：2020年8月7日。

③ 习近平：《决胜全面建成小康社会 夺取新时代中国特色社会主义伟大胜利——在中国共产党第十九次全国代表大会上的报告》，人民出版社2017年版。

行者和同道者，一定会把“全世界无产者联合起来”，实现世界人民大团结。

习近平总书记在中央统战工作会议上的讲话中强调：“统一战线是一致性和多样性的统一体。只有一致性、没有多样性，或者只有多样性、没有一致性，都不能建立和发展统一战线。做好新形势下的统一战线工作，必须正确处理一致性和多样性的关系，不断巩固共同思想政治基础，同时要充分发扬民主、尊重包容差异，尽可能通过耐心细致的工作找到最大公约数。只要我们把政治底线这个圆心固守住，包容的多样性半径越长，画出的同心圆就越大。”[①] 中华民族优秀传统文化中追求的“和谐”“求同存异”“和而不同”“大一统”等核心价值观，蕴含着统一战线的思想智慧。[②]“大统战”概念中的“同心圆”，充分反映了统一战线的一致性与多样性对立统一关系。虽然在“大统战”中一致性占据主导地位，但必须要明确的是多样性能够与一致性相互促进，多样性是与一致性共存的。“大统战”工作中，既要抓住一致性，也要发展多样性。多样性体现在新时代社会展现出的多元化的特点，社会各阶层显现出不同的思想观念、价值取向、利益需求，政党关系、民族关系、宗教关系也有了新的变化。新形势下，社会阶层复杂，只有妥善处理多样性的问题，才能起到对一致性的促进作用。多样性的发展是有原则的，并不是放任多样性自由发展，在发展中仍然要明确一致性对多样性的主导作用。必须要在坚守底线的原则上，对于与根本政治底线并无矛盾、相悖的，如居民信仰、生活方式、思想观念等多样性的特点，可以求同存异，以此拓展大团结大联合的广度与深度。

三、网上网下扩展“同心圆”

习近平总书记在主持召开网络安全和信息化工作座谈会时强调：“凝聚共识工作不容易做，大家要共同努力。为了实现我们的目标，网上网下要形成同心圆。”[③] 当今时代，互联网高速发展，信息时代的到来产生了与现实社会相对应的虚拟社区新维度。要在习近平总书记“大统战”思想下画出最大“同

① 《在新时代大统战工作格局中彰显法宝作用》，《光明日报》，2021年4月29日。

② 杨卫敏：《论习近平新时代大统战战略思维》，2019年3月7日，见 http://www.zytzb.gov.cn/llyds/307106.jhtml。

③ 《习近平：网上网下要形成同心圆》，求是网，2021年04月19日。

心圆”，在巩固与发展现有“同心圆”的基础上，就必须要拓展“同心圆”新维度，即网上网下高度统筹形成虚拟社区“同心圆”。

一方面，让干部随着民意由网下走向网上，开辟社情民意反映新渠道。习近平总书记在网信工作座谈会上的讲话指出:“网民来自老百姓，老百姓上了网，民意也就上了网。群众在哪儿，我们的领导干部就要到哪儿去，不然怎么联系群众呢？各级党政机关和领导干部要学会通过网络走群众路线，经常上网看看，潜潜水、聊聊天、发发声，了解群众所思所愿，收集好想法好建议，积极回应网民关切、解疑释惑。”[①] 习近平总书记要求各级干部要从网下走向网上，了解民意，解决民困。正是在网上开辟了社情民意反映新渠道，虚拟社区的形成使得互联网成了民意的聚集地，网民们省去了大量反映民意所需的人力物力，使得民意反映更为便捷、省事、高效，民意反映也更为普遍、丰富、真实。

人民的共同利益是虚拟社区“同心圆”形成的基础。社情民意反映新渠道从根本上有效地推动了我国社会主义民主政治发展，健全了人民当家作主制度体系，维护了人民的共同利益。网络的普及与发展，将民意交流的主体由线下、网下转移到线上、网上，新渠道的形成也打破了原有民意反映、交流渠道的单一化、固定化，既是原有模式的延伸，也是对原有模式的创新。新渠道下，官民交流越来越频繁，双方交流更为直接，更为平等，便捷的渠道为人民维护了更多的利益，为新生的虚拟社区“同心圆”的发展奠定了深厚的基础。统战工作是做特殊群众的工作，也是顺应民意、争取人心的工作，通过网上网下的工作，能够有效扩大“大统战”的范围与维度。

另一方面，要合理引导网络舆论，趋同民心。互联网已进入了全民化时代，由于其发声的公平性与隐私性，极大地促进了人民进行充分的意见表达。在虚拟社区中已达到了“人人发声”与“事事发声”的程度。由于各个阶层站在自身角度发声，导致信息复杂且观点各不相同。因之，舆论一经发酵，立马会对社会形成巨大的影响，部分负面影响甚至难以控制。网络舆论是虚拟社区“同心圆”发展的支柱，网络舆论维持着虚拟社区“同心圆”各个阶层的和谐平稳地相处交流。因此，建立有序、理性的网络交流环境，合理引

① 资料援引自：http：//cpc.people.com.cn/n1/2019/0419/c164113-31038208.html，最后访问时间：2020年8月10日。

导网络舆论迫在眉睫。

通过有序、合理的网络交流环境，使得社会各界能各抒己见，并且合理引导网络舆论，求同存异，消除争议，凝聚共识。民意交流的嘈杂是必然的，它体现了各个阶层不同的意见，同时其中的质疑与反对意见也会使政府和相关管理部门在决策管理与法律出台等方面更加严谨与科学。虚拟社区“同心圆”上的民意交流使得亿万网民的意见得以交流、汇总，取其精华，去其糟粕，从中寻求最大利益共同点，从而趋同民心，达成政府与社会各界的意见一致，达到“大统战”的目的。

四、人类命运共同体为统一战线提供了最大“同心圆”

统一战线就是做人的工作，是人与人的联合、组织与组织的联合。达成以上联合目的的必要维度即是共同价值组成的“同心圆”。这既是观念共识的价值升华，也是现实利益的价值表达。放置于四海而观之，突破西方以美国为首的敌对势力的粗暴干预和敌视的重要手段就是达成世界最广泛的统一战线。而这必须求助于人类共同利益的抽象与提出，也亟须依托人类共同观念和价值的形成和共享。人类命运共同体的理念和思维模型即是这一要求的中国答案。而人类命运共同体存在的首要必然性因素即是人类共同价值。由此我们构建了一条逻辑清晰、进路分明的世界统一战线的构筑路线。从人类共同价值推导出人类命运共同体，再由此推导出人类命运共同体之上的国际统一战线。

（一）人类共同价值奠定了国际统战的价值核心

在第七十届联合国大会上，习近平总书记指出：“和平、发展、公平、正义、民主、自由，是全人类的共同价值，也是联合国的崇高目标。……我们要继承和弘扬联合国宪章的宗旨和原则，构建以合作共赢为核心的新型国际关系，打造人类命运共同体。”[①] 这就是人类命运共同体的价值追求。人类共同价值是一个追求人类幸福和发展的价值集合体。人类共同的价值追求，源于人们的价值实践，实践是构成共同价值的基础，因为人类实践的相似性，人类必然具有某些基本的共同价值。与西方资本主义国家所认为的普世价值

① 资料援引自新华网网站，www.xinhuanet.com//world/2015-09/29/c_1116703634.htm，最后访问时间：2020年8月9日。

不同，马克思主义者从来不认为这个世界存在着永恒不变的普遍性，共产党人所提倡的人类共同价值既抽象出了人类共性的价值追求，也不漠视各个国家因处于不同社会条件下，各自所追求的共同价值的内涵、表现形式、价值顺位和路径的差异。以习近平同志为核心的中国共产党人所提出的共同价值是一种海纳百川、兼收并蓄的价值观。其承认各国社会发展状况和所处历史阶段的迥然不同，也承认各国价值选择、价值位阶和价值内涵的地方性及历史连续性的客观存在。中国共产党人旗帜鲜明地提出“相互借鉴，取长补短”“相互联系、相互依存”“相互尊重、互利共赢”“共同构建”人类命运共同体。人类命运共同体是国际统战的新模式，也是“同心圆”的重要一环。人类共同价值就是其“最大公约数”。

（二）人类命运共同体和中华民族命运共同体一脉相承

中华民族是命运与共的统一体，可以说中国最广大的统一战线正是基于中华民族共同体而建立的爱国统一战线。如同国内的爱国统一战线一样，国际统一战线也是基于人类命运与共这个共同体而进行的搭架。而人类命运共同体和中华民族命运共同体一脉相承，由中华民族共同体构建的统一战线也必将以同样范式复制在人类命运共同体的国际统一战线之上。

统一战线存在的条件，是有一个最大的共同利益，也可以说，是一个最大的利害关系。在这个意义上说，这个共同体是具有统一战线的性质的，人类的命运也就是这个统一战线中每个成员的最大利益，也是他们之间最大的利害关系。如果整个人类之间存在统一战线，划一个同心圆，那么，依据人类命运共同体，可画一个最大的同心圆。

中国是统一的多民族国家，自古以来我国的古代思想家和政治家就已经构建出了“天下”的价值观念体系和共同实体。古代的“天下”，既指我国范围内各个民族的共同生活环境和共同联盟，也指世界各国同我国的共同贸易体系、政治体系和共同联盟体。因此，自古以来，我国就存在着以整体的视角来将世界作为一个共同体加以看待的传统，人类命运共同体和中华民族命运共同体一脉相承。当今新形势下，如何处理好民族与国家关系，全面服务于中华民族伟大复兴，已经成为新时代统战工作的新使命。人们常把民族看作共同血缘和历史传统的群体，而认为国家是具有共同地域和一定的人口、文化而组成的治理机器，民族和国家并非一一对应的关键词。当今世界，西方狭隘的民族国家概念已经远去，取而代之的是全新的国家概念，尤其是具有几千年历史传统的我国，中华民族的共同体意识早已潜藏在所有中国人心中。这是构建中华民族命运共同体的前提和基础，我们需要不断发掘和巩固这种命运与共的意识。这种意识源于中华民族五千年的历史脉络、源于中国特色社会主义的实践需求、源于马克思主义关于国家和共同体的理念。中国共产党在处理民族与国家关系时，不仅注重激发民族与国家荣辱与共的现实动力，更加重视民族与国家的思想共识、中华民族精神家园的培育和构建，以生态多样化的思维构筑民族与国家的生存共同体。从统战角度看，这是一种合乎生态的大统战理念与实践。正如习近平总书记所言："天空足够大，地球足够大，世界也足够大，容得下各国共同发展繁荣"，"经济全球化深入发展，把世界各国利益和命运更加紧密地联系在一起，形成了你中有我、我中有你的利益共同体"。[①] 习近平总书记关于中华民族命运共同体和人类命运共同体的重要论述从不同维度阐明了其蕴含的内在逻辑。作为一个理论整体，习近平总书记以整体性视域，设计"内外包含"的共同体理论图景，蕴涵了解决中国问题与解决世界问题之间的内在逻辑。

（三）画出人类最大的"同心圆"即是推动建立国际统一战线

尊重协商、共建共享是构建人类命运共同体，画出人类最大的"同心圆"的构建方法和建构逻辑，也是其方针与途径。虽然人类命运共同体的价值主体和实践主体是人类，但现阶段，国家作为统治工具仍旧无法从历史进程中消失，因此人类主体的现实形态必定是生活于国家之内的各国群众，这些群众仍旧需要以国家为代表。各国群众共同构建人类命运共同体，画出人类最大"同心圆"，这就需要遵循尊重协商、共建共享的方针与途径。

一是通过协商画出人类最大的"同心圆"。协商之所以是构建人类命运共同体，画出人类最大的"同心圆"的方法，是因为我们认识到矛盾的不可避免和广泛存在，是因为我们认识到矛盾并非不可化解。中国共产党人之所以将协商作为核心方法，是因为我们秉持马克思主义，我们主张世界存在的客观矛盾都是人类内部的非对抗性矛盾，我们只能站在人类命运的高度相互协商。所谓合则两利、斗则两败。马克思曾从唯物辩证法的角度经典地指出了

① 中共中央党史和文献研究院编：《习近平关于总体国家安全观论述摘编》，中央文献出版社2018年3月版。

矛盾是普遍存在的，世界是矛盾的集合体。习近平总书记也曾有清楚的判断，他曾就世界的诸多矛盾指出“世界那么大，问题那么多”，他认为面对多种多样的非对抗性客观矛盾，就需要全世界各国友好协商、互谅互信。尤其是面对21世纪第二个十年以来的各种逆全球化，各种民族主义、保守主义、新霸权主义，以及由此引发的贸易战、颜色革命、社会分裂等，就更加迫切地需要我们通过协商来解决诸多纠纷。对此，中国共产党第十九次全国代表大会的报告向世界宣布：“要坚持以对话解决争端，以协商化解分歧”，“中国……反对把自己的意志强加于人”。

二是通过共建画出人类最大的“同心圆”。共建是应对国家彼此隔阂，缺乏互信，画出人类最大的“同心圆”的核心方法。因为各国差异以及交流不畅的原因，各国之间难免存在不信任和距离感，任何国家单方面的制度建设必然引起他国的怀疑和抵触，因此共建就成为制度构建的必然要求，其不仅可以在制度建设时培养共识和互信，也可以在制度建成后增加他国对制度的认同感和忠诚度。人类命运共同体以人类为主体，以国家为实践个体。人类命运共同体内部个体的普遍性、差异性和广泛性决定了构建人类命运共同体，画出人类最大“同心圆”，无法由少数国家或国家集团建设，而必然要求世界各国的广泛参与。

三是通过共享画出人类最大的“同心圆”。共享是构建人类命运共同体，画出人类最大“同心圆”的终极目标。人类命运共同体源于对人类命运的深层关怀，要求摒弃一切形式的零和博弈思维，摒弃一切形式的斗争和以邻为壑的做法，奉行双赢、多赢、共赢的理念；要求共享，包括共享发展机遇，共享政策、设施、资金等，实现共享发展。中国提出“一带一路”的倡议、维护多边贸易自由和安全、积极援助非洲，就是推动构建人类命运共同体，画出人类最大“同心圆”的生动实践。

总之，“同心圆”是习近平总书记对“大统战”的重大创新。“找到最大公约数”，是“大统战”在理论层面的逻辑思维。“画出最大同心圆”则对应为在实践层面的逻辑思维。其价值目标就在于实现中华民族伟大复兴，同时，以人类共同体价值为指引，找到当今世界的“最大公约数”，倡议构建并推动人类命运共同体建设，画出人类最大“同心圆”。

第四章　新时代统一战线理论的基本特征

关于新时代统一战线理论的特征，学人各抒己见，仁智互现，莫衷一是。囿于视野局限和学识视阈专一，在分析与阐述新时代统一战线理论的几个基本特征之时，难免限于个体固有研究进路的拘束。然而，撇去学界对此的争议，关于统一战线理论基本特征也有如下共识。

第一节　以法治思维引领统一战线法治化

依法治国是我国的国策，是贯彻落实党的事业至上、宪法法律至上、人民利益至上的三个至上有机统一、三位一体的重大举措。以法治思维来引领统一战线，使统一战线法治化，是习近平新时代统一战线思想所提出的重大命题。

法治是一种规范化的存在。没有法治，就没有国家治理现代化、实现中华民族伟大复兴中国梦的新思维。在党的十九大上，习近平总书记代表第十八届中央委员会向大会作报告。据统计，在这份报告里，“法治”一词出现了33次，“依法治国”出现了19次，从中可以看到，习近平总书记非常重视法律在规范社会、保障民众美好生活方面的作用。中国共产党十八届四中全会通过的《关于全面推进依法治国若干重大问题的决定》，第一次以执政党最高政治文件和最高政治决策的形式，对在新形势下进一步引导和保障中国特色社会主义建设，通过全面推进依法治国、加快建设法治中国，推进国家治理体系和治理能力现代化，在法治轨道上积极稳妥地深化行政、司法、监察委等体制改革，为全面建成小康社会、实现中华民族伟大复兴中国梦提供制度化、法治化的引领、规范、促进和保障，具有十分重要的战略意义，对加强中国特色社会主义法治体系建设，全面推进依法治国，加快建设社会主义法治国家，具有十分重要的现实意义。

统战工作是做“人”的工作。做“人”的工作，就要抓住“人”的本质，抓住人际关系的本质，抓住人类社会的本质。人类的“生存本能”，诱发了个体之间的相互需要和相互依存。作为恩格斯笔下的“社会化动物”，人类有着根深蒂固的群居本能，也正是这种群体性活动的“社会本能”，使得人类个体置身于相互交往所形成的各种社会关系之中，人类社会得以产生。人类社会产生之后，人际交往的成功率和有效率就取决于某些社会法则。这些社会法则孕育于人类的生命本能，在人际交往的过程中逐渐明晰并最终确立，以或成文、或不成文的方式沉淀于人类的思维方式和行为方式之中，成为人们共同奉行的示范性准则，① 正如法治思维、依法治国的法治理念等。

十九大报告中关于依法治国的表述很多，由此可知依法治国作为国家治理模式的时代选择再一次得到夯实。而十九大亦是集中做出了关于统一战线的最新表述。这并不是历史的偶然，统一战线和依法治国的双重确认和同等重视的背后是这两者的深层联系。亦即统一战线的构建和实施必然需要依法而行。诸如全面依法治国是坚持和发展中国特色社会主义的本质要求和重要保障，在健全人民当家作主制度体系、发展社会主义民主政治方面起到核心作用。在成立中央统一战线工作领导小组以后，又成立了中央全面依法治国领导小组，加强对法治中国建设的统一领导，这是坚持法治强国的一大重要举措。其实古往今来，历代中国均注重法治，其中留下来许多名言警句。如：“不以规矩，不能成方圆”，“官不私亲，法不遗爱”，“法败则国乱”等等。一个国家，一个地区的稳定都需要法律来维持，若无视法纪，若顾念亲情，法就会失去它的效力。这样的结果只会造成混乱，就更谈不上在法治的引领下开展统一战线的工作。

---

① 刘晓潇:《“人类共同价值”在“大统战”格局下的价值探索》,《云南社会主义学院学报》，2017年第2期，第10–13页。

针对当前影响统战工作法治化存在的问题，提升统战工作的法治化水平自然就要做到：完善政策法律体系，推动统战工作有法可依、有法必依；聚焦法治建设，推进民主监督和协商民主；强化法治引领，促进“两个健康”发展；加强依法管理，维护民族宗教领域和谐稳定；树立法治思维，提升统战干部依法办事和依法管理的专业水平。①

一、推动统一战线法规体系建设

统一战线法规体系是中国特色社会主义法律体系的重要组成部分。②加强统一战线法规体系建设，是巩固和发展最广泛的爱国统一战线、推进统战工作创新发展的重要条件。统战理论政策研究要关注这一重大课题，从体系构成入手，分析统一战线法规体系建设的现状与问题，并在此基础上提出加强统一战线法规体系建设的对策。

统一战线法规体系作为中国特色社会主义新时代下统一战线体系的有机组成部分，相较于宪法所规定的法律法规体系而言，其主要应当包括如下几个部分：宪法、法律、行政法规、部门规章、地方性法规、地方性行政规章、自治法规、国际条约和协议、社会习惯、法律学说和法理等等，但是我们认为在统一战线的法规体系之中不应当限于传统的法律上的法规体系，而应当进一步地囊括党章党规和党与国家的政策、法规。同时我们认为国际条约和协议、判例、社会习惯、法理等等不应当包括在中国共产党领导的统一战线法规体系之内。

作为统一战线法规体系的重要组成部分，党内法规既是全面从严治党的重要基础，更是实现依法治国的基本保障。一套科学、严谨、完善的党内法规体系，既需要在体系的完整性、内容的完备性、逻辑的自洽性以及环境的适应性等方面进行科学的顶层设计，也需要在立法技术上严格遵循法律规范的制定原则。③全面推进依法治国，着力促进国家治理体系和治理能力的现

① 崔士霞：《新时期统一战线工作的法制化思考》，《黑龙江省社会主义学院学报》，2012年第2期，第5-10页。

② 王勒懿：《中国特色社会主义统一战线理论基本特征和规律研究》，《黑龙江省社会主义学院学报》，2012年第2期，第5-10页。

③ 王建芹：《法治视野下的党内法规体系建设》，《中共浙江省委党校学报》，2017年第33期，第34-40页。

代化需要包括完善的法律规范体系、法治实施体系、法治监督体系、法治保障体系、党内法规体系“五位一体”的完整体系链条。它是一个有机的整体，其中任何一个环节的缺失都会影响到体系的完整性。必须看到，在中国特色社会主义法治体系架构中，党内法规体系不仅被提升到与法律规范体系相平行的地位，而且在新的历史时期被赋予了更重要的使命，成为通过从严治党，进而更加有效推进依法治国的主导力量和重要抓手。①

党的十八大提出了制度自信，对推进新时期大统战工作具有重要的指导意义。制度自信，既是建立在已成形的制度上体现的威力，也包括建立在通过健全和完善各项制度所带来的成效。推进新时期统战工作开展，需要按照习近平总书记提出的“四个全面”的战略部署，特别是其中的全面深化改革，用改革的思维，通过健全和完善一系列制度建设，通过制度优势进而达到凝心聚力的作用。这应成为新时期统战工作的核心内容。

纵观近现代中国，我国在法律法规建设上已经取得了巨大进步。从中我们需要思考的是，在法制建设已经日臻成熟的时刻，我们应当如何进一步构建符合新时代大统战工作需要的统一战线法规体系。我国法制建设的成就粗述如下：

1978年，中共十一届三中全会提出“有法可依，有法必依，执法必严，违法必究”的法制建设方针。

1979年开始，全国人民代表大会加紧全面立法工作。

1982年，全国人大通过了修订的《中华人民共和国宪法》。

1997年9月，党的十五大明确提出，到2010年形成有中国特色的社会主义法律体系的立法工作目标。

2007年党的十七大提出，要完善中国特色社会主义法律体系。

2008年，全国人大常委会组织开展大规模法律清理，为确保法律体系的形成进一步铺平道路。

2010年，具有中国特色的社会主义法律体系建成。这表明法律体系的形成只是实现了立法工作的阶段性目标，并不意味着立法任务的终结。

2011年3月10日，吴邦国委员长在十一届全国人大四次会议第二次全体

① 王勒懿：《中国特色社会主义统一战线理论基本特征和规律研究》，《黑龙江省社会主义学院学报》，2012年第2期，第5–10页。

会议上宣布：中国特色社会主义法律体系已经形成。

由此，中国已在根本上实现从无法可依到有法可依的历史性转变，各项事业发展步入法制化轨道。在这个重要的历史环节之中，我们应当注意到，在现有的各种法规体系之中兼收并蓄地构建出一个符合大统战观的统一战线法律法规体系。在构建这个法律法规体系时，要充分考虑统战工作和统战成员的特殊性，比如，涉及参政党建设时，应基于我国参政党建设的内在机理和现实经验，应着重从立法、参政党及其成员的权利保障和国家投入三个方面，采用以软法为主、软法与硬法相结合的办法。

总而言之，当一个国家开始重视法治，国家就开始了它稳定发展的步伐。那么法律法规作为一个有力的工具，就自然取得了始终指引着我国正确航向的地位。作为法治之下的统一战线战略，也自然离不开大统战法律法规体系建设。

二、强调提高民族宗教工作法治化水平

宗教信仰是每个国家都具有的一种现象，不同的文化圈、不同的国家和不同的文明地区所拥有的信奉传统各不相同，尊重它并且容忍它的存在对于稳定社会、团结少数民族和争取信教人士的支持、维护祖国统一都是极其重要的，也因此是一种必然的行为和国策，也必然成为统一战线所必须考虑的问题。所以，加强宗教工作法制化、使民族宗教工作法规纳入统一战线法规体系之中也成为一项亟待解决的问题。

习近平总书记在2015年中央统战工作会议上强调，要依法管理宗教事务，努力提高宗教工作的法治化水平。这既是党中央对宗教工作历史经验的科学总结，也是处理当前我国宗教问题的现实需要，对维护社会和谐稳定具有重要意义。新时代，宗教工作的法治化水平已经有了显著提高，但还存在现行法律法规可操作性不强、宗教工作的法治环境尚未形成及相关执法体制不规范的问题。必须从完善法律体系、加强法治宣传、健全执法机构等方面积极探索提高宗教工作的法治化水平。宗教工作法治化存在屏蔽性较强、执法难度较大等难点问题，是我国依法治国方略的有机组成部分，是建立法治国家、法治政府和法治社会的本质要求，是宗教工作适应时代变化和社会发展的必然选择，是妥善处理宗教领域各种复杂矛盾问题的根本途径。习

近平总书记在全国宗教工作会议上的重要讲话，为做好宗教工作、提高宗教工作法治化水平指明了方向。全面贯彻党的宗教工作基本方针，提高宗教工作法治化水平，引导宗教与社会主义社会相适应，是当前和今后一个时期宗教工作一项重要而紧迫的任务，需要社会各界的共同努力、齐心协力、善作善成。①

加强宗教工作法治建设，要高举中国特色社会主义伟大旗帜，全面贯彻落实党的十八大以来的有关精神，深入贯彻落实习近平总书记系列重要讲话精神，紧紧围绕落实"四个全面"战略布局，坚持党的宗教工作基本方针，坚持"保护合法、制止非法、遏制极端、抵御渗透、打击犯罪"基本原则，促进宗教关系和谐，促进宗教与社会主义社会相适应，促进宗教界发挥积极作用，为实现中华民族伟大复兴的中国梦和"两个一百年"奋斗目标做出新的贡献。

加强宗教工作法治建设的目标是：通过深入推进科学立法、民主立法，提高立法质量，努力形成健全的宗教法律规范体系；增强宗教工作干部法治意识，规范行政行为，推进以法治思维和法治方式解决宗教工作中的重点难点问题，依法保障公民的宗教信仰自由权利；引导宗教界人士和信教群众增强国家意识、法律意识、公民意识，提高宗教组织自我约束、自我管理的能力；提高宗教领域治理体系和治理能力现代化水平，实现宗教工作法治化，开创宗教工作新局面。

统一战线的实现需要全国各界人士的努力，这就需要具有不同宗教信仰的人士联合起来，为中华民族的崛起贡献自己的一份力量。

三、鼓励统一战线成员为全面依法治国做贡献

以法治思维引领统一战线，是新时代统一战线观中的一个重要命题，作为统一战线的成员，从逻辑上讲就理应从自身做起，尊重宪法和法律，遵纪守法，努力培养法治思维。如此，才能宏观地接受法治思维的引导，反过来讲，实施统一战线的主体机关也应当鼓励其成员为全面依法治国做出贡献。

全面依法治国也同样是习总书记对统一战线成员的要求。2015年中央统

① 陈延超:《加强理论研究 助力宗教工作"宗教工作法治化学术研讨会"综述》,《中国宗教》, 2016年第11期，第63-65页。

战工作会议上，习近平总书记强调，全面贯彻落实党的十八大和十八届三中、四中全会精神，坚持以邓小平理论、“三个代表”重要思想、科学发展观为指导，深入研究统战工作面临的形势，扎扎实实做好统一战线各方面工作，巩固和发展最广泛的爱国统一战线，为推进“四个全面”战略布局，为实现“两个一百年”奋斗目标、实现中华民族伟大复兴的中国梦，提供广泛力量支持。

党的十八大以来，在以习近平同志为核心的党中央坚强领导下，协调推进“四个全面”战略布局取得重要进展。全面依法治国展现新局面，全面从严治党取得显著成效。当前，我国已进入全面建成小康社会决胜阶段，处于实现中华民族伟大复兴的关键时期，各领域各方面工作都要自觉遵循和着力服务“四个全面”战略布局，为协调推进这一战略布局凝神聚力、攻坚克难。

作为统一战线的工作者须知全面依法治国是实现党和国家长治久安的重要保障，更应当牢牢把握“四个全面”的精神内核，始终坚定支持全面依法治国。在实际工作中，必须做到“四个全面”战略布局协调推进，在生活中培养自己的法治思维，提高自己的法治理念。

全面依法治国是中国特色社会主义伟大实践的经验结晶。当今中国，法治是国家治理体系和治理能力现代化的重要依托，我们的依法治国是在中国共产党引领的中国特色社会主义道路上进行的，走中国特色社会主义道路的伟大实践必然能够孕育形成“四个全面”这样的创新理论，必然能够进一步丰富和发展中国特色社会主义理论体系的新内涵。国家治理体系和治理能力是一个国家的制度和制度执行能力的集中体现。国家治理体系和治理能力现代化要有完善的、成熟的制度。全面依法治国能够推进中国特色社会主义制度更加成熟。党的十八届三中全会关于全面深化改革的决定提出，“全面依法治国”的总目标是建设中国特色社会主义法治体系，建设社会主义法治国家。

总之，统一战线工作需要全面依法治国，因为全面依法治国的贯彻落实必然促进形成一套保证国家长治久安的更完备、更稳定、更管用的制度体系，从而能够进一步完善国家治理体系，更好地发挥中国特色社会主义制度的独特优势，进一步增强人们对中国特色社会主义的制度自信，最终为坚持中国共产党领导的多党合作和政治协商制度提供法治保障。但是全面依法治国也需要统一战线来推动，因为广大统一战线的成员都认真地践行法律，培养法治理念和法治思维，全面依法治国的步伐就会更快更稳。

四、照顾同盟者利益与依法维护权益相统一

照顾同盟者利益是统一战线的重要政治原则，是毛泽东等老一辈无产阶级革命家给统一战线留下的宝贵政治财富。又是统一战线法宝作用能否充分发挥的根本和关键。习近平总书记在中央统战工作会议上强调“坚持党的领导要坚定不移，但在这个过程中也要尊重、维护、照顾同盟者的利益，帮助党外人士排忧解难”。《中国共产党统一战线工作条例（试行）》明确规定“尊重、维护、照顾同盟者的利益”。这些都进一步强调了新形势下照顾同盟者利益的重要意义。[①] 照顾同盟者利益原则与现代法治精神既有冲突又有契合，但冲突的相对性与契合的绝对性决定了照顾同盟者利益原则能够在法治框架内展开。打破制约照顾同盟者利益工作的现实困境，需要从以依靠政策为主向以法规与政策手段并举转变。

但同盟者的利益是具体的、历史的，也是不断发展变化的，所以新的历史条件下，同盟者利益发生了根本变化，所以照顾同盟者利益的政策也要做出调整，如果不做出调整，我们原有的政策体系和工作方法就不能很好地适应变化了的情况。在新的历史条件下，特别是在全面深化改革进程中，我们只有紧密结合经济社会发展形势，充分考虑各领域同盟者合理诉求，努力探索新的工作方法，逐步规范照顾同盟者利益的范围、方式和手段，研究提出新的政策思想，形成符合实际的政策取向和政策保障体系，才能适应形势发展的需要，不断协调与同盟者的关系，进一步巩固和发展统一战线，为实现中华民族伟大复兴中国梦而共同团结奋斗。

统一战线的建立、巩固和发展，离不开对同盟者利益的尊重、维护和照顾。中国共产党照顾同盟者利益的内容、力度、方式，随不同历史阶段、同盟者具体利益和社会发展而变化，但照顾同盟者利益的原则、路径和保障始终坚持不变。照顾同盟者利益，必须正确处理延续性与创新性、共同利益与具体利益、照顾利益与维护公平的辩证关系。

统一战线是在共同利益基础上为实现共同目标而结成的联盟。作为统一战线重要组成部分的同盟者，其利益多种多样。他们既有根本性的共同利益，

---

① 孙晓婷:《新形势下“照顾同盟者利益”的政策取向问题研究》,《辽宁省社会主义学院学报》2015年第4期，第29-32页。

又有自主性的具体利益。照顾同盟者利益，要根据时间、形势和具体事项的变化进行及时调整。只有这样，才能适应利益的变动性和多样性要求，不断巩固和发展统一战线。

同盟者的具体利益虽然多种多样，但是主要体现在物质利益、精神利益和政治利益3个方面。在不同的历史阶段，同盟者的具体利益存在差异，其内容也会发生变化。土地革命时期，中国共产党通过“打土豪、分田地”，帮助工农民主统一战线的主要同盟者农民实现了拥有土地、正常生产生活的利益诉求。抗日战争时期，中国共产党通过推行“三三制”政权、减租减息政策，解除了抗日民族统一战线中一切抗日阶级和阶层的后顾之忧。解放战争时期，中国共产党通过成立联合政府、推翻“三座大山”，帮助人民民主统一战线中各被压迫阶级、人民团体、民主党派、少数民族、华侨和其他爱国人士实现了当家作主的目标。社会主义革命和建设时期，中国共产党通过实行赎买和“团结、教育、改造”政策及“长期共存、互相监督”方针，实行民族区域自治、宗教信仰自由政策，使人民民主统一战线中同盟者的利益得到了应有的照顾。“文革”时期，同盟者利益遭受较大损失，照顾同盟者利益工作基本停滞。改革开放时期，照顾同盟者利益得到恢复和强化。对于同盟者，中国共产党在思想上教育引导、政治上安排支持、组织上帮助发展、生活上排忧解难，让他们在统一战线中有地位、起作用。新时代新形势下，中国共产党照顾同盟者利益的内容更加系统、全面，涵盖经济建设、政治建设、社会建设、文化建设和生态文明建设诸领域，涵盖同盟者自身建设发展各方面。

依法维护同盟者的权益也是一件理所应当的事。统一战线是建立在共同目标与共同利益基础上的联盟，要不断巩固和发展，就必须尊重、维护和照顾同盟者的利益，否则统一战线就难以建立，即使建立了也不能巩固和持久。早在新民主主义革命时期，毛泽东同志就深刻指出，要团结同盟者为共同的目标而奋斗，就必须给同盟者以物质福利，至少不损害其利益。改革开放以来，统一战线各方面成员在根本利益一致基础上的具体利益差别日益明显，尊重、维护和照顾同盟者的利益，越来越成为我们制定政策、开展工作的一个重要原则。

当前，尊重、维护和照顾同盟者的利益，首先要积极引导同盟者自觉地把自身利益同国家全局利益紧密联系起来，在为实现国家繁荣富强、人民共同富裕这个大目标奋斗的过程中实现自己的具体利益。其次要通过党的方针政策、国家法律法规和相应措施，使同盟者的具体利益得到切实的维护。特别是要注意照顾同盟者的政治利益，认真搞好党外人士的安排工作，确保党外人士在人大、政协占有适当的比例，并与党内同级领导干部享受同等待遇，保证在政府和司法机关担任领导职务的党外领导干部有职有权，充分发挥好他们的作用。事实证明，越是充分尊重、维护和照顾同盟者的利益，就越能不断增强爱国统一战线的凝聚力和向心力，更好地团结和带动广大统一战线成员向着共同的目标前进。

统一战线是促进政党关系、民族关系、宗教关系、阶层关系、海内外同胞关系和谐的重要法宝。统一战线协调处理“五大关系”，本质上就是协调处理利益关系。照顾的内容随着同盟者具体利益的变化而变化。在革命时期，无论是工农民主统一战线、抗日民族统一战线，还是人民民主统一战线，同盟者的具体利益主要是解决“民主、民生、民权”问题。党照顾同盟者利益各有侧重。对农民，帮助其夺回土地；对地方实力派，坚持“不挖墙脚”；对民主党派，帮助其发展；对进步文化人士，关心照顾其思想生活；对百姓，落实减负。照顾同盟者利益之“不变”。统一战线能够不断巩固发展，能够凝心聚力、攻坚克难、夺取胜利，与中国共产党始终坚持照顾同盟者利益息息相关。中国共产党坚持照顾同盟者利益，形成了同心同向同行的良好政治生态。

首先，照顾的原则坚持不变。中国共产党带领中国人民进行革命、建设、改革的历史，也是照顾同盟者利益的历史。1956年9月，李维汉在中共八大上明确提出“照顾同盟者的合理利益，是争取同盟者的必要条件”。2000年12月，《中共中央关于加强统一战线工作的决定》正式把“照顾同盟者利益”列为统一战线“必须坚持的重要原则”。照顾同盟者利益由一条重要经验上升为一项制度规范，成为统战工作的基本遵循。2015年5月，《条例》把照顾同盟者利益提升到法治高度，明确规定中央和地方各级党委的主要统战工作职责包括“尊重、维护和照顾同盟者利益”。

其次，照顾的路径保持不变。中国共产党在长期的统战工作实践中，形成了照顾同盟者利益的具体路径。在照顾同盟者的政治利益方面，中国共产党始终坚持政治安排，保障他们的政治权利。举荐党外代表人士担任各级人大代表、政协委员，保障其相应待遇。推进实职安排，保证他们参加国家政权，保证他们有权有责。畅通统一战线成员反映意见和诉求的渠道，完善民主协商形式，充分发挥他们在促进党委政府科学决策、民主决策、依法决策中的积极作用。在照顾同盟者的经济利益方面，中国共产党出台政策举措，大力给予支持帮助。比如：帮助民主党派解决工作条件和干部待遇问题，推动少数民族地区共同繁荣发展、共同团结进步，促进非公有制企业健康发展，保障港澳台、海外投资企业的合法权益等。在照顾同盟者的其他利益方面，中国共产党积极采取措施。2000年12月，《中共中央关于加强统一战线工作的决定》明确要求，对著名党外人士及其配偶、生活确有困难的起义投诚的原国民党军政人员及其眷属、原工商业者及其遗孀、归侨侨眷等统一战线成员给予适当照顾。

最后，照顾的保障持续不变。照顾同盟者利益，始终是党的统一战线方针政策的重要组成部分。革命战争时期，中共中央以决议、文、电方式，保障民主联合战线、工农民主统一战线、抗日民族统一战线、人民民主统一战线中同盟者的利益。新中国成立后特别是改革开放以来，中共中央先后出台一系列文件，全面促进政党关系、民族关系、宗教关系、阶层关系和海内外同胞关系和谐。比如《关于帮助民主党派解决工作条件和干部待遇若干问题的意见》《关于进一步加强民族工作，加快少数民族和民族地区经济社会发展的决定》《关于推进新疆跨越式发展和长治久安的意见》《关于深入实施西部大开发战略的若干意见》《关于加快四川云南甘肃青海省藏区经济社会发展的意见》等，都紧密结合经济社会发展形势任务、统一战线内部构成变化、统一战线自身发展需要，解决照顾同盟者利益有关问题。国家制定的法律法规中，与民主党派有关的有57件，与无党派人士有关的有4件，与少数民族有关的有303件，与宗教界人士有关的有19件，与非公有制企业有关的有40件；党和政府出台的政策文件中，与民主党派有关的有192件，与无党派人士有关的有44件，与少数民族有关的有423件，与非公有制企业有关的有512件，与非公有制经济人士有关的有34件。《条例》进一步明确要求照顾同盟者的各方面利益。把照顾同盟者利益写入党内法规，使其始终沿着法治化轨道前进。

第二节　以战略思维定位统一战线功能

习近平总书记在中央统战工作会议上强调，要把推进“四个全面”战略布局作为当前统一战线的主要任务。把服务“四个全面”战略布局作为统战工作指导思想和主要任务。“四个全面”是执政目标、执政理念、执政方式和执政党自身建设的有机统一，这四个方面使当前和今后一个时期，党和国家各项工作的关键环节、重点领域和主攻方向变得更加清晰。统一战线作为党执政兴国的重要法宝，对于实现执政目标、创新执政理念、改进执政方式和加强执政党自身建设，都有着十分重要的促进作用。

党的十八大以来，以习近平同志为核心的党中央着眼实现中华民族伟大复兴中国梦，围绕中国特色社会主义的总体布局进行战略思考和总体谋划，审时度势，层层推进，推出了执政兴国的一系列“组合拳”。从十八大的全面建成小康社会到十八届三中全会的全面深化改革再到十八届四中全会的全面推进依法治国，从系列重要讲话精神到“三个全面”再到“四个全面”，这不仅是工作部署上的不断深化完善，也是思想理论上日臻成熟的重要标志。“四个全面”与毛泽东思想、邓小平理论、“三个代表”重要思想、科学发展观既一脉相承又与时俱进，是治国理政方略与时俱进的新创造，是中国特色社会主义理论体系的新发展，是马克思主义与中国实践相结合的新飞跃。可以说，“四个全面”重要论述的提出，为第21次中央统战工作会议的召开、为《中国共产党统一战线工作条例》的出台，明确了指导思想，奠定了理论基础，提供了政策依据。

在战略思维方面，需要做到高瞻远瞩、总揽全局和善于把握事物总体发展趋势、方向的能力。“不谋全局者，不足谋一域；不谋万世者，不足谋一时。”党的十八大以来，习近平总书记非常重视战略思维，在他的系列重要讲话中，战略、全局、方向、长远等都是高频关键词。习近平总书记在治国治党治军、内政外交国防等治国理政实践中，突出强调保持战略定力的重要性，坚持稳中求进的总基调，注重从战略性、全局性和长远性来思考和解决问题。在中国的政治构架中，统一战线不仅是执政党引领多样性、凝聚共识的政治策略，而且是执政党治国理政的重要战略，是国家制度建设的重要组成部分。

对于统一战线在新时代承载的重大功能，习近平总书记是从全面建成小康社会全局和实际出发的。

一、统一战线是实现国家治理现代化的重要导引机制

统一战线事业是中国特色社会主义的重要组成部分。作为夺取中国特色社会主义新胜利的重要法宝，统一战线历来是为中共和国家的中心工作服务的。统一战线要为推进国家治理体系和治理能力现代化发挥自己独特优势。

2013年11月12日，习近平总书记在中共十八届三中全会第二次全体会议上作了《切实把思想统一到党的十八届三中全会精神上来》的重要讲话，讲话指出，“国家治理体系和治理能力是一个国家制度和制度执行能力的集中体现。国家治理体系是在党领导下管理国家的制度体系，包括经济、政治、文化、社会、生态文明和党的建设等各领域体制机制、法律法规安排，也就是一整套紧密相连、相互协调的国家制度；国家治理能力则是运用国家制度管理社会各方面事务的能力，包括改革发展稳定、内政外交国防、治党治国治军等各个方面。国家治理体系和治理能力是一个有机整体，相辅相成，有了好的国家治理体系才能提高治理能力，提高国家治理能力才能充分发挥国家治理体系的效能。”①这是对新时代下我国国家治理的新的分析和要求。构建良好的国家治理体系是实现国家有效治理、发挥国家治理效能的基础，而这其中就包括了建设统一战线的制度框架和运行基础。

中国共产党领导的爱国统一战线是国家治理能力现代化良性发展的核心引导机制。在现实政治生活中，统一战线具有重要的指导意义。党的十八届三中全会第一次将推进国家治理体系和治理能力现代化上升为全面深化改革的总目标，这凸显了社会主义国家治理体系和治理能力现代化建设的重要性。

统战工作体制机制，一般是指党委就开展统战工作确立的领导责任、机构设置、职能配置及相关机构履行职能权限等方面的体系、制度、方法、形式的总和。简而言之，就是党委着眼跟进统战工作合理配置和有效运用政治资源的基本方式。在统战工作全局中，统战工作体制既决定着统一战线方针政策和重大决策的形成，又是贯彻落实的基本载体，具有基础性和决定性作

① 《习近平论述国家治理体系和治理能力》，新华网，2014年1月1日。

用。加强统战工作体制建设研究是新形势下党的建设为统战工作提出的新命题和新任务。加强统战工作体制机制建设既是统战工作的着力点，又是统战工作的落脚点。只有抓住统战工作的体制机制建设，才能真正促进统战工作的发展。抓住统战工作体制机制建设，也就抓住了统战工作的根本。

维持好统战工作机制，需要做到以下三点。一是要完善领导体制，夯实统战工作的组织基础。各级党委要牢固树立“党管统战”意识，不断加强和改善党对统战工作的领导，始终坚持常委负责制。二是要健全运行机制，保障统战工作的高效运转。建立和完善党委常委与党外代表人士联谊交友制度，政府领导及其部门与各民主党派、工商联对口联系制度，各民主党派、无党派人士直接向中共湖南省委提出意见的“直通车”制度。健全归口管理机制。统战部代表党委牵头协调统战工作，党委的重大安排部署由统战部负责向各民主党派和系统单位传达部署、检查落实。三是要推动工作创新，彰显统战工作的独特优势。深入实施“同心工程”，做实“同”的文章、下足“心”的功夫，为统战成员搭建教育实践平台。

统一战线在长期的形成和发展过程中，形成了内涵丰富的文化资源：一是统一战线团结合作、荣辱与共的政党文化；二是统一战线强调爱国进步、崇尚包容的民族文化；三是统一战线以诚实守信、义利兼顾为特点的信义文化；四是统一战线倡导的同宗同源、念祖国爱家乡的同胞同根文化；五是统一战线主张的信仰自由、崇和向善的宗教文化。这些内涵丰富的文化资源，对于国家治理能力的提高具有基础性的促进作用。

统一战线始终坚持“求大同、存小异”的基本原则，在多样性的群体诉求面前强调总目标的一致性。面对多样性的利益诉求与碰撞，统一战线可以利用协调关系、化解矛盾的功能优势，维护人民群众的内部团结。统一战线要积极协调各方面的关系，减少国家治理中的阻力。当前社会环境复杂、社会利益多样化，统一战线要进一步全力做好协调关系、化解矛盾的工作，努力实现各种社会力量在共同基础和目标基础上的和谐共存。注重统一战线内部利益的整合、关系的协调、矛盾的化解，最大限度地实现统一战线内部关系的协调发展和力量互动，为国家治理体系创新和治理能力提高创造良好的社会环境。

二、统一战线是实现中国梦的力量凝集机制

统一战线与中国梦的实现紧密相连，统一战线的发展离不开中国梦的支撑，中国梦的实现需要统一战线的推动，新时代不断变化的新形势，需要我们不断赋予统一战线新的内涵和意义，切实发挥统一战线的法宝作用，统一战线能为中国梦的实现提供中国力量、中国精神和方法手段，为中国梦的实现凝聚智慧和力量，从而实现中华民族的伟大复兴。

统一战线，是为了实现一定的目标和任务联合起来的力量，具体是指一些阶级、阶层、政党、集团乃至民族等在一定的社会历史条件下，为了实现一定的目标，在一些共同利益的基础上组成的特殊的政治联盟。习近平总书记指出：“人心向背、力量对比是决定党和人民事业成败的关键，是最大的政治。统战工作的本质要求是大团结大联合，解决的就是人心和力量问题。这是我们党治国理政必须花大心思、下大力气解决好的重大战略问题。”①而统一战线所构建和依赖的联盟基础就包括全体社会主义劳动者、社会主义事业建设者和拥护社会主义的爱国者、拥护祖国统一的爱国者、社会主义事业的建设者。他们都致力于中华民族伟大复兴，因而组建统一战线，为中国梦的实现提供强大的组织动力。

历史提供时代经验，现实提供时代依据，未来提供时代需求。马克思和恩格斯说过，一切划时代的体系的真正内容都是由于产生在这些体系的那个时期的需要而形成起来的。纵向传承复兴使命是构建实现中国梦大统战机制的保障，它折射出鲜明的改革、发展、稳定三合一的时代特征。

（一）在全面深化改革与统战改革中传承复兴使命

实现中华民族伟大复兴的中国梦使命是新时代的中国共识。“面对未来，推动经济社会持续健康发展，除了深化改革开放，别无他途。”改革是中国的第二次革命，是经济社会发展的主要动力。党的十八届三中全会强调全面深化改革，不是推进一个领域改革，也不是推进几个领域改革，而是推进所有领域改革，就是从国家治理体系和治理能力的总体角度考虑的。必须深化经济、政治、文化、社会、生态文明等各领域的改革，以自信的态度面对发展转型问题。与此相适应，要改变不合时宜和不利于改革开放和社会主义现代

① 《十八大以来文献选编》中册，中央文献出版社，2016年，第556页。

化建设的统战方式，采用新的更多更好的方式，发挥统一战线各界人士的积极作用，促进中国特色社会主义事业发展和中华民族伟大复兴的中国梦实现。只有通过与时俱进的革新，才能使统一战线这个上层建筑更好地适应经济基础向前发展的需要。因此，在全面深化改革与统战改革中传承复兴使命，健全实现中国梦的大统战机制，就是要坚持改革创新，着眼于促进新时期统一战线的自我完善、自我革新，因时制宜地促进目标的调整、要素的增加、结构的优化、体制机制的改革等。

（二）在科学发展与统战发展中传承复兴使命

实现中华民族伟大复兴的中国梦使命是发展新阶段的中国向往。“中国梦是历史的、现实的，也是未来的……承载着全体中华儿女的共同向往。”发展才是硬道理。在中国特色社会主义的发展过程中，科学发展观明确了以人为本的发展目的，把全面、协调、可持续发展有机地统一起来，以统筹兼顾为根本方法，深化了发展的内涵。为中国发展保驾护航的统战发展，要坚持以人为本的核心立场来处理各种关系，坚持全面、协调、可持续发展的基本要求，坚持统筹兼顾的根本方法。因此，要在科学发展与统战事业发展中传承复兴使命，保证实现中国梦大统战机制的运行，就要始终坚持以发展的观点、科学发展的理念来分析问题和解决问题。一是实现中国梦大统战的对象越来越广，例如增添了“拥护中华民族振兴爱国者”。二是实现中国梦大统战的范围已经从政治领域扩展到经济领域、文化领域、社会领域乃至生态文明领域。三是承载中国梦的统一战线发展是阶段性和连续性的统一，它在不同的发展阶段可以有不同阶段的目标，这些不同阶段的目标要在接续发展中服从和服务于国家富强、民族振兴、人民幸福的整体目标。

（三）在稳定与统战稳定中传承复兴使命

实现中华民族伟大复兴的中国梦使命是稳定新时势的中国责任。我们的责任是接过历史的接力棒，为人类做出新的更大的贡献。中国不稳，全球也会不稳。立足国内，稳定是改革发展的前提和保证。要把引起不稳定的因素坚决制止在萌芽状态。除保持政治稳定、经济稳定外，要针对就业、民族和区域经济协调发展等问题采取相应措施，保持社会稳定。放眼全球，国际上各种力量争夺战略要地、战略资源、战略主导权的斗争此起彼伏，重大事件不断发生，不稳定、不确定、不安全的因素有所增加。中国作为维护世界和平、促进区域稳定的积极力量，就是要排除各种干扰，创造良好周边环境，以和为贵，推动构建和谐世界。就统战稳定而言，新中国成立以来的历史经验证明，凡是统一战线搞得好的时候，各民族、各阶级、各党派就团结得好，中国共产党的阶级基础和群众基础就巩固，国家就稳定。通过制度化、程序化、规范化的安排集中各种意见和建议，推动决策科学化民主化，有效避免了旧式政党制度囿于党派利益、阶级利益、区域和集团利益决策施政导致社会撕裂的弊端。[①] 统一战线工作不仅要做好统一战线成员老一代的工作，而且要做好统一战线成员新一代、子孙后辈的工作。因此，在稳定与统战稳定中传承复兴使命，巩固实现中国梦的大统战机制，必须增强自身系统的稳定性。实现中国梦的统一战线工作机制系统，具有目标一致性、过程有序性、成效综合性的特征，显现了功能稳定性的特性。

三、统一战线是推进社会主义协商民主的主战场与工作机制

统一战线是我国协商民主的直接源头和政治基石，也是推进社会主义协商民主的主战场与工作机制。党的十八大报告指出："社会主义协商民主是我国人民民主的重要形式。要完善协商民主制度和工作机制，推进协商民主广泛、多层、制度化发展。通过国家政权机关、政协组织、党派团体等渠道，就经济社会发展重大问题和涉及群众切身利益的实际问题广泛协商，广纳群言、广集民智、增进共识、增强合力。"强调要"深入进行专题协商、对口协商、界别协商、提案办理协商"。把协商民主正式写进党代会报告，是十八大的重大历史贡献，充分体现了我们党推进人民民主的坚定信心，积极推进协商民主制度的建设，是人民民主的具体体现，是毛泽东协商建国思想的继承和发展，也是中国共产党和中国人民追求民主历程中的伟大创造，有利于中国特色社会主义民主政治的建设。人民政协正是协商民主的重要渠道。历史上，"政协一成立就是人民民主统一战线的组织形式，是统一战线组织与人民民主形式的有机结合，既是囊括了我国各党派团体和社会各界代表人士的最广泛的统一战线组织，又是能够保障各党派团体和各界人士在国家政治生活中享有行使民主权利的政治协商机关"。经过70多年的发展，各级人民政协

---

① 《习近平在看望参加政协会议的民盟致公党无党派人士侨联界委员时强调坚持多党合作发展社会主义民主政治为决胜全面建成小康社会而团结奋斗》，《人民日报》，2018年3月5日第1版。

都形成了制度化的协商体系和上下联动的工作机制。十八大以来党中央在提出建立和健全协商民主制度的同时，把人民政协确立为其重要渠道甚至是主要渠道。2015年中共中央《关于加强人民政协协商民主建设的实施意见》是发挥人民政协协商民主重要渠道作用发展建设的实质性步伐。进一步界定和规范了什么是人民政协协商民主。十八届三中全会对如何发挥其重要渠道的作用提出了五个方面的具体指导和可行措施，即重点推进政治协商、民主监督、参政议政制度化、规范化、程序化。各级党委和政府、政协制定并组织实施协商年度工作计划，一些重要决策听取政协意见。完善人民政协制度体系，规范协商内容、协商程序。拓展协商民主形式，更加活跃有序地组织专题协商、对口协商、界别协商、提案办理协商，增加协商密度，提高协商成效。在政协健全委员联络机构，完善委员联络制度。这些措施在促进人民政协协商民主制度化发展的同时加强了统一战线组织的制度化建设。

第三节 以底线思维增进统一战线共识

一、以坚守宗旨和党性修养为底线的党内共识

统一战线是中国共产党领导的统一战线。发挥好党的领导作用，必须认识到打铁还需自身硬。因此，要做好统战工作，作为共产党员，必须要做到以下几点。

一是讲党性，对党绝对忠诚。党员干部在任何时候任何情况下都必须在思想上、政治上、行动上同党中央保持高度一致。遵守党章遵守党纪，坚决维护党中央的权威。对中国特色社会主义保持必胜信念，在涉及中国特色社会主义道路、理论、制度等重大原则问题上，态度坚决、立场坚定。党中央号召的坚决响应，党中央决定的坚决照办，党中央禁止的坚决杜绝。对党忠诚，言行一致，不打折扣，不打小算盘。绝不能妄议中央，对似是而非的问题不要妄加评论，坚决同背离、污蔑、抵制党的错误行为作斗争，自觉维护捍卫党的政策和主张。

二是讲团结，坚决维护党的团结统一。习近平总书记强调，要着力推动

统一战线巩固和发展。[①]巩固和发展最广泛的爱国统一战线，是我们战胜困难、夺取胜利的重要法宝。统一战线追求的团结，是广泛的团结，也是坚强的团结，是沿着正确政治方向、向着共同目标前进的团结。中国共产党是领导我们事业的核心力量。要保证统一战线追求的团结，是广泛的团结，也是坚强的团结，是沿着正确政治方向、向着共同目标前进的团结，就必须先搞好中国共产党自身的团结。而党的团结不是无原则的团结，首先就要守纪律讲规矩，最基本的要求就是遵循组织程序。十八届中央纪委五次全会上，习近平总书记郑重昭告全党，必须遵循组织程序，重大问题该请示的请示，该汇报的汇报，不允许超越权限办事。党的程序规定，不仅是我们党集中统一的保证，也是对每一个党员的政治要求。是否具有遵守组织程序的自觉，是检验党员、干部合格不合格的试金石。作为一个马克思主义执政党，从请示汇报制度，到民主决策制度，我们党更是在强大的组织程序保证下，凝聚成一个有着强大战斗力的集体。坚持团结一切忠实于党的同志，坚定不移地维护党的团结，决不允许搞非组织活动，不得违背组织决定。发扬党内民主，坚持党的民主集中制度。时时刻刻想到自己是党的人，牢记自己对党应尽的义务和责任，相信组织，依靠组织，服从组织，坚决维护党的团结统一。

三是讲宗旨，为民勤政务实。全心全意为人们服务是中国共产党的根本宗旨。党员干部胸怀远大理想和政治抱负，淡泊个人名誉、地位、利益，心中始终装着老百姓，坚持权为民所用、情为民所系、利为民所谋，做到“民之所好好之，民之所恶恶之”[②]。在其位、尽其职，不避责、不懒政；不搞花架子、不搞假大空，真正做到勤政、务实、为民。古人云：民为重，社稷次之，君为轻。我们党之所以能够领导中国革命由弱变强、转败为胜，最重要的也是最根本的就是我们将全心全意为人民服务作为党的宗旨，从而赢得了最广大人民的忠心拥戴。无论是在革命战争时期还是在和平建设时期，这一宗旨都不能变、不能丢。当前，我们在社会层面还存在一些诸如干群关系紧张、群众对立情绪或不满情绪抬头等问题，这些问题的出现很大程度上与宗旨意识的淡薄有关。我们个别干部把自己的岗位职责变成了权力，把本该主动为群众办的事变成了要群众求他办的事，冷、硬、横、推被他们演绎得淋漓尽

① 《习近平：巩固和发展最广泛的爱国统一战线》，新华网，2015年5月21日。

② 戴圣:《礼记》,《大学篇》第四十二，中华书局2017年版。

致，不给好处不办事，给了好处乱办事。这些人的所作所为，严重影响了党和政府在人民群众中的形象。每一个真正的共产党员都不应忘却：人民是党的根基、是党的生命之源，唯有牢固树立宗旨意识，全心全意地为人民服务，才能增强党同群众的血肉联系，才会得到人民群众的忠心拥戴，才能做到有党性、为人民、尽职守、行好事。只有这样，才能做好统战工作。

二、以坚持“四个自信”为底线的内部共识

四个自信应坚守，内部共识同达成。习近平总书记多次在重要会议上提到“四个自信”的重要性。

习近平总书记在庆祝中国共产党成立95周年大会上的讲话中明确指出：“坚持不忘初心、继续前进，就要坚持中国特色社会主义道路自信、理论自信、制度自信、文化自信，坚持党的基本路线不动摇，不断把中国特色社会主义伟大事业推向前进。”[①] 坚持“四个自信”，是不断把中国特色社会主义伟大事业推向前进的内在动力，也是全面建成小康社会和实现中华民族伟大复兴中国梦的根本保障。只有坚持道路自信，才能确保中国特色社会主义实现路径的科学。方向决定道路，道路决定命运。中国特色社会主义道路是我们党和人民历尽千辛万苦、付出巨大代价探索出来的。只有坚持理论自信，才能确保中国特色社会主义指导思想的正确。科学的理论来源于伟大的实践，同时又反过来指导实践。只有坚持制度自信，才能确保中国特色社会主义制度体系的完善。邓小平同志曾说过，“制度问题更带有根本性、全局性、稳定性和长期性”[②]，党的制度“关系到党和国家是否改变颜色，必须引起全党的高度重视”[③]。只有坚持文化自信，才能确保中国特色社会主义精神文明的进步。文化自信是一个民族、国家或政党对本民族传统文化和现代文化价值的积极认同、充分肯定和积极践行，是对自身文化及其生命力持有的坚定信心。正像习近平总书记所指出的那样：“在5000多年文明发展中孕育的中华优秀传统文化，在党和人民伟大斗争中孕育的革命文化和社会主义先进文化，积淀着

① 习近平：《不忘初心 继续前进 坚持中国特色社会主义道路自信》，《人民日报》，2016年第7期，第1版。

② 《邓小平文选》第2卷，人民出版社1994年版，第228页。

③ 《邓小平文选》第2卷，人民出版社1994年版，第228页。

中华民族最深层的精神追求，代表着中华民族独特的精神标识。”[①]民无魂不立，国无魂不强。习近平总书记强调，坚持文化自信是更基础、更广泛、更深厚的自信，是更基本、更深沉、更持久的力量。坚定中国特色社会主义道路自信、理论自信、制度自信，说到底是要坚定文化自信。坚定文化自信，是我们党在宣传思想工作方面重要的理论创新。坚持文化自信，是做好宣传思想工作的根本遵循。[②]综上所述，中华民族爱国统一战线的精神之基、价值核心、理念源泉都呼唤着中国文化的营养补给。中国复兴也必然要求中国全体人民的文化自信。

三、以爱国主义和“中国梦”为底线的内外联通共识

当前出现的腐败现象、社会不公平现象、价值取向多元化现象、国际敌对势力，以及国内民族分裂势力的存在，削弱了中华民族凝聚力。统一战线工作应因时而动，主动作为，积极发挥自身的团结、协调、沟通功能，助力增强中华民族凝聚力。以爱国主义为核心的民族精神厚植于中华民族凝聚力中，是中华民族凝聚力的基石和底色，它为统一战线向心力和号召力的增强提供了精神源泉和思想支撑。新形势下，要高举爱国主义旗帜，进一步开展统一战线工作，提升中华民族凝聚力。

近期我国与邻国的领土争端较为频繁，众所周知，这都是霸权主义作祟。但是我们中国人民不会向任何国家或霸权势力屈服。长期以来，弘扬爱国精神已成一种必然趋势。新时代爱国、爱党、爱社会主义呈现出前所未有的高度一致性，这种一致性的逻辑线索深刻地蕴涵在以爱国主义为精神支柱的中华民族伟大复兴的中国梦之中；充分地体现在中国共产党弘扬和实践爱国主义、领导中国人民走中国特色社会主义道路以实现中国梦的伟大实践中。习近平总书记在《复兴之路》展览过程中发表了重要讲话，他表示，中华民族的昨天，可以说是“雄关漫道真如铁”。近代以后，中华民族遭受的苦难之重、付出的牺牲之大，在世界历史上都是罕见的。但是，中国人民从不屈服，不断奋起抗争，终于掌握了自己的命运，开始了建设自己国家的伟大进程，充分展示了以爱国主义为核心的伟大民族精神。中华民族的今天，正可谓“人

① 《习近平谈文化自信》，《人民日报》海外版2016年第1版。

② 白玉刚:《坚持文化自信》，《求是》，2018年第21期，第1页。

间正道是沧桑”。改革开放以来，我们总结历史经验，不断艰辛探索，终于找到了实现中华民族伟大复兴的正确道路，取得了举世瞩目的成果。这条道路就是中国特色社会主义。中华民族的明天，可以说是“长风破浪会有时”。经过鸦片战争以来近两百年的持续奋斗，中华民族伟大复兴展现出光明的前景。现在，我们比历史上任何时期都更接近中华民族伟大复兴的目标，比历史上任何时期都更有信心、有能力实现这个目标。正如习近平总书记所言，中华民族一路走来都是在风雨之中不断探索、披荆斩棘、上下求索的过程。因此，当我们面对如今日益严峻的中美对抗以及不断暗淡的中美关系前景之时，我们必须坚持一种战略定力，也需要具有革命乐观主义精神。①

新时代最伟大的使命是实现中华民族伟大复兴的中国梦。党的十八大描绘了全面建成小康社会、加快推进社会主义现代化的宏伟蓝图，发出了向实现两个一百年奋斗目标进军的时代号召。② 根据党的十八大精神，我们明确提出要实现中华民族伟大复兴的中国梦。

中国梦的本质是实现国家富强、民族振兴和人民幸福。实现中华民族伟大复兴的中国梦，是历史的重托，也是新时代最伟大的使命；是体现以习近平同志为核心的党中央的历史责任感、使命感和担当精神的伟大号召；是将每个人的前途命运与国家和民族的前途命运紧密相连的、最能赢得人心的重要思想；也成为新时代把爱国、爱党、爱社会主义内在统一起来的纽带和主线。新时代中国梦的提出创下了三个首次：

首次把中国梦作为中国特色社会主义的奋斗目标。习近平总书记在强调总任务时指出，我们党从成立那天起，就肩负着实现中华民族伟大复兴的历史使命。我们党领导人民进行革命建设改革，就是要让中国人民富裕起来，国家强盛起来，振兴伟大的中华民族。后来又指出，现在，我们比历史上任何时期都更接近中华民族伟大复兴的目标，要继续朝着中华民族伟大复兴的目标奋勇前进。实现中国梦目标的历史过程需要两个阶段，第一个阶段，2020年到2035年，在全面建成小康社会的基础上，再奋斗15年，基本实现社会主义现代化。第二个阶段，从2035年到21世纪中叶，在基本实现社会主义现代化的基础上，再奋斗15年，把我国建成富强民主文明和谐美丽的社会主

---

① 参考《讲好70年砥砺奋进的壮丽史诗》，载《红旗文稿》，2019年04月25日。

② 习近平：《在党的十九届一中全会上的讲话》，《求是》，2018年1月1日第1期。

义现代化强国。

二是首次论述中国梦的社会属性。习近平总书记指出："中国梦是历史的、现实的，也是未来的。""中国梦是国家的、民族的，也是每一个中国人的。"[①]

三是首次揭示中国梦的本质及实现途径。习近平总书记指出："在新的历史时期，中国梦的本质是国家富强、民族振兴、人民幸福。"习近平总书记第一次把实现中国梦的路径概括为"四个必须"，即"实现中国梦，必须坚持中国特色社会主义道路"；"实现中国梦，必须弘扬中国精神"；"实现中国梦，必须凝聚中国力量"；"实现中国梦，必须坚持和平发展"。[②]

实现中国梦，就是要推动中国的经济实力和综合国力、国际地位和国际影响大大提升；就是要实现中华民族以更加昂扬向上、文明开放的姿态屹立于世界民族之林；就是要使中国人民过上更加幸福美好、富裕安康的生活。这一伟大梦想的实现需要伟大精神作为支撑。而爱国主义始终是把中华民族坚强团结在一起、推动中国人民实现中国梦的精神支柱。

力和综合国力、国际地位和国际影响大大提升；就是要实现中华民族以更加昂扬向上、文明开放的姿态屹立于世界民族之林；就是要使中国人民过上更加幸福美好、富裕安康的生活。这一伟大梦想的实现需要伟大精神作为支撑。而爱国主义始终是把中华民族坚强团结在一起、推动中国人民实现中国梦的精神支柱。

中国梦作为目前我党执政的重要目标追求，自应成为每位党员的工作目标。中国共产党实现中国梦，当然需要达成以坚守宗旨和党性修养为底线的党内共识，而这也自然是每位中国共产党党员应该守住的底线思维。而坚持"四个自信"、爱国主义和致力于中华民族伟大复兴，是整个中华民族统一战线的成员都应该守住的底线思维。中国共产党党员只有坚守宗旨和党性修养，才能取得广大人民群众的支持和拥护，也才能做好统一战线工作。因此，新时代统一战线的理论和实践，都强调这个底线思维。因此，底线思维也就成为新时代统一战线的一个显著特征。

① 习近平：《在纪念五四运动100周年大会上的讲话》，《前进》，2019年第5期，第4–7页。

② 习近平：《习近平纵论中国梦：实干才能梦想成真》，《人民日报》，2019年11月29日第1版。

第五章　新时代统一战线理论的重大价值

党的十八大以来，以习近平同志为核心的党中央，从党和国家事业发展的全局出发，深刻分析新时代统战工作面临的新形势，提出了一系列关于统一战线的新理念、新思想、新战略，科学地回答了新形势下需要不需要统一战线、需要什么样的统一战线以及怎样巩固和发展统一战线等重大问题，明确了新时代统一战线的指导思想、宏伟目标、战略地位、主要特征、工作方针和根本方法，形成了新时代统一战线理论。这一思想体系，是习近平新时代中国特色社会主义思想的重要组成部分，是新时代统一战线的行动纲领和科学指南，能最大限度地凝聚共识、凝聚人心、凝聚智慧、凝聚力量，使统一战线不断创新发展、巩固扩大，具有重大的理论价值和现实价值。

第一节　理论价值

理论源于实践，又会反过来不断地推动实践进步，这种实践的进步又会倒逼理论的发展。纵观中国共产党的发展历程，每一次统一战线理论的创新，都促进了我们党在理论和事业上的更大发展。尤其是党的十八大以来，新时代统一战线理论的创新发展意义重大。这种创新发展不仅丰富和发展了马克思主义统一战线理论，而且也丰富了党中央治国理政思想，使中国特色社会主义统一战线理论得到了飞跃式发展。

一、丰富和发展了马克思主义统一战线理论

在马克思主义创立时期，马克思、恩格斯就认识到，无产阶级要战胜强大的敌人，完成自己的历史使命，必须争取最广大的同盟者。列宁也强调要利用一切机会，争取大量的同盟者，哪怕这些同盟者是暂时的、不稳定的。这也使一切真正的马克思主义政党都非常重视统一战线这一基本问题。毛泽东丰富和形成了新民主主义革命统一战线理论和人民民主统一战线理论，从而发展了马克思主义统一战线思想。改革开放以后，伴随着党和国家工作重心的转变，邓小平创造性地开辟了新时期爱国统一战线。以习近平同志为核心的党中央，在运用马克思主义统一战线基本原理、毛泽东统一战线思想、中国特色社会主义统一战线理论指导实践的同时，结合新的历史阶段和时代特征又形成了一系列新思想、新论断、新举措，取得了新发展。以习近平总书记关于加强和改进统一战线工作的重要思想为标志的新时代统一战线理论的创新，进一步丰富和发展了马克思主义统一战线理论。

二、丰富了党中央治国理政新思想

统一战线理论应该，也能够为治国理政这个大局服务，而统一战线在实践中形成的理论又反过来可以丰富治国理政的新思想。提升国家治理体系和治理能力是新时代治国理政的必然要求，也是统一战线服务大局的应有之义。国家治理体系和治理能力是国家制度和制度执行能力的集中体现。治理体系和治理能力的现代化既是对统一战线制度化、规范化以及程序化的发展要求，也是发挥统一战线内在优势，为国家制度建设和执行提供保障的内在要求。新时代以来，以习近平同志为核心的党中央围绕实现国家治理体系和治理能力现代化提出了一系列新思想。推进国家治理体系和治理能力现代化，就是要适应时代变化，既改革不适应实践发展要求的体制机制、法律法规，又不断构建新的体制机制、法律法规，使各方面制度包括统一战线制度更加科学、更加完善，实现党、国家、社会各项事务治理制度化、规范化、程序化。新时代，以习近平同志为核心的党中央的治国理政思想是紧紧围绕“实现中华民族伟大复兴中国梦”的伟大梦想而展开的，而实现中华民族伟大复兴，正是新时代统一战线一切理论和实践的根本意义所在。统一战线的思想是其治

国理政思想的重要组成部分。

自党的十八大以来，以习近平同志为核心的党中央高度重视统一战线工作。习近平总书记多次发表有关统一战线的重要讲话，提出一系列新思想、新观点、新举措。在习近平总书记系列重要讲话精神和党中央治国理政的新理念、新思想、新战略科学指引下，统一战线事业蓬勃发展，积累了丰富经验，带来了深刻启示。坚持党的领导，是做好统一战线工作的第一原则和根本保证。统一战线工作无论形式如何创新、力量怎么加强，都必须始终坚持党的领导，实行的政策与采取的措施都必须有利于坚持和巩固党的领导地位和执政地位。这是必须始终牢记的总根本和总遵循，也是做好统战工作的总要求。必须自觉在思想上、政治上以及行动上同以习近平同志为核心的党中央保持高度一致，使党的统一战线工作沿着正确的方向不断前进。

习近平总书记关于进一步加强和改进统一战线工作的重要思想要求不断巩固统一战线的共同思想政治基础，把统战工作放到党和国家的战略高度去认识，放在党和国家工作大局中去思考和谋划。统一战线的共同思想政治基础是中国特色社会主义，而坚持和发展中国特色社会主义是党的十八大以来中共中央坚定高举的鲜明旗帜。统一战线作为各方面社会力量组成的政治联盟，要将坚持和发展中国特色社会主义作为思想和行动的总开关，作为巩固共同思想政治基础的聚焦点、着力点、落脚点，在实践和理论两个层面不断丰富治国理政新思想。

三、发展了中国特色社会主义统一战线理论

马克思主义理论与中国革命、建设、改革的实践和中华文化相结合，形成了独具中国特色的社会主义道路、理论、制度和文化，这既是统一战线形成和发展的背景和条件，又是统一战线在新时代理论与实践发展的保证。习近平总书记关于进一步加强和改进统一战线工作的重要思想是习近平新时代中国特色社会主义思想的重要组成部分，是新时代巩固和发展最广泛爱国统一战线的根本遵循。习近平新时代中国特色社会主义思想是21世纪马克思主义、当代中国马克思主义，是全党全国人民为实现中华民族伟大复兴而奋斗的行动指南，是国家政治生活和社会生活的根本指针，为党和国家的各项事业发展提供了根本遵循。统一战线作为习近平新时代中国特色社会主义重要

组成部分，始终离不开党的科学理论的指导。全面深入系统地学习领会习近平新时代中国特色社会主义思想，深刻把握这一思想的科学体系、精神实质、实践要求，切实用以武装头脑、指导实践、推动工作，是巩固和发展统一战线的必然要求。

党的十九大把巩固和发展最广泛的爱国统一战线纳入新时代坚持和发展中国特色社会主义的基本方略，进一步丰富发展了党的统一战线理论，为新时代统一战线发展提供了根本遵循。我们要深入学习贯彻习近平总书记关于加强和改进新时代统一战线工作的重要论述，做到学思用贯通、知信行合一，推动各领域统战工作创新发展。此外，习近平新时代中国特色社会主义思想坚持辩证唯物主义和历史唯物主义，紧密结合新的时代条件和实践要求，系统回答了新时代坚持和发展什么样的中国特色社会主义、怎样坚持和发展中国特色社会主义的时代课题，得到全党全国各族人民的高度认同，为统一战线团结奋斗注入了强大精神动力，筑牢了共同思想政治基础。

当前，世界正处于大发展大变革大调整时期，各种思想文化相互激荡，交流交融交锋日益频繁，意识形态领域斗争尖锐复杂。尤其是随着我国全面深化改革深入推进，经济体制深刻变革，社会结构深刻变动，利益格局深刻调整，思想观念深刻变化，统一战线成员思想的独立性、选择性、多变性、差异性显著增强。越是在这种情况下，越要在统一战线立主导、增共识，不断巩固习近平新时代中国特色社会主义思想的指导地位，形成具有强大凝聚力和引领力的社会主义意识形态。

第二节　现实价值

新时代统一战线理论的现实价值也是十分显著的，其具体体现为十个有利于，即有利于提高全党对统一战线工作重要性的认识，有利于坚定中国特色社会主义的共同思想基础，有利于实现国家治理体系和治理能力现代化，有利于维护好国际国内两个大局，有利于创新驱动，有利于提升国际话语权，有利于实现中华民族伟大复兴的战略，有利于推进统一战线工作在各领域的开展，有利于促进“一国两制”和早日实现祖国统一，有利于统一战线书写更加辉煌的篇章。

一、有利于提高全党对统一战线工作重要性的认识

以习近平同志为核心的党中央把实现中华民族伟大复兴的中国梦纳入新时代统一战线的内涵和目标，再次强调其法宝地位，向全党提出了做好统一战线工作的要求。这有利于统一全党的思想认识，提高党的各级组织和广大干部做好统战工作意识。新时代爱国统一战线在本质属性上就对中国梦的实现具有支撑和推动作用，因而，以习近平同志为核心的党中央明确提出爱国统一战线是实现中国梦的法宝，把统一战线与党在新时代新形势下的中心任务紧密联系起来，提升了统一战线工作在新时代的重要性。理论的魅力来自解释现实的能力。理论能回答现实的要求，才能征服人，也才能被人们所接受和认同。党的十八大以来，统一战线理论的创新正是以系统的理论解释力，向全党阐明了统一战线在新时代的法宝作用，并进而提出了巩固和壮大统一战线的任务。《中国共产党统一战线工作条例（试行）》专章阐述统一战线的组织领导与职责，明确统一战线工作的组织机构、中央及各级党组织的责任和统战部门的工作职能，向全党提出了做好统战工作的要求。与此同时，中央提高了统一战线工作的规格，加强了中央对统战工作的领导和顶层设计，确立了大统战的格局，对统战工作的要求和重视程度达到了空前的高度。再一次确立了爱国统一战线的重要性及其在党的工作中的重要性，统一了全党的思想认识，为新时代新形势下进一步巩固和壮大统一战线奠定了思想基础。

二、有利于坚定中国特色社会主义的共同思想基础

统一战线在各个历史时期都与党的总任务、总策略紧密相连。统一战线理论的不断创新发展，推进了新时代爱国统一战线进一步的巩固和壮大，有利于各党派、各民族、各宗教、各阶级阶层和海内外华人坚定中国特色社会主义共同思想基础。新时代统一战线理论创新发展扩大了联系对象，也扩大了政治联盟，从而扩大了认同中国特色社会主义道路的政治基础，为更大范围内坚定中国特色社会主义共同理想奠定了思想基础。统一战线的共同思想政治基础是历史的、发展的，不同历史时期，历史任务的不同决定了统一战线共同思想政治基础的内涵不同。这就决定了统一战线巩固和扩大共同思想

政治基础的工作永远在路上，永远无止境。以习近平同志为核心的党中央，肩负起了最终实现中华民族伟大复兴中国梦的历史重任，也用中国梦的宏伟目标汇聚民族复兴的力量。中国梦成了中国人民建设中国特色社会主义的最大公约数，而中国特色社会主义统一战线给新时代汇聚这个最大公约数提供了最广大的组织形式和最有时代性的理论指导。中国梦说出了近代以来全体中华儿女的最大愿望，一方面扩大了统一战线的政治基础和联盟的范围，另一方面深化了中国特色社会主义统一战线的共同政治思想基础。党的十八大以来，中共中央强力反腐、深度扶贫，以“一带一路”连通世界、影响全球，也用强大的现实说明中国特色社会主义道路是实现中国梦的必由之路。中国梦汇集的统战成员越众多，统战范围越广大，中国特色社会主义认同的社会基础和群众基础也就越坚实。

三、有利于实现国家治理体系和治理能力现代化

党的十八届三中全会提出要“完善和发展中国特色社会主义制度，推进国家治理体系和治理能力现代化”。统一战线的任何行为在政党政治条件下，不仅仅是一种战略策略行为，而是有着国家治理意蕴的政治行为，并且它也是中国政党所特有的一种国家治理方式。同时，它作为中国共产党的三大法宝之一，是中国共产党作用于国家、社会的重要机制，自然也就具有国家行为的特征。围绕着中国共产党的中心任务和中华民族的伟大复兴，新时代的统一战线是中国共产党领导的各阶级、各阶层、各政党等不同社会力量而结成的政治联盟，其最大的一个优势就是能够最广泛地凝聚共识。因此，充分发挥统一战线能够凝聚共识的这一优势，有利于实现国家治理体系和治理能力现代化。

无论统一战线如何发挥作用，其内蕴都不是抽象的，在实践中都有与之相应的平台为载体，其国家治理的效应就是由这些平台具体实施或促进的结果。简而言之，在国家治理实践中，统一战线能否发挥作用及其作用之大小的一个重要因素，就是统一战线平台的建设或其对统一战线精神的贯彻程度。

新时代统一战线理论以凝聚共识为目标，使得最终成为国家治理政策和方针的价值诉求和政治见解是统一的、完整的和有权威的。国家治理必须有明确统一的政策措施来吸纳价值诉求和政治见解，而这些措施和价值诉求都

来源于共识。可见，共识是多元化的价值诉求和政治见解演变成统一的国家治理措施的桥梁。凝聚共识就是这个桥梁的搭建过程。而作为统一战线组织的人民政协，其在中国国家政治生活中的地位不仅是国家政治结构不可缺少的重要组成部分，而且也深深地渗入中国政治过程，成为国家治理的一种实践形式。在新时代统一战线理论的指引下，人民政协将国家权威与各方面、各领域的人民群众联系起来，通过协商与合作，国家权威被自觉认可并获得稳定的支持来源，社会不同利益群体也有序参与到政治过程中，从而实现国家治理的既定目标。新时代统一战线理论凝聚的共识之所以优越，就是它不再是多元化的，而是可以直接用来指导国家治理的政策和措施，但它来源于多元化社会中纷繁复杂的价值诉求和政治见解。共识具有双重性，既包含了多元性，又是走向一致性的桥梁。共识是一元和多元的统一。统一战线求同存异、聚同化异的过程正是形成具有权威性共识的过程，以此增强国家治理政策和方针的权威性。新时代统一战线理论能够体现包容性，有利于实现国家治理体系和治理能力现代化。统一战线本身作为汇聚、叠加多元化价值诉求和政治见解的政治形式，不排斥不同价值观点和政治见解，具有极大的包容性。在一个多元化的社会，不同的政治价值诉求本身就是多元化社会的一种表现，也是多元化社会的一种常态。社会生活是多元化的，人们的价值诉求和政治见解自然也是多元化的。承认和包容社会生活的多样化，正是社会生活丰富多彩、生动活泼的前提。换言之，如果没有这种多样化的价值诉求和政治见解，就不可能有社会生活的多样化。新时代统一战线理论能够体现正当性，有利于实现国家治理体系和治理能力现代化。统一战线凝聚共识的过程是从多元走向一元的过程，是交流沟通和说理的过程，不同的价值诉求和政治主张都有表达和伸张的机会。正是在沟通、说理的过程中，那种具有更大正义性、正当性的价值诉求和政治见解会产生更大的征服力量。大多数人都会接受具有更大正义性和正当性的价值诉求和政治见解，而且这种接受完全是自觉自愿的。它发自人们的内心，不需要强制和行政命令，具有“润物细无声”的细致。共识就是这样“凝”成的，它是在“理”的精心呵护下逐渐汇聚形成的。新时代统一战线凝聚共识的过程是中国各种政治力量在中国共产党领导下，通过民主方式，经由交流、沟通、协商等在最大程度上实现同一目标的政治过程，表现为一种政治文明。只有具有政治智慧且通过正当程序形成并表现为政治文明的主张才能成为共识。总之，在新时代统一战线理论的指引下，能够采取对话、交流、讨论等形式，改革不适应新形势发展要求的体制机制，有利于实现国家治理体系和治理能力现代化。

四、有利于维护好国际国内两个大局

新时代统一战线理论直面国内国际大局发生的深刻变化，科学地分析国内外形势的发展变化，具有开阔的世界眼光和强大的战略思维。新时代统一战线理论能指引我们在国内国际两个大局中科学谋划工作布局、灵活掌握政策策略、统筹配置两种资源，推动统战工作取得更大发展。新时代统一战线理论要求统战工作充分发挥人才荟萃、智力密集的优势，紧紧围绕着加快经济发展方式转变的重点、难点和政策措施的制定，认真研究具有综合性、全局性、前瞻性的重大问题，及时提出有价值、有分量的意见和建议。

新时代统一战线理论要求我们统筹国际国内两个大局。这也是新时代中国特色社会主义基本方略的重要要求。新时代，国际与国内因素互动频繁、中国日益走近世界舞台中央，统一战线日益被置于世界与中国交互的大背景中。当今，我国改革开放和现代化建设进入一个新阶段，面对错综复杂的改革发展稳定任务，统一战线作为团结各方面力量的广泛联盟，其任务更加繁重。保持香港、澳门长期的繁荣稳定，实现祖国完全统一，反对和遏制“台独”分裂势力以及其相关活动，是关系到实现中华民族伟大复兴的重大问题。统一战线作为推动“一国两制”方针实施的重要力量，在推进祖国统一大业中的作用更加突出。当前，在面对国际敌对势力图谋利用所谓民主、人权、民族、宗教等问题对我国实施西化、分化等情况下，坚持和平发展道路、促进和谐世界建设的过程之中，统一战线处在反渗透、反颠覆、反分裂斗争的前沿。在坚持我国社会主义政治制度和政党制度、维护国家安全和领土完整、维护社会稳定、牢牢把握和切实用好重要战略机遇期等方面，统一战线的责任更加重大。统筹国际国内两个大局，巩固统一战线两个范围联盟，都是为了凝聚实现中华民族伟大复兴的最广泛力量。这些都是新时代统一战线理论的题中应有之义。

五、有利于创新驱动

创新驱动战略是新形势下我国加快转变经济发展方式、增强经济发展内生动力和活力的根本措施，是党中央立足全局、面向未来所做出的重大战略。习近平总书记强调，我党应进一步增强时代责任感和历史使命感，坚持统一战线发展的正确方向，推动统一战线工作深入、扎实地开展，着力解决统一战线工作领域存在的突出问题，坚持改革创新。①

在创新驱动战略实施的背景下，新时代统一战线理论要求统一战线工作要着眼于创新驱动对科技创新模式的影响，主动克服在服务科技创新过程中存在的问题和不足，探索统一战线主动适应创新驱动战略需求的新机制，充分挖掘统一战线中蕴藏的科技创新潜能和优势。当前，我国资源型经济转型进入攻坚阶段，推动产业优化升级、培育和发展战略性新兴产业、解决资源环境瓶颈制约、有效应对自然灾害与公共安全事故、切实改善民生、保障国家安全等，都与科技密切相关，以创新驱动战略的实施破解我国经济社会发展的难题，科技与产业的耦合决定了决策不仅依靠政府人员和科学家，而且需要不同专业的人员多角度地进行研究。新时代统一战线理论要求统战部门发挥统战管理的特殊作用，集成统一战线相关研究力量，发挥科研机构、教育机构、管理结构“三位一体”的深度融合和学科交叉、专家云集的特色与优势，建立起科技型统战智库，从科学技术影响和作用的角度研究事关全局的重大问题，从科技规律出发前瞻思考世界科技发展走势，开展科学评估，进行预测预判，对经济社会发展的重大问题提出前瞻性、建设性的建议，在我国科技战略、规划、布局和政策等方面发挥作用。

根据新时代统一战线理论，以统战部门的宏观管理来回应当前科技创新模式转变的需求，是探索科技资源整合机制的重要手段，体现了将统一战线放在全国范围内转型发展的大格局中进行思考的基本立场。统一战线立足于自身的优势，着眼于服务我国创新驱动战略，在创新与自律中走出一条统一战线融入我国发展的特色路径，既扩展了统战力量服务经济社会发展的空间，也达到了统一战线建设的根本目的。

---

① 《认真学习贯彻〈中国共产党统一战线工作条例〉奋力开创新时代统一战线工作》，《求是》，2021年01月19日。

六、有利于提升国际话语权

当前，话语权是中国和平崛起过程中绕不开的现实议题，关系国家重大战略利益。改革开放以来，中国特色社会主义建设取得的巨大成就为我国话语权的建构提供了良好条件与坚实基础。快速增强的经济实力提供了话语权建构的物质基础，日趋完善的制度模式提供了话语建构的制度保障，不断繁荣的民族文化为话语建构提供了精神资源，与时俱进的科技水平为话语建构提供了技术支撑。

话语权的关键是获得集体认同。当前，全球化的迅速发展往往使国内问题国际化、国际问题国内化，国内问题与国际问题之间难以截然割裂。而统一战线工作是争取人心的工作，统战工作的主要方式是协商、沟通、说服，而非行政命令，这与话语权确立集体认同的要求是一致的。在统战工作日益与国家全局性治理相关联的时候，统战之道也就必然融入治国治世的治理之道和策略之道。

全球化浪潮汹涌而来，它既为中国的国际话语权建构带来挑战，也是我国面临的难得机遇。我国在全面提升国际话语权的进程中，应该下大力气运用和激活我们的优势。在这种情况下，我们更应该在新时代统一战线理论的指引下，进一步发挥中国共产党领导的统一战线的政治优势。统一战线的属性、结构、内外关系、运行机制等对履行特定职能拥有丰富和强大的潜力。提升中国话语的影响力需要强有力的载体支撑，统一战线的组织机制能很好地满足这一需要。统一战线是不同社会政治力量的政治联盟。国际统一战线还涉及不同国家间的各种形式的联盟和合作机制。统一战线的目标并非直接解决某一经济社会发展问题，而是要为某一时期重点问题的解决积聚力量、创造环境。当前，中国国际话语权的建构所涉及的矛盾与阻力是来自各个方面的，要广泛运用团结和协商的方式与海内外人士打交道，努力解决他们提出和面对的各种复杂问题。这是一项政治性、政策性极强的工作，而这项工作正是统一战线发挥优势作用最适合的领域。在提升中国国际话语权的进程中，国际统一战线要更加强化在各类国际组织中的团结动员作用。

七、有利于实现中华民族伟大复兴的战略

如前所述，新时代统一战线理论已将实现中华民族伟大复兴的中国梦纳入了新时代统一战线的内涵和目标。根据新时代统一战线理论，实现中华民族伟大复兴的战略是统一战线进一步发挥作用的过程，同时也是彰显统战工作自身的战略价值和重要功能的过程。统一战线不仅是中国共产党夺取革命、建设、改革事业胜利的重要法宝，也是实现中华民族伟大复兴的重要法宝。

第一，统一战线是实现广泛团结、广聚人心、广聚众力的重要途径，能为实现“中国梦”提供强大的力量源泉。要实现中华民族伟大复兴的战略，就必须最广泛最充分地调动各方面的积极因素，必须依靠全党的团结，必须依靠广大工人、农民、知识分子的团结，必须依靠中华民族的大团结。

第二，统一战线是多党合作、参政议政、发扬社会主义民主的有效形式，能为实现中华民族伟大复兴的战略奠定坚实的政治基础。充分发扬社会主义民主，是广大人民群众的共同愿望，也是共产党人长期为之奋斗的目标。

第三，统一战线具有协调关系、化解矛盾、维护社会稳定的社会功能，能为实现中华民族伟大复兴的战略营造安定团结的政治局面。

第四，统一战线是体察民情、反映民意、密切党同群众联系的重要渠道，能为实现中华民族伟大复兴的战略奠定可靠的群众基础。

第五，统一战线具有安排人事、合作共事、加强国家政权建设的重要职能，能为实现中华民族伟大复兴的战略提供强有力的组织保障。

八、有利于推进统一战线工作在各领域的开展

党的十八大以来，以习近平同志为核心的党中央通过对统一战线各领域方针政策的完善和调整，确立了统一战线各领域工作的着力点，为切实落实统一战线各方面工作明确了目标。

习近平总书记多次与民主党派人士、非公有经济人士、港澳台代表人士、海外留学生代表人士等座谈，在充分尊重多样性的基础上，对统一战线各领域的方针政策做出了全面的调整，把同一性和多样性有机结合起来。例如，在政党关系方面，进一步明确了各民主党派、无党派和工商联的参政党地位，明确中央、各级党委与参政党协商的内容、形式、次数，不仅充分肯定了各

党派在当代中国政治生活中的地位，而且出台了具体的政策和意见，以落实参政党参政议政的权益，发挥参政党的作用。

新时代统一战线理论不仅指引了统一战线在政党合作协商方面的制度化建设，也确立了新时代与民主党派统一战线工作的目标。在阶层关系方面，进一步明确非公有制经济在中国特色社会主义基本经济制度中的地位，出台保护非公有制产权的法规，明确工商联以各民主党派同等地位代表非公有制经济人士的利益，对引领非公有制经济和非公有制人士健康发展和健康成长提出具体要求，为统一战线做好非公有制经济领域的工作指明了目标和路径，促进了非公领域统战工作的发展。在统一战线代表人士建设方面，明确了建设的对象、目标、方法和责任落实，对如何做好他们的工作明确目标、提出要求，从而为做好统一战线代表人士工作确定了重点和方向，为新时代处理好统一战线各方面关系奠定了方针政策基础。

统一战线的覆盖面带有全局性、整体性的特征，而每一项统战工作的落实却又是具体的、个别的，需要党的各级组织切实地、有温度地深入工作。统一战线的法宝地位，只有在各方面具体工作的落实中才能显现出来。正因为这个原因，党的十八大以来的统一战线理论创新发展为统一战线各个领域的工作确立了目标，指明了路径，落实了责任，从而有利全党推进统一战线工作在各领域的开展。

九、有利于促进“一国两制”和早日实现祖国统一

在新时代统一战线理论的支撑下，中华民族伟大复兴中国梦的目标凝聚了香港同胞、澳门同胞、台湾同胞和海外广大华人华侨的报国之志，激发了全世界中华儿女的家国情怀，增进了境外和海外华人同胞的自豪感和归属感，有利于促进“一国两制”和祖国早日实现统一。中国梦内含祖国统一，民族强盛。新时代统一战线理论用中国梦解读爱国统一战线，更深层次地表达了新时期爱国统一战线的内涵，也更热切地向境外、海外华人华侨发出了召唤。

一方面，新时代统一战线理论决不允许“港独”“台独”等分裂势力的目的得逞，一切阻碍祖国统一的企图都只能是妄想，都会被扫进历史的垃圾车。广大华人、华侨只有团结起来，以各种方式与分裂势力斗争，才能促进中华民族最终走向复兴的历史步伐。

另一方面，新时代统一战线理论强调中国是所有华人的靠山和后盾，符合境外和海外一切华人的利益。近年来在处理海外突发事件中，中国的所作所为得到了海内外国人和华人的普遍赞扬，并因此为身为华人而自豪。

党的十八大以来，中国频频以负责任大国的形象矗立于国际舞台的中心，全世界华人有目共睹。中国的强大不仅为华人华侨提供了依靠，更为华人华侨提供了机会。港澳台受惠于大陆的快速发展，海外华人华侨也有越来越多的人回国发展或在所在国从事与中国有关的工作。许多人在海外做出了成就却找不到归属感，现在可以回国实现自己的目标和价值。这些都清晰地诠释了新时代统一战线理论对境外和海外华人的意义。与此同时，以习近平同志为核心的党中央调整新时代港澳台海外统一战线工作的任务，加强凝聚和发挥港澳台及海外华人华侨的智慧和力量，注重维护其利益、照顾其偏好，增进其与祖国大陆的联系。针对“港独”“台独”势力一时猖獗，提出全面准确贯彻“一国两制”方针，严格依照基本法促进港澳发展，坚持“一个中国”原则发展两岸关系，为在新形势下做好港澳台海外统战工作打下了基础，有利于促进“一国两制”的推行。

十、有利于统一战线书写更加辉煌的篇章

新时代统一战线理论对统一战线的论述涵盖了统一战线的各个领域和各个方面，明确了新时代统一战线的新使命，充分体现了习近平总书记关于进一步加强和改进统一战线工作的重要思想的核心要义，为新时代统一战线发展揭开了新篇章。习近平总书记关于进一步加强和改进统一战线工作的重要思想蕴含了中国特色社会主义事业发展新方向、领导力量、依靠力量以及统一战线工作面临的新形势和统战对象的变化发展，把我们党对统一战线重要性的认识提升到了一个新的高度，为统一战线书写更加辉煌的篇章指明了方向，这对实现“两个一百年”的奋斗目标及中华民族伟大复兴具有重大意义。

新时代统一战线理论要求全党科学地认清当前统战工作面临的机遇和挑战，才能更好地发挥统一战线的法宝作用。党的十九大把统一战线纳入新时代中国特色社会主义思想和基本方略，对统一战线各个工作领域提出了新要求。新时代统一战线成员都要认真贯彻落实习近平总书记关于统一战线的新思想、新观点、新论断以及新要求，充分认识统一战线对实现中华民族伟大

复兴中国梦的重要作用。新时代统一战线理论要求全党继续坚持多党合作制度，进一步发挥好民主党派和无党派人士的积极作用；坚持党的知识分子方针政策，聚天下英才而用之；坚持两个健康主题，构建新型政商关系；坚持中国特色解决民族问题的正确道路，构筑各民族共有精神家园；坚持党的宗教工作基本方针，积极引导宗教与社会主义社会相适应；坚持“一国两制”和推进祖国统一，发挥统一战线争取人心的作用。

总之，新时代统一战线理论要求全党统一战线着眼于服务党和国家工作大局，紧紧围绕团结合作凝聚广泛共识，围绕重大决策部署献计出力，围绕维护社会和谐稳定、贡献力量，为推进中国特色社会主义事业、实现中华民族伟大复兴的中国梦发挥独特作用。党的十九大报告强调要实现伟大梦想、推进伟大事业、建设伟大工程、进行伟大斗争，这是我国在新时代正在做和将要做的事情，也是党领导全体中华儿女凝神聚力巩固和发展统一战线的动力。新时代的实践再次强有力地证明，统一战线是我们党和国家凝聚人心和力量的科学方法，是巩固党的执政基础、实现人民当家作主的有效途径。事实上，在实现伟大梦想、推进伟大事业、建设伟大工程、进行伟大斗争的进程中，统一战线正在奋力书写更加辉煌的篇章。

下编

02

新时代大统战生态机制研究

要做好新时代的统战工作，就必须构建大统战机制，形成大统战工作格局。我们从生态视阈研究大统战机制，是因为现代生态学作为自然科学和社会科学之间的桥梁，蕴含着系统、整体、联系、共生、平衡、和谐、开放、动态的思维，而以“最大公约数”为标志的治国理政新实践中的大统战理念，也内在地蕴含着这种思维。构建动态、联系、平衡的大统战生态机制，正符合马克思主义关于社会是一个动态、联系、平衡的有机整体的观点。当前很多学科已成功引入生态理论，反映了学科研究的基本趋势，正在成长中的统战学科应顺势而为。

著者认为，在构建大统战生态机制过程中，大统战机制与生态的关系是逻辑起点，也是逻辑终点。图1是生态视阈研究大统战机制的概念框架。是按理论探索范式—大统战机制来确定的研究主题，要探讨各要素相互之间的作用关系及要素内部子要素相互之间的作用关系。两只眼睛是为了提醒在研究中，一只眼睛需要关注看得见的事物；而另一只眼睛需要关注看不见的事物，提醒读者对隐性的整体结构特征的关注。通过系统地总结生态视阈在大统战机制研究中的作用，有助于开拓新的领域和研究方向，有助于从系统的角度提供解决问题的方案。

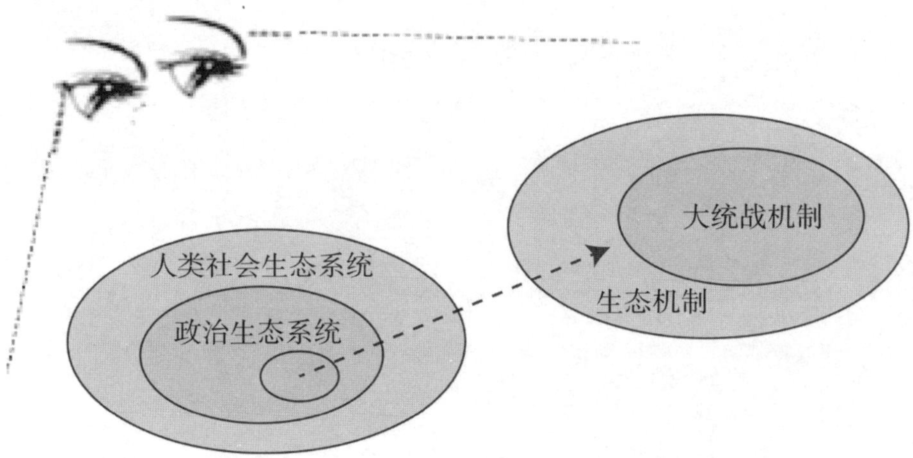

第六章　大统战机制的生态审视及证成

统战生态本身是一个动态的过程，所谓的生态审视就是从生态的整体性、共生性、联系性等方面来分析统战的发展。生态只是相对的概念，只要本着符合客观的发展规律，为人类谋福祉，以公平、正义、科学、民主的宗旨和实事求是的态度去努力，生态统战就会朝着好的方向发展，统战内部的生态也会渐渐达至均衡、和谐。

第一节　大统战机制的生态内蕴

一、大统战机制的生态整体性

（一）生态整体性原理

整体性（holism）原理是生态系统的重要原理。整体性是指系统的有机整体，其存在的方式、目标、功能都表现出统一的整体性。从生态视角看，统战中的生态整体性思维是统一战线中各政治联盟的有机联系的整体性存在状况的如实反映而形成的符合统战客观规律，从而有助于推进统一战线发展现代化的一种辩证系统思维。

（二）大统战机制要素结构的生态整体性分析

生态整体性是生态系统要素与结构的综合体现，主要有三个关系。整体大于各部分之和。当大统战机制的要素按照一定规律组织起来具有综合性的功能时，各要素在相互联系、相互制约、相互作用下便出现了不同的性质，尤其是出现了新质，这是各要素独立存在时所没有的。而大统战机制的各要素组合起来才能起到凝聚人心、汇聚力量的协同职能。②大统战机制一旦形成了系统，各要素不能再分解成独立要素而存在。如果要硬性分开的话，分解出去的要素就不再具有大统战系统整体性的特点和功能。③各要素的性质和行为对系统的整体性是有作用的，这种作用是在各要素相互作用过程中表现出来的。各要素是整体性的基础，系统整体如果失去其中一些关键性要素，也难以成为完整的形态而发挥作用。大团结、大联合是大统战的主题，只有从生态整体性角度观研复杂多变的国际国内形势，才能因地制宜、因人施策，团结一切可以团结的人，争取一切可能争取的力量，营造和平的国际环境和和谐的国内环境，形成治国理政新阶段的大统战生态机制。

（三）大统战机制生态整体性的价值研究

系统整体性的生态思维方式，既适用于自然生态系统，也适用于人类生态系统，同样适用于治国理政新阶段中大统战机制的研究。正如库恩在讨论科学范式时声明的一样，科学范式的转移通常是科学家转换研究视角，用不同的角度和方式研究所取得的。从生态整体性的视角来研究问题，似打开了一个黑箱的盖子。只有深刻把握整体性思维对于推进统战机制现代化的重大价值功能，认真反思并努力矫正长期奉行的部落式、碎片化、表象化、短期化的传统统战机制发展模式的偏颇，遵循社会生态有机联系和相互作用变化发展的规律、自然生态与社会生态交织互动的规律、区域生态合作共治的规律、生态制度约束与生态文化培育相互促进的规律，才能准确把握统战机制现代化的内在规律和科学路径，全面提升统战机制按生态客观规律推进的现代化水平。

二、大统战机制的生态共生性

（一）生态共生性原理

生态共生性是指两种生物或两种中的一种由于不能单独生存而共同生活在一起，或一种生活于另一种体内互相依赖，各能获得一定利益的现象。对共生更广义的理解，可看作是两个系统或多个系统之间的互相依存、互相制约、互相促进与共同发展的关系。广义地说，地球本身就是一个相对封闭的共生系统。最初它只是一个自然生态系统，一些植物吸引小鸟、蜜蜂等，实是欢迎这些动物帮助自己散播种子，或传播花粉。这就是物种之间的协同或共生现象。正是基于这样的生态原理，我们才不难理解森林、草原为什么能够包容飞鸟走兽等多种生物。人类社会出现后，分离为两大系统，即自然界和人类社会。两大系统同样是一种共生关系。在社会大系统中，又分出许多子系统。大统战生态系统与其子系统表现为一种共生关系。如图，生态子系统的共生性主要表现在：①子系统与子系统之间的共生：政治、经济、文化、社会、生态是相互联系的，它们之间形成一定的生态圈，构成子系统之间的共生性。②自然、社会、大统战生态系统之间以及与其子系统之间的共生性。大统战、社会生态系统统一于自然生态系统，其发展又与自然生态系统的发展息息相关。但是，有些被称为“生物入侵”的物种则是不受欢迎的，因为这样的物种不能给本来稳定、平衡的生态系统带来好处，不能与现有物种相协同，会破坏生态平衡。

（二）大统战与子系统的生态共生性分析

所谓政治生态就是政治系统中的诸要素在运行和互动中所形成和显示出来的整体状态。这种整体状态有好有坏（生态或非生态），政治生态中的各要素由消极要素变为积极要素，要素间处于协调共生、和谐互补的动态平衡状态时，就属于优良政治生态，或者叫生态化政治（生态政治），对大统战生态就有所补益，即为共生。从新中国政治生态变迁的趋势，即从革命到改革、从斗争到和谐、从专政到民主、从人治到法治、从集权到分权、从国家到社会的生态变化，可看出政治生态关系是错综复杂的，包括很多方面。通常意义上包括物质生产关系、政党关系、阶级关系、民族关系、党群政群关系、社会经济关系、利益关系等。当代中国的政治生态建设成就主要是指：在坚持以中国共产党领导为核心的政治总格局的前提下，国家政治运行的内外部环境处于和谐状态，这种政治关系、政治活动按照特定生态位和生态属性的要求，形成相互联系、相互制约、相互协调的平衡、有序的发展状态。具体来说，大统战生态的政治子系统包括国际和平、领土完整、主权独立、政治稳定、权力制约、权利保护、政治发展、阶层协调、公民参与、社会宽容、民生改善、表达自由等，渗透并作用于政治社会的每一个环节并体现出法治的政治生态文明功能。如今中国特色社会主义建设的总体布局的内容逐步得到丰富和完善，“三位一体”到“四位一体”，再到党的十八大报告提出要更加自觉地把全面协调可持续发展作为深入贯彻落实科学发展观的基本要求，全面落实经济建设、政治建设、文化建设、社会建设、生态文明建设五位一体的总体布局。在当代中国政治建设中，政治改革中的单线思维模式越来越让位于统筹兼顾的辩证思维模式，政治系统与经济系统，政治系统与社会系统之间，及政治系统内部各要素与功能之间联系性、协调性全面增强，越来越让社会共同体当中的各种主体与力量，及各种子系统之间自主性、交互性与渗透性明显增强。新中国成立以来，各种政治关系协调发展，政党关系肝胆相照，阶级阶层关系渐趋良性，民族关系和谐稳定，中央与地方关系运行顺畅，内地与港澳关系日益紧密，两岸关系和平互惠，国家与社会关系日渐协调，及国际关系趋于稳定等，共同维系了中国政治发展的良好局面，为大统战机制的建立营造了一个健康的政治平台。

经济系统是由相互联系和相互作用的若干经济元素结合成的，是具有特定功能的有机整体。中国经济体要独立于世界经济之林，对世界经济发挥主导性的影响力，必须跳出市场经济思维局限，构建中国自己独立的经济理论，构建完整的市场经济、产业经济、金融经济、文化经济战略体系。中国社会主义经济生态，应更多地考虑社会整体的效益，要考虑到国家的安全，要考虑到民族的生存发展，要考虑到民生的福祉。

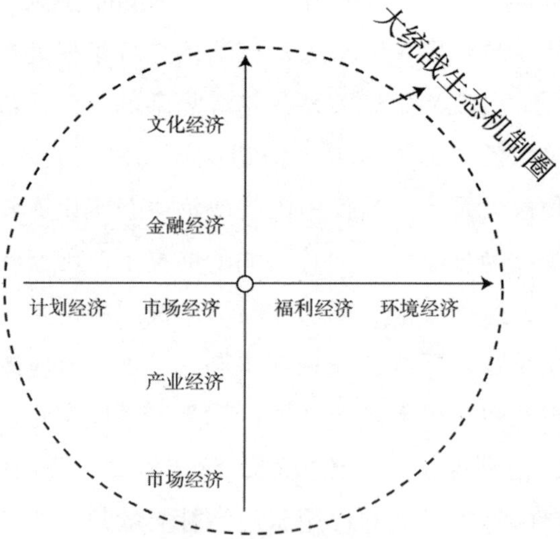

大统战生态经济系统

中国社会主义经济结构可用公式表达：社会主义经济 = 社会主义的道（计划经济 + 市场经济 + 福利经济 + 环境经济）（市场经济 + 产业经济 + 金融经济 + 文化经济）。中国社会主义经济的系统结构，以社会主义制度为道的原点。横轴经济结构，计划经济、市场经济、福利经济、环境经济，协调均衡发展；纵轴经济结构，市场经济、产业经济、金融经济、文化经济，层次递进，系统整合；在动态的世界经济时空体系中，构建正向的经济系统，实现中国经济的安全与可持续发展；为统战机制建设良好的经济环境。

斯图尔德在《文化变迁理论》中提出的文化生态是指人类的文化和行为与其所处的自然生态环境之间互相作用的关系。本文中所述的文化生态，是指与自然生态相对应的概念，强调一个社会中的文化系统内部各个具体文化组成形式之间以及与大统战系统之间的关系，因为文化本身也是大统战的一个子系统。每种文化在整个文化系统中形成不同的文化群落，通过文化链，相互影响、相互作用、相互制约，从而达到文化与大统战的均衡共生。这主要包括两个方面：第一，指文化统战与其所处的自然生态之间互相作用的关系；第二，是指构成文化整体的各个部分之间的关系，把文化统战的各部分看作是一个相互作用的整体，正是这种相互作用的方式才使得统战文化趋向平衡。文化统战的研究必须从文化生态出发，在各种环境因素与文化的互动关系中用广阔的视野来多角度、全方位地寻找统战建设的途径。当我们从生态视角来审视统战文化的发展时，不难发现文化的发展是作为文化主体的人和统战文化本身及二者之间互动的历史，构建了一个文化、环境和人的复合生态系统。建设文化统战生态就如同在池中养鱼，关键要为鱼儿营造出一个适合它们生长的环境，环境好，营养足，鱼儿自然生长迅速。如果只记得两眼盯着鱼儿，忘记给鱼儿换水、放食，鱼儿就会因为缺氧、缺食而死亡。从这个角度来说，大统战的建设，关键是要营造出一个良好的文化生态建设的环境。同时，文化生态的建设也是维护大统战生态系统的根本需要。

社会—生态系统是人与自然紧密联系的复杂适应系统，有不可预期、自组织、多稳态、阈值效应、历史依赖等多种特征。国内学者叶俊认为社会生态系统是人类智慧圈的基本功能单元，是社会系统及其环境系统在特定时空的有机结合，社会因素和自然因素纵横交错、相互作用、相互制约形成的。本文认为社会生态系统是人、自然、社会组成的复杂巨系统，社会系统和生态系统的耦合，自然环境、经济、政治、历史、文化、治理、意识复合的巨系统，这个系统里，任何一个要素的变化都会引起其他要素的连锁反应。社会生态系统理论对于我们在马克思主义理论指导下建设大统战机制，深入理解人、社会、统战工作的复杂联系提供了重要的理论参考，加强和创新了社会治理。

（三）大统战机制生态共生性的价值研究

共生总是发生在一定环境中的，在自然生态系统这个大环境下，对社会生态系统下政治、经济、文化等进行理论提炼和创新应用，有利于更广泛地实现多元社会力量的整合，同时，对于提高统一战线工作的实效性具有重大的理论价值与实践意义。

培养中华民族共同体意识，建设各民族共有的精神家园。习近平指出："加强中华民族大团结，长远和根本的是增强文化认同，建设各民族共有精神家园，积极培养中华民族共同体意识"①，要"在各族群众中牢固树立正确的祖国观、民族观，弘扬社会主义核心价值体系和社会主义核心价值观，增强各族群众对伟大祖国的认同、对中华民族的认同、对中华文化的认同、对中国特色社会主义道路的认同"②。不仅丰富发展了中国特色社会主义的共同理想，也为正确处理统战工作一致性与多样性的关系提供了实践前提。高举爱国主义、社会主义旗帜，牢牢把握大团结大联合的主题，坚持一致性和多样性统一，找到最大公约数，画出最大同心圆。坚持长期共存、互相监督、肝胆相照、荣辱与共，支持民主党派按照中国特色社会主义参政党要求更好履行职能。深化民族团结进步教育，铸牢中华民族共同体意识，加强各民族交往交流交融，促进各民族像石榴籽一样紧紧抱在一起，共同团结奋斗、共同繁荣发展。全面贯彻党的宗教工作基本方针，坚持我国宗教的中国化方向，积极引导宗教与社会主义社会相适应。加强党外知识分子工作，做好新的社会阶层人士工作，发挥他们在中国特色社会主义事业中的重要作用。构建亲清新型政商关系，促进非公有制经济健康发展和非公有制经济人士健康成长。广泛团结联系海外侨胞和归侨侨眷，共同致力于中华民族伟大复兴。

---

① 彭英明:《巩固祖国统一民族团结理论的深化发展——写在2014年中央民族工作会议一周年之际》,《中南民族大学学报》(人文社会科学版)，2015年第5期，第1–5页。

② 习近平:《扩大新疆少数民族到内地居住规模》，新华网，2014年5月29日。

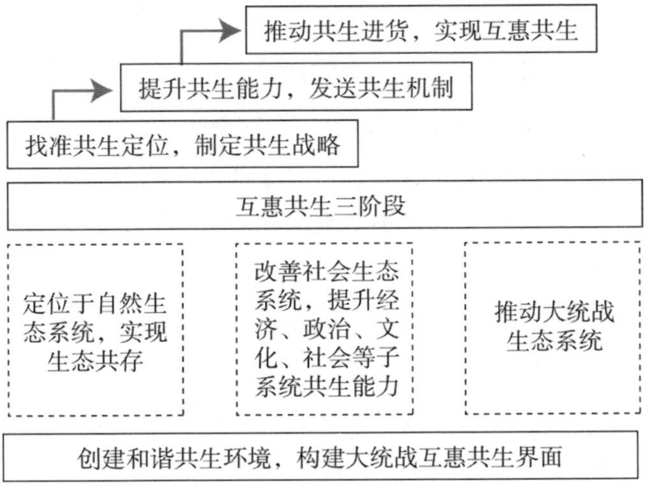

中国特色社会主义道路、理论、制度、文化不断发展，拓展了发展中国家走向现代化的途径，给世界上那些既希望加快发展又希望保持自身独立性的国家和民族提供了全新选择，为解决人类问题贡献了中国智慧和中国方案。

三、大统战机制的生态联系性

（一）生态联系性原理

生态联系即生物与生物之间以及生物与非生物之间的联系。生态环境本身就是一个不断地进行着物质、能量的信息流动和转换的大系统，并在不断进行物质、能量和信息的流动和转换过程中达到自身的平衡。生态系统的各个要素之间相互影响、相互制约。习近平总书记曾在党的十八届三中全会上作关于《中共中央关于全面深化改革若干重大问题的决定》的说明时，形象地把山水林田湖比作一个生命共同体，说明山水林田湖是一个相互依存的整体，其各个要素都是作为有机命脉体系中的一个重要环节而存在和发展的。大统战机制的运作过程，也如一个生命共同体的活动过程，体现了统一战线中各要素之间的相互依存、相互影响、相互制约的有机联系。如果将统战系统看作一个生命共同体，那么其机制运行发展就必须遵循生态系统所固有的具有内在联系的客观自然规律，从生态联系性的辩证思维出发，将系统中的各要素进行有机整合，就如治理山水林田湖要将种树、治水、护田等各种力量有机整合一样。

因此，环境的不同要素之间是普遍联系的，其中一个要素的变化都会影响其他要素的状态，这就是生态联系性原理。其实，马克思、恩格斯早就认识了这个原理，而且推及对人类社会的认识。他们认为，世界构成了一张普遍联系之网，社会有机体与生态有机体之间具有内在统一性，其治理理念、治理逻辑、治理手段以及治理方法都具有异曲同工之妙。统战工作的内涵和外延随着中国经济社会的发展在不断地发生着变化，其生态联系性在社会各个方面都有体现。

（二）大统战机制的生态联系性分析

统一战线是一个生命体，其生存和发展均依赖于生态环境。统战工作系统是社会大生态中的一个动态有机体，它受到社会大生态环境及其他因素的影响和制约，同时也对社会大生态圈中的其他生态圈产生各种作用。刘亮红（2010）认为，生态分析为民主党派的研究提供了新思路。如图，拟分析执政党与参政党的生态联系、参政党之间的生态联系、党群生态联系、中共统一战线工作系统与海内外统战成员的生态联系。运用自然生态系统给我们的启示来理解政党制度，进行生态联系性的分析。

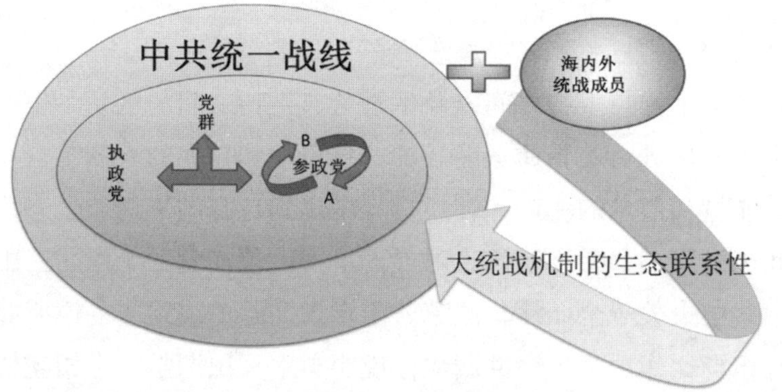

我国实行的是中国共产党领导的多党合作和政治协商制度，是马克思主义政党理论和统一战线学说与我国实际相结合的伟大创新。加强中国共产党领导的多党合作和政治协商工作的制度化、规范化、程序化建设，促进执政党与参政党的生态和谐。和谐的党群关系是党和国家长治久安的保证。党同人民群众的关系如何，关系到党的事业兴衰和党的生死存亡的一个根本政治问题。要建设和谐的党群关系，促进党群关系的和谐，加强廉政作风建设，监督制度与联系群众机制不可或缺。我们党必须加强与世界各国政党的对话、交流与合作，学习和借鉴西方先进政党的执政策略，改革不合时宜的旧体制、旧制度，与世界文明接轨，以改革的精神加强制度创新。面对当前的新情况、新问题，大统战机制创新必须解放思想、实事求是、与时俱进，坚持党的性质、宗旨、指导思想和奋斗目标不动摇，坚持党的根本组织制度和领导地位不动摇，坚持党的政治优势和优良传统不动摇的前提下，在新的实际中赋予其新的时代内涵，通过在新的实践中改革党的自身建设和党的工作中不适应、不符合新形势新任务的地方，创新党的具体领导体制、执政方式、组织制度、思维理念等，促进对外党际关系的和谐、国内执政党与参政党关系的和谐、党政关系的和谐与党群关系的和谐，形成了一个以各国执政党、参政党和重要合法在野党为主要对象的全方位、多渠道、宽领域、深层次的党际交往的良好格局。

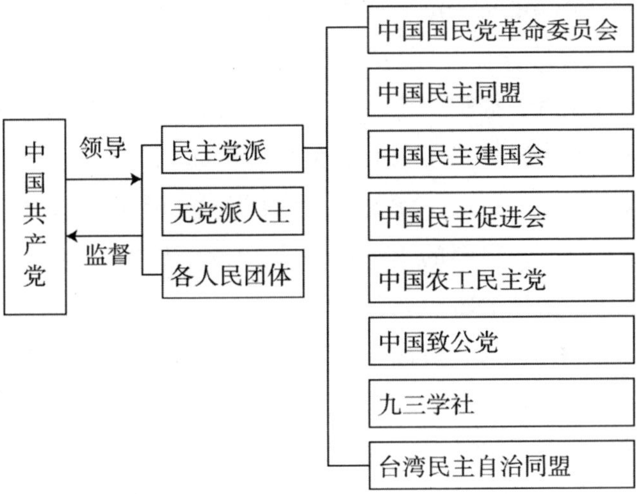

第二节　大统战机制的生态特征

一、大统战机制的政治生态性

（一）政治生态原理

政治生态学强调的是政治学的生态学，重心在“政治”二字。政治生态的实质是要维持政治权力和个人权利之间的动态平衡关系，研究政治现象、政治问题及其政治规律。习近平总书记曾在各种场合强调，要加强党的建设，必须要营造一个“山清水秀”的政治生态，“自然生态要山清水秀，政治生态也要山清水秀”[①]。党员往往担任领导干部和基层公职人员，由于其手中公共权力缺乏制度监控和制约，导致政治腐败现象，严重破坏政治生态的平衡性，既不利于维护人民群众的根本利益，有悖于我们党的“初心”，有损于“立党之本、执政之基、力量之源”，也不利于我国国家治理体系的现代化建设。在习近平治国理政新阶段，大统战机制的政治生态性对党的执政基础、执政体制、执政方式、执政资源、执政环境都提出了新的要求。

（二）党的执政基础

大统战对党的执政基础提出新要求。人民群众就是中国共产党执政的最坚实的基础。大统战最主要的职能就是在巩固工农联盟的基础上，把包括新的社会阶层在内的社会各方面的智慧和力量囊括在内，把社会主义劳动者、社会主义事业建设者、拥护社会主义的爱国者和拥护祖国统一的爱国者都列入其工作范围。而大统战凝聚人心、整合力量的职能的实现，始终离不开中国共产党的有力领导。脱离了党的广大的群众基础和阶级基础，大统战工作难以发挥效能。因而，在新的历史条件下，中国共产党要巩固工作范围广大的爱国统一战线，必然要求执政党不断扩大自身的执政基础，要求党的各级组织最大限度地把各阶层、各民族、各党派、各团体和各界人士的意志、智慧和力量凝聚到社会主义现代化建设上来。

（三）党的执政体制

大统战对党的执政体制提出新要求。改革开放以来的社会发展多样化，主要体现为社会政治经济成分、组织形式、就业方式、利益关系和分配方式的多样化发展。人们思想的差异性明显增强，价值取向、行为方式越来越多样化，竞争意识、参与意识有了很大发展。现阶段，党已经确立了基本的执政制度，但仍有待于进一步完善。完善党的执政体制包括处理好与各民主党派、无党派人士等社会各方面的关系。大统战囊括了社会各界的不同政治力量，他们都属于一定的阶级和阶层，并反映着各自阶级和阶层的利益要求。大统战成员各自利益的共同实现，需要有一个完善的党的执政体制对不同的

---

① 夏远永:《净化党内政治生态的五个辩证关系》,《中共福建省委党校学报》，2016年第6期，第36–42页。

利益要求进行有效整合，使大统战充分地发挥政治协商、民主监督和参政议政的职能，有效地发扬社会主义民主，充分地发挥民主党派和无党派人士的作用，促进决策的民主化、科学化。因此，大统战对健全和完善党的执政体制提出了新要求，这也是加强党的执政能力建设的题中之义。

（四）党的执政方式

大统战对党的执政方式提出新要求。在当前形势下，社会结构急剧变动，利益格局不断调整，长期积压的各种深层次矛盾和问题逐渐显现，社会矛盾正处于一个相对活跃期的高发期，各个阶层、各行各业和不同的社会群体都有不同的利益诉求。大统战的成员又来自社会各个阶层，他们的对外交流更加频繁，思想更加活跃，价值观多元化趋势更加明显。并且，大统战成员更直接地受到了西方思想文化中消极因素的影响，政治倾向的不稳定性增强，政治意愿更加多样化。这无疑是对我们党的执政方式的新的巨大考验。新时代统战工作的新情况要求我们党在领导统一战线的工作中不断提高执政水平，推出新方法，开拓新途径，开创党领导大统战工作的新局面。

（五）党的执政资源

大统战对党的执政资源提出新要求。党的执政资源是党在科学执政、民主执政和依法执政的前提下，为提高执政水平和增强执政能力，利用各种积极因素和有利条件的资源总和。统战资源是党的执政资源的一种，并且总是存在于特定的政治体系之中。要使统战资源充分发挥作用，执政党必须采取相应的政策措施对其加以保障，而这些相应的政策措施也是党的执政资源的内容。党的十八大以来，中央统战部聚焦党和国家中心工作，充分发挥统一战线人才智力优势，支持民主党派、工商联和无党派人士就完成“十三五”规划等重大部署、重要任务、重点问题开展专题调研、提出对策建议。建立民主党派中央直接向中共中央提出意见建议的“直通车”制度。各民主党派中央向党中央、国务院报送的许多意见建议得到采纳，被上升为国家战略和重大政策。同时，充分发挥统一战线资源丰富的优势，引导统战成员参与毕节试验区、黔西南试验区建设，鼓励非公有制经济人士积极参与“万企帮万村”精准扶贫行动，支持民主党派中央对口8个省区开展脱贫攻坚民主监督工作，发挥大统战知识密集、人才荟萃的优势，充分开发统战资源以服务于社会主义现代化建设，树立统战资源也是一种执政资源的观念，不断丰富党的执政资源，促进统战资源在党执政过程中的保护、开发和利用，并为其提供必要的保障，推动当地经济社会发展和民生改善，取得了良好社会效益。[①]

（六）党的执政环境

大统战对党的执政环境提出新要求。在改革开放和社会主义市场经济建设日渐深入的历史条件下，大统战工作的根本着眼点和着力点在于协调"政党关系、民族关系、宗教关系、阶层关系、海内外同胞关系"。五大社会关系反映在经济、政治、文化、社会和国际关系领域，构成了我国基本的社会关系。这些关系能否协调一致，必然影响到社会整体上的稳定和谐，必然牵动国家的全局。良好的执政环境是大统战工作顺利开展的重要保障，既可以调动大统战成员投身发展、建设和谐社会的积极性、主动性和创造性，为发展凝聚广泛的智慧和力量，又为协调大统战工作复杂的社会关系提供了坚实的物质、政策和制度保障。因而，大统战要求不断优化中国共产党的执政环境，营造融洽和谐的国内国际环境和氛围。优化党的执政环境已成为全党、全社会的共识。对于如何优化政治生态这个问题，有一种观点认为，这是执政党内部的事，只能通过加强执政党自身建设来解决。诚然，作为国家最重要的政治组织和政治力量，执政党是优化政治生态的领导者、组织者和主要实践者。但政治生态是一个有机体，不可能与其所处的社会环境分离。因此，优化政治生态是一项系统工程，不仅仅是执政党的事，还需要全社会共同努力，这当然包括所有统战成员的努力。

（七）参政党建设的环境

我国政党制度要突出执政党与参政党的互补性，体现出比西方国家政党制度的优越性，就必须进一步加强参政党建设。目前，我国参政党建设存在社会生态环境还不够和谐、思想建设内容趋同、组织发展局限等方面的问题。要解决我国参政党建设面临的问题，执政党要积极为参政党构建良好的政治生态环境与社会生态环境，加强多党合作的制度建设。而参政党也必须找准其在政治体系中的生态位置，在思想建设上弘扬自身历史传统，保持各自特色。人大也要为参政党参政制定一系列的法律法规，并出台《政党监督法》，为参政党参政和监督执政党提供生态保障。

---

① 习近平:《凝心聚力开创统一战线事业新局面》，人民出版社2017年版，第60–62页。

民革、民盟、民建、民进、农工党、致公党、九三学社、台盟等八个民主党派，作为参政党，各民主党派一直是中国特色社会主义事业的参与者、建设者、维护者，要自觉坚持和维护中国共产党的领导，坚持走中国特色社会主义道路的政治共识。民主党派的历史，不仅是团结自身所联系的知识分子，为争取民族独立、人民解放和实现国家富强、人民富裕的历史，也是与中国共产党肝胆相照、荣辱与共的历史。在习近平新时代中国特色社会主义思想指导下，共同承担起“为人民谋幸福，为民族谋复兴”的历史使命。党的十八大以来，以习近平同志为核心的中共中央坚持和完善中国共产党领导的多党合作和政治协商制度，坚定不移贯彻“长期共存、互相监督、肝胆相照、荣辱与共”的方针，加强同民主党派合作共事，谱写了多党合作事业发展的新篇章。中共十九大报告指出：“从十九大到二十大，是‘两个一百年’奋斗目标的历史交汇期。既要全面建成小康社会、实现第一个百年奋斗目标，又要乘势而上开启全面建设社会主义现代化国家新征程，向第二个百年奋斗目标进军。”要带领民主党派成员撸起袖子加油干，奋力谱写社会主义现代化新征程的壮丽篇章。找到最大公约数，画出最大同心圆。民盟将通过参与政党协商、开展实地调研、举办论坛研讨会、开展脱贫攻坚民主监督等活动，积极出主意、想办法，做好事、做实事，发挥好民盟在社会主义协商民主中的重要作用，担负起新时代赋予中国特色社会主义参政党的历史责任。农工党将把推进健康中国和美丽中国建设作为履行中国特色社会主义参政党职能的两条工作主线，致力于做健康中国的促进者，做美丽中国的推动者，助力实现中华民族永续发展。致公党作为参政党，将更加紧密地团结在以习近平同志为核心的党中央周围，把坚持和发展中国特色社会主义作为同中国共产党亲密合作的最大共识，不断巩固共同思想政治基础。台盟将继承弘扬坚持中国共产党的领导、爱国爱乡、反对“台独”，进一步深化两岸各领域交流交融，为巩固和发展两岸关系、实现祖国和平统一而不懈努力。要全面领会和实践新时代中国特色社会主义思想，自觉与中共中央在政治立场、政治方向、政治原则、政治道路上保持高度一致。要把握社会主要矛盾的变化，明确履行职责的着力点。要以中共为师，全面加强自身建设。多党合作七十多年来，初心不忘、风雨同舟、肝胆相照、荣辱与共的历史，久经沉淀。在习近平新时代中国特色社会主义思想的指引下，各民主党派必将与中国共产党勠力同心，凝聚起共谋中华民族伟大复兴的磅礴力量。

二、大统战机制的实践生态性

（一）生态性实践原理

生态性实践是一种实践新范式，它反对用孤立的、封闭的、线形的、静态以及简单还原的方法来探索和变革自然和社会。它是人类为了实现自身全面而持续发展的需要，在深刻认识到自身在宏观世界中所处位置的基础上，在辩证唯物论、生态学、系统科学等科学思想的指导下所进行的一切生产活动和社会活动的总和。大统战机制的运行是联系的、开放的、复杂的、动态的，其生态性实践特征十分明显。

“不忘初心，牢记使命，高举中国特色社会主义伟大旗帜，决胜全面建成小康社会，夺取新时代中国特色社会主义伟大胜利，为实现中华民族伟大复兴的中国梦不懈奋斗”，习近平总书记在开幕会上作的报告中明确提出党的十八大以来的五年里，“党和国家事业全部开创新局面”，明确提出“中国特色社会主义进入了新时代”，明确提出我国社会发展的“新矛盾”，明确提出新时代中国共产党人的“新使命”，明确提出我们党必须长期坚持并不断发展的“新思想”，明确提出坚持和发展中国特色社会主义的新方略，明确提出决胜全面建成小康社会，开启全面建设社会主义现代化国家的新征程，明确提出当前和今后一个时期我国发展的新部署，明确提出坚定不移全面从严治党的新要求，这些是过去五年习近平总书记系列重要讲话精神和治国理政新理念新思想新战略的集大成，是对习近平新时代中国特色社会主义思想的系统论述，也是我们党迈进新时代、引领新时代的政治宣言和行动指南。五年来，我们统筹推进“五位一体”总体布局，协调推进“四个全面”战略布局，“十二五”规划胜利完成，“十三五”规划顺利实施，是大统战生态型实践的典型案例。

统一战线工作服务全面建成小康社会，统一战线所构建的生态系统可以很好地协调和巩固小康社会赖以发展的和谐环境和宽松的国际氛围，统一战线对外塑造出一个良好的发展中国家的大国形象，为我国的发展创造了良好的大环境。国际社会通过多种交流机制能够及时了解中国的战略意图，在其他国家、人民了解中国、扩大朋友圈的同时，将“中国梦”与其他国家、地区人民对美好生活的追求进行有机连接。在国际援助、扶贫助困领域开展诸多务实合作，为“一带一路”发展战略营造友华、亲华的国际大环境。国内，在统一战线工作的推广和统一战线思想主流的引导之下，可以集聚社会各方智慧和资源，推动创新、协调发展，并统一公众对于发展理念的认知认同，形成思想与意志合力，万众一心地谋创新、促协调、走绿色可持续之路，保持开放的态度，最终惠及民众，让人民群众共享发展，共同推进全面小康社会的建设路程。

统一战线工作服务全面深化改革。首先，在全面深化改革中发挥统一战线参政议政、建言献策的优势。这能形成一种广开言路、各抒己见的民主氛围，取得一种广纳群言、广集民智、群策群力、集炼良策的政治效果，起到协调关系、化解矛盾、增进共识的作用。其次，可以在全面深化改革中发挥统一战线人才荟萃、智力密集的优势。全面深化改革是艰巨复杂的事业，需要社会各界全体成员齐心合力、发挥聪明才智。统一战线系统汇集了各个行业的代表人士、社会精英和专业人才，统一战线发挥其人才荟萃、智力密集、素质优良等优势和人才库、智囊团的功能，为全面深化改革出智献策，提供智力支持。民主党派的成员具有较强的社会影响力和参政议政能力，能够通过统一战线为深化改革提出真知灼见，推动各项建设事业改革创新。在全面深化改革中发挥统一战线协调利益、增进和谐的优势。四个全面战略布局深刻认识到中国改革开放是一场深刻而全面的社会变革，从总体规划入手，我们的改革要更加注重系统性、整体性、协同性，同时也要敢于涉深水区、啃硬骨头。全面深化改革的目标和任务十分艰巨。统一战线为社会各阶层、各群体之间的交流、理解提供平台，以广泛的形式和途径促进和服务于公民的政治参与，最大限度地反映和协调社会各方面的利益诉求。统一战线发挥自身的优势和作用，有利于推进全面深化改革，进一步创新社会发展模式、完善社会制度体系、释放社会机制活力、协调社会利益关系、化解社会具体矛盾、助推社会文明进步。

统一战线工作服务全面依法治国。党的十五大就提出了依法治国，致力于社会主义民主与法制的健全就是当时的爱国统一战线重要任务之一。随着法制建设的不断发展，法治成为国家治理的基本表现。统一战线在国家治理的各个环节中完善并实践了法律的规范化治理，虽然这一过程是辅助性的，但是正是因为统一战线的存在，使得大众的法律思维、法律精神、法律理念、法律品质以一种柔性的姿态得以进一步地贯彻，以法律途径及方式处理改革发展稳定之间的关系，处理关系国计民生的诸多事宜。一方面，在统一战线领域中都将法治化作为开展工作的出发点，运用法治思维、秉承法律精神、习惯法治规则，推进统一战线具体工作，营造一个有序的、精准的、具有法治理念的统一战线工作氛围，以实际行动为依法治国做出表率。另一方面，统一战线应当摒弃传统的“政治管制型”的工作方式，即只重视开展上层统战工作，在目标设置中只“求同”，忌讳“存异”，这是政治挂帅的高压形式，与法治话语下的国家治理格格不入，需下功夫调整。

统一战线工作服务全面从严治党。自党的十八大至今，中央始终坚持“打虎拍蝇”毫不松懈，力度可谓空前。全面从严治党就是要为全党树立规矩、铁面执行规矩，杜绝腐败，杜绝松懈，永葆共产党的生命力。从严治党就是要从严教育、从严管理、从严监督、从严惩戒。作为监督中国共产党的力量之一，统一战线作用发挥得好不好直接影响着民主监督的成效。通过统一战线，与人民群众保持血肉联系。统一战线在为中国共产党管理党员，尤其是管理好党员干部方面，能够发挥独特作用。在人民群众的汪洋大海中，统一战线与人民群众长期保持畅通的沟通渠道，不仅了解了人民群众所思所想、聚集了人心，更为重要的是以统一战线的方式为从严治党织了一张民主监督的大网。另外，民主党派的党外监督有其独有的优势，统一战线汇聚了不同党派的建议与意见，民主党派汇聚了专业的知识技能人才，有影响力、有社会地位的意见领袖，这些特殊群体的声音极具代表性，统一战线工作就是要汇集这些“爱之切则责之深”的忠言，包容建设性意见和建议，改进党的工作作风并加强党的执政能力。总的来说，统一战线工作的优良传统和特殊品质，为人民、为国家的事业做出了巨大贡献。在“四个全面”战略布局之下，统一战线工作有了新的方向和新的抓手，必将服务“四个全面”，为中华民族伟大复兴、为实现“两个一百年”凝心聚力。

（二）服务“五位一体”总体布局的政策推进

中国特色社会主义总体布局遵循人类社会发展的基本规律，必然伴随着社会的发展而变化。改革开放以来，中国特色社会主义总体布局经历了从“两个文明”一起抓，到“三位一体”总体布局协调发展，再到全面推进“四位一体”总体布局，最后是统筹推进“五位一体”总体布局的确立，经历了三次历史演变，形成了四种形态的总体布局思想。理论指导实践，品味引导行动。党的十八大报告对推进中国特色社会主义事业做出“五位一体”总体布局。其中，经济建设、政治建设、文化建设、社会建设、生态文明建设——着眼于全面建成小康社会、实现社会主义现代化和中华民族伟大复兴。不仅如此，党的十八大以来，在以习近平同志为核心的党中央坚强领导下，全面贯彻落实新发展理念，我国经济保持了稳中有进、稳中向好的发展态势，经济保持中高速增长，供给侧结构性改革深入推进，农业现代化稳步推进，城镇化率年均提高一点二个百分点，创新驱动发展战略大力实施。高品位的文化建设为实现党和国家事业历史性变革做出的贡献更加突出，与党和国家全局工作同步同向、向上向好的状态更加突出，产生了强大的价值引领力、文化凝聚力和精神推动力，增强了文化自信，为社会主义文化强国建设提供了坚实支撑。全面推进社会建设，紧紧围绕着力改善民生和创新社会治理两大重点，人民群众生活水平稳步提高，生活质量不断提升，社会大局和谐稳定，人民群众的幸福感普遍增加，社会建设走向更基层社会治理也取得一定成效。

统筹推进新时代“五位一体”总体布局，不仅要在理念上升华认识，而且必须在实践中加以落实。新时代坚持和发展中国特色社会主义基本方略提出了“十四个坚持”，其中五个坚持是对“五位一体”的深刻阐述，必须全面贯彻。经济建设方面，坚持新发展理念，以供给侧结构性改革为主线，推动经济发展质量变革、效率变革、动力变革，不断解放和发展社会生产力。政治建设方面，坚持人民当家作主，把我国社会主义民主政治的优势和特点充分发挥出来，保证人民当家作主落实到国家政治生活和社会生活之中。文化建设方面，坚持社会主义核心价值体系，发展中国特色社会主义文化，坚持创造性转化、创新性发展。社会建设方面，坚持在发展中保障和改善民生，在发展中补齐民生短板、促进社会公平正义，在幼有所育、学有所教、劳有所得、病有所医、老有所养、住有所居、弱有所扶上不断取得新进展。生态文明建设方面，坚持人与自然和谐共生，形成节约资源和保护环境的空间格局、产业结构、生产方式、生活方式，还自然以宁静、和谐、美丽。

（三）服务“四个全面”战略布局的协调推进

四个全面，即全面建成小康社会、全面深化改革、全面依法治国、全面从严治党。“四个全面”战略布局是以习近平同志为核心的党中央治国理政战略思想的重要内容，闪耀着马克思主义与中国具体实际相结合的思想光辉，饱含着马克思主义的立场、观点与方法。冯国权、任立亚等著的《引领民族复兴的战略布局:“四个全面”学习读本》指出，“四个全面”是新时代党对治国理政实践的科学总结，开辟了党对治国理政认识的新境界。它是“确立由大国向强国发展的总目标”，“开启治国理政新途径的总钥匙”，“打造中国优势新篇章的总方针”，“判定使命担当新标准的总依据”。许耀桐指出，“四个全面”是习近平站在历史和时代的高度，坚定中国自信、发展中国道路、优化中国模式、总结中国经验，带领人民推进中国特色社会主义事业更大发展的进程中做出的全新布局，既是中国特色社会主义的一个理论创新成果，又是中国特色社会主义的一次实践。①

从党的十九大到二十大，是“两个一百年”奋斗目标的历史交汇期。我们既要全面建成小康社会、实现第一个百年奋斗目标，又要乘势而上开启全面建设社会主义现代化国家新征程，向第二个百年奋斗目标进军。

（四）服务“五大发展理念”的基本落实

十八届中央委员会第五次全体会议强调，实现“十三五”时期发展目标，破解发展难题，厚植发展优势，必须牢固树立并切实贯彻创新、协调、绿色、开放、共享五大发展理念。从理念内涵和逻辑上看，协调、绿色、开放、共享方面都离不开创新，创新、协调、绿色、开放的最终目的和本质就是为了全面实现共享，协调也必须贯穿于其他四大发展之中。因此，“五大发展”本身就是一个互为依存、相辅相成和相得益彰的整体。从执行操作上看，必须将“五大发展”统一贯彻落实、整体推进，不得偏废或替代。统一战线工作既要重视上层设计，更应重视下层落实，不能选择性执行。要避免新瓶旧酒，表面上树立和贯彻“五大发展”理念，实际上仍然沿袭习惯性工作思路，曲解“五大发展”理念本意而执行偏离。

创新，包括理论创新、制度创新、科技创新、文化创新等各方面的创新，是发展全局的核心，也是统一战线为发展服务的核心。创新发展能为经济可持续发展提供源源不断的动力，充分发挥统一战线人才智能核心作用，大力

① 许耀桐:《“四个全面”：习式治国理政的重大战略布局》,《人民论坛》，2015年7月，第53页。

推行科教兴国战略方针，充分发挥统一战线在“双创”中的地位和作用。目前我国统一战线在智力集中和人才汇集方面具有独特优势，可以通过各种统战活动，如座谈、调研、学术会议、培训等方式，把各条战线上的知识分子的创新智力有效汇聚在一起，形成创新方案并直接投入到生产实践当中，对于一些政策性的研究建议可以作为提案供党和国家参考、采纳并形成国家建设的具体方针政策在不同地区进行推广。

协调是经济社会健康发展的内在要求。当前，重点是注重城乡协调发展、东中西部协调发展、“四化”同步发展、不同产业结构的协调发展、硬实力与软实力的协调发展，这些都是我国经济社会发展的现实诉求。协调重大关系是我国统一战线的优势功能，在调整新时代新阶层关系、不同党派之间关系、民族宗教关系、网络媒体关系、社会矛盾关系等方面起着关键性作用。

绿色发展是在解决人与自然和谐基础上的经济发展，以习近平同志为核心的党中央高度重视生态环境，提出了宁愿GDP发展慢一点也应阻止环境污染势头不断扩大和能源过度耗费的观点。我国统一战线应在节约资源、保护环境、科学技术和监督管理等方面履职尽责。比如，利用智力密集和人才密集的优势对长江黄金经济带发展过程中的水土和动植物等进行保护。我国环境资源很多分布在少数民族地区，如青海三江源、内蒙古呼伦贝尔大草原、西双版纳和大兴安岭森林区等，需要统一战线充分发挥协调民族关系的功能，让各民族都重视对生态环境的保护和绿色经济的发展。统一战线成员应切实转变先前固化的不符合绿色发展要求的价值观念、思维方式。

随着经济全球化的深度调整和深入发展，我国经济发展的国际环境不容乐观，这种阶段性的深刻变化严重影响了国内外经济良性互动的实现。正因如此，更要充分发挥统一战线在开放中的法宝作用，加快发展经济的内外联动促进供给侧改革。为了在国内外构建广泛的利益共同体，促使国家经济繁荣昌盛，就必须发展更高层次的开放型市场经济。中国发展必须积极参与到世界发展之中，通过互动和深度融合建立互利合作的现代经济格局。在杭州举行的G20峰会上，习近平要求积极参与全球经济治理和公共服务的供给，打破各国之间的贸易壁垒。开放包括国内开放和国际开放。在国内开放上，开辟内陆各省之间联运交通走廊，通过科学合理的投资引资建立区域开放型经济，科学划定地区联合的经济功能区，引领、带动和帮扶贫困地区找到致富之路。要不断深化内地和港澳台地区的经济合作发展。在国际开放上，应加强沿海地区和沿边地区口岸基础设施建设，发展外向型跨境经济产业集群。通过"一带一路"使我国和国外加大商贸往来，在经济上形成互利共赢的局面。

统一战线应为人民共享成果做贡献。共同富裕是社会主义本质要求，依靠人民努力创造的劳动成果最终是为了人民，人民共建共享成果本身就体现了社会主义公平正义的分配原则。例如，精准扶贫方略的强力贯彻就是实现共同富裕的现实见证。当前我国统一战线应积极参与现代化建设发展，配合党委政府搞好扶贫攻坚的具体实施工作是应尽职责。各民主党派和工商联在统战部门的领导下，应主动帮助贫困地区贫困人口迅速脱贫。此外，改革开放以来在社会主义市场经济运作下贫富差距较大，表现在行业、阶层、地区、民族等各个领域。虽然近几年贫富差距有所减小，但我国统一战线仍需绷紧缩小贫富差距这根弦。坚持统筹发展并在收入分配方面进行全面深化改革。

统战干部在实践中不能畏惧困难、害怕麻烦、对关键性执行采取回避态度，要纠正和不断完善解决不符合"五大发展"理念的种种现实问题，例如：政策体系、法制机制、方式方法还需进一步创新；着力改变资源分配不均、开放性包容度不够、重发展轻生态的现象。

第三节　大统战生态系统

从生态视角看，大统战生态系统具有多样性、层次性和整体性的特征。本节只讨论两个层面，基于人类共同命运的大统战生态系统和基于中华民族共同命运的大统战生态系统。

一、国际大统战生态系统（人类命运共同体）

著者在第三章提出，人类命运共同体为统一战线提供了最大"同心圆"。在这里，从生态的角度，把人类命运共同体作为国际大统战生态系统来阐述。

（一）国际大统战生态系统理念

国际大统战生态系统，也可看作大统战宏生态系统。国际大统战生态系统具有统一战线所具备的相同宗旨和功能，视野更为广阔，团结、联合的范围更为宽广，并以追求全球范围内人类最大限度的共同利益为最高宗旨。著者认为，人类命运共同体将逐渐成为国际统一战线的宗旨和价值引领。人类命运共同体为构建新时代国际统一战线提供了一种全新的思维方式和更趋合理的价值理念，为构建大统战宏生态系统创造了一系列新载体。以人类命运共同体理念为价值引领、以人类共同利益为坚实基础的新时代国际统一战线为基石，加入生态理念，由此可构成大统战宏生态系统。

（二）国际大统战生态系统理念分析

"人类命运共同体"是近年来中国政府反复强调的关于人类社会的新理念，成为构建国际大统战生态系统的理论基础。2011年《中国的和平发展》白皮书提出，以"命运共同体"的新视角寻求人类共同利益和共同价值的新内涵。党的十八大报告强调，人类只有一个地球，各国共处一个世界，要倡导树立"人类命运共同体意识"。此后，人类命运共同体理念引领着中国特色社会主义的"开放发展"之路，贯穿于党中央统筹国内国际两个大局的全过程之中。党的十九大报告进一步把"坚持推动构建人类命运共同体"作为新时代中国特色社会主义的14个基本方略之一。所谓国际统一战线，指在国际范围内，不同的社会政治力量（包括阶级、阶层、政党、集团、民族和国家），在寻求共同利益的基础上为实现一定的共同目标而结成的团体、政治联盟或联合行动组织。只要具有统一战线的宗旨和功能，如"大联合大团结"的对象、"团结一切可以团结的力量"的对象、"调动一切积极因素"的对象等，都可以成为国际大统战生态系统的组成部分。党的十九大呼吁"各国人民同心协力，共建人类命运共同体，建设持久和平、普遍安全、共同繁荣、开放包容、清洁美丽的世界"①。人类命运共同体意识是指"在追求本国利益时兼顾他国合理关切，谋求本国发展中促进各国共同发展，更加平等均衡的新型全球发展伙伴关系，同舟共济，有责共担，促进人类共同利益"②。人类命运共同体理念所包含的全球价值观充分体现了当今全球化日益深化的社会发展

---

① 习近平：《决胜全面建成小康社会 夺取新时代中国特色社会主义伟大胜利——在中国共产党第十九次全国代表大会上的报告》，人民出版社2017年版，第58–59页。

② 胡锦涛：《坚定不移沿着中国特色社会主义道路前进 为全面建成小康社会而奋斗——在中国共产党第十八次全国代表大会上的报告》，人民出版社2012年版，第47页。

趋势，回应了新的时代需求，回应了生活在同一个星球上的各个国家、民族与地区谋求共同发展目标、追求共同利益的内在要求。正是这种随着全球化的深度发展而形成的共同价值目标、共同利益追求和共担的责任，成为形成命运共同体的坚实基础。当然，人类命运共同体并不否定民族、国家、家庭、家族、地域、社区等各种共同体的存在及相应主权、利益和责任，而是在这些共同体的基础上寻求更高程度的合作和共赢，且这种合作和共赢是以某种程度的命运关联为特点的。党的十九大报告提出了构建人类命运共同体的基本原则[①]：

其一，要相互尊重、平等协商，坚决摒弃冷战思维和强权政治，走对话而不对抗、结伴而不结盟的国与国交往新路。

其二，要坚持以对话解决争端、以协商化解分歧，统筹应对传统和非传统安全威胁，反对一切形式的恐怖主义。

其三，要同舟共济，推进贸易和投资自由化、便利化，推动经济全球化朝着更加开放、包容、普惠、平衡、共赢的方向发展。

其四，要尊重世界文明多样性，文明交流超越文明隔阂、文明互鉴超越文明冲突、文明共存超越文明优越。

其五，要坚持环境友好，合作应对气候变化，保护好人类赖以生存的地球家园。

从生态视角看，人类命运共同体实际上也是一个生态体系。著者认为，上述五项原则也是构建国际大统战生态系统的基本原则。新时代国际统一战线的具体内涵应包括：建立平等相待、互商互谅的伙伴关系；营造公道正义、共建共享的安全格局；谋求开放创新、包容互惠的发展前景；推进和而不同、兼收并蓄的文明交流；构建尊崇自然、绿色发展的生态体系。可以说，新时代国际统一战线成员间形成一种新型的命运共同体关系，这是一种超越以往一切形式的国际统一战线的新型关系。当今，人类社会作为一个相互依存的共同体已经成为共识。国际社会发生的如1997年亚洲金融危机、2008年国际金融危机、2020年全球合作共抗新冠肺炎疫情等事件使人类社会相互依存的需要更加强烈。在经济全球化的背景下，各国发生的危机通过全球化机制的

① 习近平:《决胜全面建成小康社会 夺取新时代中国特色社会主义伟大胜利——在中国共产党十九次全国代表大会上的报告》，人民出版社2017年版，第59页。

传导，迅速波及全球以及国际社会整体。面对这些危机，国际社会需要“同舟共济”“共克时艰”，以相互依存为基础的“国际权力观”深入人心。人类命运共同体意识超越种族、文化、国家与意识形态的界限，为思考人类未来提供了全新的视角，为构建新时代国际统一战线提供了全新的价值引领。

以人类命运共同体意识为价值引领的国际统一战线，是史无前例的、覆盖面最广、涵盖范围最大的世界性活动舞台，是大统战机制宏生态体系的基本模型。它超越了历史上一切时代的国际统一战线，将国际统一战线谋求的“人类共同利益”提升到了前所未有的高度、广度和深度。首先，人类命运共同体意识为我们理解和处理当今时代面临的各种问题、着力构建新时代国际统一战线，提供了一种新的思维方式和更趋合理的价值理念。以人类命运共同体意识为价值引领的国际统一战线突破了一切种族、文化、国家与意识形态的界限，有更高的全球视野和更广阔的全人类胸怀。在价值基础上，“人类命运共同体意识”以“人类共同价值观”摈弃了冷战意识、敌对阵营的划分；在实现途径上，“人类命运共同体意识”以“文明交流、互鉴、共存观”超越了“文明隔阂、冲突、优越观”；在价值追求上，“人类命运共同体意识”以“对话协商、合作共赢、包容发展”超越了“单边主义”。以“人类命运共同体”为价值引领的新时代国际统一战线不寻求全球主导权，而是旨在建立一个广泛的全球伙伴关系。其次，以人类命运共同体意识为价值引领的新时代国际统一战线比以“和谐世界”理念为引领的国际统一战线更有深度。“人类命运共同体”作为全人类的共同体，是人类共同体发展的最高形式。利益共享、责任共担、命运与共，是“人类命运共同体”的内在要求。人们生活在历史和现实交汇的同一个时空里，越来越成为你中有我、我中有你的命运共同体。并且全球化的传导机制把人类居住的星球变成了“地球村”，各国利益的高度交融使各个国家无不成为全球共同利益链条上的一环，任何一环出现问题，都可能导致全球利益链中断。这样的大背景促使人们对“共同利益”进行反思：人类已经处在“地球村”中，各国公民同时也是“地球公民”，“全球利益”同时也是“自己的利益”。一个国家采取有利于全球利益的举措，也就同时维护了自身利益。这就是“人类命运共同体”理念包含的“共同利益观”。其三，全球化凸显全球性问题，全球性问题的解决需要各国政府、政府间组织、非政府组织、跨国公司等多元行为主体的共同参与和协商，并必将呼吁强化国际规范和国际机制，以形成一个具有机制约束力和道德规范力、能够解决全球问题的“全球机制”。这就是“人类命运共同体”理念包含的“全球治理观”。这也就是党的十九大报告所指出的“倡导国际关系民主化，国家不分大小、强弱、贫富一律平等”的“共商共建共享的全球治理观”。[①] 以上三方面事实和“可持续发展观”共同把“人类共同利益”推向前台。

涵盖“国际权力观”“共同利益观”“全球治理观”和“可持续发展观”等理论内涵的“人类命运共同体”，实现了丰富的价值引领作用。这种价值引领作用集中体现为2015年9月28日习近平出席第七十届联合国大会一般性辩论时提出的“五位一体”价值观。一是主权平等。国家不分大小、强弱、贫富，主权和尊严必须得到尊重。内政不容干涉，都有权自主选择社会制度和发展道路。要坚持主权平等，推动各国权利平等、机会平等、规则平等。这是数百年来国与国规范彼此关系的最重要准则，是联合国及所有国际机构、组织必须共同遵循的首要原则。二是对话协商。21世纪以来，随着原有的“两极对立”的国际秩序日益失去效力，冷战思维也应逐渐退出历史舞台，取代冷战意识的应是多种社会力量和谐发展的对话协调意识。当今世界是包括社会主义制度在内的不同社会制度和平共处、相互竞争的世界，各种社会矛盾必然共处一体，要倡导以对话化解争端、以协商消弭分歧。国家和，则世界安；国家斗，则世界乱。我们要完善对话协商的机制和手段，有效化解纷争和矛盾，消弭战乱和冲突。三是合作共赢。中国是首个将合作共赢作为处理国与国关系目标的大国。要坚持多边主义，不搞单边主义。国家之间要构建对话不对抗、结伴不结盟的伙伴关系。要秉持和平、主权、普惠、共治原则，把深海、极地、外空、互联网等领域打造成各方合作的新疆域，而不是相互博弈的竞技场。要把合作共赢理念体现到政治、经济、安全、文化、生态、卫生等对外合作的方方面面。四是共享共建。各国要同舟共济，而不是以邻为壑；要坚持共建共享，建设一个普遍安全的世界，而不是相互对峙、尔虞我诈；要维护世界贸易组织规则，维持开放、透明、包容、非歧视性的多边贸易体制，推动建设开放型世界经济，而不是搞贸易保护主义、画地为牢；要坚持交流互鉴，建设一个开放包容的世界，而不是形成封闭、单边的世界。

① 习近平：《决胜全面建成小康社会 夺取新时代中国特色社会主义伟大胜利——在中国共产党十九次全国代表大会上的报告》，人民出版社2017年版，第60页。

五是可持续发展。坚持绿色低碳，建设一个清洁美丽的世界。要倡导绿色、低碳、循环、可持续的生产生活方式，共同推进2030年可持续发展议程，不断开拓生产发展、生活富裕、生态良好的文明发展道路。“五位一体”价值观构成了“人类命运共同体”的丰富内涵。其中，主权平等是基础，对话协商是基本原则，合作共赢是核心，共享共建与可持续发展是目标。[①]构建“人类命运共同体”，是建立平等相待、互商互谅的伙伴关系；营造公道正义、共建共享的安全格局；谋求开放创新、包容互惠的发展前景；促进和而不同、兼收并蓄的文明交流；构建尊崇自然、绿色发展的生态体系。

二、中华民族大统战生态系统（中华民族共同体）

（一）中华民族大统战生态系统理念

中华民族大统战生态系统，包括国家层面的统战工作和地方（含各类单位）的统战工作。相对大统战宏生态系统，此为大统战的中生态系统和微生态系统。站在中华民族立场，如果画一个生态圈，那么，国际统战是外圈，而中华民族大统战系统应处于核心地位。而相对于国际统战，称国内统战欠妥，因为全世界的华人华侨，也是我们统战工作的重要成员（或称重要对象）。所以著者将其称为中华民族大统战生态系统。21世纪上半叶，中华民族大统战的总目标，就是中华民族的伟大复兴。

（二）中华民族大统战生态系统的理念分析

大统战机制中生态系统从范围上说，就是中华民族共同体。当然，“大统战”工作首先要致力于中华民族命运共同体的构建，致力于中华民族的伟大复兴。但中国的发展离不开世界，世界的发展也需要中国的贡献。党的十八大以来，以习近平同志为核心的党中央以前所未有的决心和魄力，先后提出并形成了全面建成小康社会、全面深化改革、全面依法治国、全面从严治党的“四个全面”战略布局。习近平在出访中亚和东南亚国家期间，提出共建“丝绸之路经济带”和“21世纪海上丝绸之路”的重大倡议，这受到了国际社会的高度关注。2015年2月，中央成立了“一带一路”建设工作领导小组。随着《推动共建丝绸之路经济带和21世纪海上丝绸之路的愿景与行动》

① 《习近平讲话确立的中国特色大国外交系列理念》，《人民日报》，2016年2月19日。

（以下简称《愿景与行动》）的制定和颁布，[①]“四个全面”战略布局与“一带一路”建设形成一个整体，共同勾勒出了中国创新发展、和平崛起的全景画面。习近平总书记在中央统战工作会议上指出：“在革命、建设、改革各个历史时期，我们党始终把统一战线和统战工作摆在全党工作的重要位置，着力团结一切可以团结的力量、调动一切可以调动的积极因素，为党和人民事业不断发展营造了十分有利的条件。现在，我们党所处的历史方位、所面临的内外形势、所肩负的使命任务发生了重大变化。越是变化大，越是要把统一战线发展好、把统战工作开展好。”[②]这就意味着，无论是“四个全面”战略布局的铺展，还是“一带一路”建设的实施，都离不开统一战线的坚实保障。统一战线作为党和国家建设事业的重要组成部分，在服务“一带一路”建设过程中具有特殊优势和重要作用。统一战线是夺取革命、建设、改革事业胜利的重要法宝，是增强党的阶级基础、扩大党的群众基础、巩固党的执政地位的重要法宝，是全面建成小康社会、加快推进社会主义现代化、实现中华民族伟大复兴中国梦的重要法宝，当然也是当前我国积极推进“一带一路”建设的重要法宝。我们党始终把统一战线摆在全党工作的重要位置，团结一切可以团结的力量，调动一切可以调动的积极因素，使之成为具有深刻历史印迹、铸就不朽历史功勋的“传家宝”。“一带一路”建设是一个全面系统的长期工程，须依托高素质劳动者、专门人才和拔尖创新型人才的齐心协力。只有通过构建一支规模大、结构优、素质高的人才队伍，充分调动各类人才的积极性、主动性和创造性，才能在推进“一带一路”建设中真正有所作为。统一战线集聚了各阶层、各党派、各民族和各领域的大量人才，无论是探讨制定“一带一路”建设的前期理论架构，还是深入“一带一路”前沿和一线实地考察调研，形成有分量的调研成果；无论是立足区域优势，绘“一带一路”沿线特色经济发展蓝图，还是进一步扩大对外开放，谋划同“一带一路”沿线国家间的政治、经济、文化深度交流；无论是转变经济增长方式，推进经济结构的战略转型，还是提高全民族的思想道德、科学文化素质和实现人的全

① 何茂春、张冀兵、张雅芃等：《“一带一路”战略面临的障碍与对策》，《新疆师范大学学报》（哲学社会科学版），2015年第3期，第36–45页。

② 《习近平：巩固发展最广泛的爱国统一战线 为实现中国梦提供广泛力量支持 俞正声出席会议并讲话》，《人民日报》，2015年5月21日。

面发展，都需要统一战线各方面人才的广泛参与、积极投入。能用众智，无畏于圣人；能用众力，无敌于天下。因而，充分发挥统一战线人才济济、人脉资源丰富等优势，引导广大统战成员长期为“一带一路”建设建言献策，积极投身“一带一路”建设。随着我国改革开放和社会主义事业的进一步发展，我国已经全面驶入了全球治理的运行轨道。党的十八届五中全会通过的《中共中央关于制定国民经济和社会发展第十三个五年规划的建议》，把“坚持统筹国内国际两个大局”作为我们国家“十三五”时期如期实现全面建成小康社会奋斗目标、推动经济社会持续健康发展必须遵循的六条原则之一。特别是随着“四个全面”战略布局的逐步推进和“一带一路”建设的稳步铺展，统一战线围绕中心、服务大局的重要性越来越不可替代。因而，统战工作的开展，除了要牢固树立并切实贯彻创新、协调、绿色、开放、共享的五大发展理念以外，还要做到两条腿走路，统筹兼顾国际国内两个大局，凸显出“大统战”思维。

（三）中华民族大统战生态系统的理念价值

概观人类思想史库，诸多重大命题都归于对人类自我本质的维系和发展，即对人类命运和价值的基本思考，这也是中华文明形成的重要因子。“人类共同价值”被引入大统战生态理念使得统一战线具有了构建中华文明的重大意义。中华民族向来有着追求“一统”的精神基因，从而以历史演变的方式铸就了“中国”的现实格局，提供了多民族国家发展演进的成功范式，在世界文明中独树一帜。在时代语境下，建设中华民族命运共同体，要用“四个全面”来解读，要用“五位一体”来解读，要用“两个一百年”来解读，要用“中国梦”来解读，要用“同心圆”来解读，这也是“大统战”格局得以体现的重要因素。在这样的格局下，统战事业的视野更广阔、立场更高远，政治、经济、文化、社会、国防、外交各个领域都在统一战线谋划的范围之内，由此形成从海内到海外的空前广泛的联盟。构建中华民族命运共同体的可行性，导出了构建人类命运共同体的可能性，是“人类共同价值”支撑下的必然结果，二者又共同建基于人性的本质和文明的意志，为“大统战”格局在价值导向上进行了有益的规整。总而言之，由传统文化输导而出的人类共同的价值理念植入统一战线，可以理清中华民族大统战生态系统理念的基本脉络，可以激发“大统战”事业最原初的生命力，可以扩展“大统战”格局的宏观视野，从而有助于回应新时代统战事业发展中的诸多困惑。党的十八大以来，统一战线为更多人了解和熟悉，统战工作逐步置于国家发展的战略大局之中。"大统战"格局下，统战方式推陈出新，统战内容层次分明，统战对象精准细化，统一战线各方面拓展延伸。只要我们站稳马克思主义立场，抓住统一战线维护和平、推动发展、保障公平、倡导正义、促进民主、体现自由的"魂"，就能使中华民族大统战生态体系包罗万象、自由发挥。所谓大统战"格局要大"，即是如此。

总之，统一战线是一个生命体，其生存和发展均依赖于生态环境。统战工作系统是社会大生态中的一个动态有机体，它受到社会大生态环境及其他因素的影响和制约，同时也对社会大生态圈中的其他生态圈产生各种作用。研究大统战机制创新，应引入生态理论与方法，但又不能简单地将其当作工具和手段，而应将其作为人类文明的组成部分，融入大统战机制各方面和全过程，突出生态价值，强调关系性、动态性、整体性生态思维，促进统战理论与实践深化发展。当我们把视野从局部考察转向整体观照，创造性地提出大统战生态系统的时候，我们也发现，大统战生态系统的各个层面之间存在着血肉相连的关系。大统战之大，就在于有全局眼光。做大统战工作，即使做基层的、微观的统战工作，也必须有世界眼光、中国做派。当然，从生态视角看，还必须具备适宜统战工作的政治生态和社会生态。

第四节　统战研究引入生态理论与方法的原则

一、"本质性"原则

所谓"本质性原则"，是指必须坚持和维系原事物所具有的根本性及本质属性特征。统一战线的本质性，主要是指团结，为了一个共同的目的团结一切可团结的力量。在借鉴其他学科的理论与方法时必须牢牢坚持和维系大统战机制的本质问题，不论引入什么样的概念、范畴，包括分析框架，作为根本属性的大统战机制本质是不能动摇改变的。例如，坚持党的领导是绝对不能动摇的。运用生态视阈来审视大统战机制，同直接用生态学的有关原理与方法来借鉴性地分析大统战机制的理论与时间问题，有着根本上的区别。用生态视阈来分析大统战机制，是在认识上产生的对大统战机制的一种新的看法、观点和审视角度，因而，它是宏观层面的。直接引入生态学的有关理论来分析大统战机制的理论与现实问题，这比仅仅只把大统战机制当作一个生态系统的整体认识深入了一大步，是运用生态视阈观照大统战机制的具体化过程。

要站在人心与力量的高度充分认识、凸显统一战线独特的作用。习近平总书记指出："统战工作的本质要求是大团结大联合，是人心和力量问题。"[①]我们必须站在人心与力量的战略高度来认识这一工作的重要性。

一是要深刻理解"法宝"作用。统一战线是我们党的事业的重要法宝，有凝聚共识、凝聚人心、凝聚智慧、凝聚力量的作用，[②]把积极因素调动起来，减少和化解消极因素，最大限度地团结各方面力量。[③]党的事业发展需要人心，这需要依靠统一战线这种特殊的群众工作方式，与党外人士以诚相待，理相交，实相助，使他们与我们党同心同向；党的事业发展需要集思广益，统一战线便是汇集党外智慧的最大党外智库，通过统一战线，以引导党外人士发挥各自专长，真知出灼见，我们党能够听到不同的声音，助我们优化决策；党的事业发展需要力量，统一战线便能巩固基本力量，团结新生力量，化解消极力量，为不可或缺的力量支持。从以上意义上说，我们学校各类岗位上履职尽责的统战干部，是党的干部。在教学、科研、服务岗位上努力拼搏的统战成员，是汇聚在党的教育事业中的光荣的人民教师。在学校奋力向"双一流"目标迈进的进程中，他们都是名副其实、能挑重担的重要力量。

二是要理解工作的特殊性，统战工作既是党的政治工作，是特殊的群众工作，又是特殊的组织工作和特殊的宣传工作。党外代表人士大多知识层次高、专业造诣深，想光靠简单的行政命令和说教推动他们的工作是不行的，必须要通过照顾利益、人文关怀、和风细雨、久久为功的方式途径来实施。统战工作应该做一些暖人心的工作，于治"未病"，以柔克刚，以小博大，采用最柔软、最温暖人心的手段，把工作做在前面，将问题解决在萌芽状态，

① 《十八大以来重要文献选编》(中)，中央文献出版社2016年版，第556页。

② 邱烨、帅筠：《凝聚共识 凝聚人心 凝聚智慧 凝聚力量》，《江西日报》，2015年9月28日。

③ 参见李银祥、张思远《牢牢把握战略主动》，《人民日报》，2017年4月11日。

但又不宜去争功邀功，大肆炫耀。要春风化雨，润物无声，因地制宜。比如，与信教群众交往时，应该尊重他们的习俗，提供他们相关便利，有时还只能做不能说。

三是要强化理论武装，统一战线是一门科学，要有独立完整的理论体系。统战干部要深入学习党的统一战线理论和方针政策，特别是深入学习习近平总书记关于统一战线的新思想新要求，用统一战线思想武装头脑、提高认识。要广泛学习各方面知识，掌握统战工作的“个中门道”。同时，还要推进统战知识进课堂，发挥社会主义学院的作用，将统战知识纳入党课教学内容。因此，高校的马克思主义学院可以探索“统一战线学”作为一门学科的可行性。

二、适应性原则

适应性，包含“对应”“匹配”与“受益”“有用”两个层面。大统战机制研究领域突出从环境到生态的视阈转换，无论是借用生态学的理论与方法来借鉴研究，还是只用生态的思维和分析方法来研究大统战机制，应该说，强调对应性与受益性是十分必要的。大统战机制生态探究需要遵循适应性原则，主要是因为借鉴研究的本意就是选择性借用。生态学理论与方法对于大统战机制而言不存在借鉴上的唯一性和排他性，换句话说，同所有学科一样，统一战线理论与实践本身也处于不断发展变化当中，任何一门学科的理论能够被借用或者移植到其他学科，本身是存在理论内容或“问题域”方面的限制的。全盘照搬和移用一门学科理论到另一学科的可能性很小。否则改变了原学科所要解决的基本矛盾，就等于这种借鉴使得该学科失去了固有属性，也就失去了存在的必要性和合理性。这也是一个学科之所以能成为一个学科的逻辑前提和基础。

一是大统战机制的包容性和广泛性决定了从生态的角度来研究党的统一战线。统一战线工作与珊瑚礁在维护海洋生态中的工作大同小异。从生态的角度来看，珊瑚礁不仅为各种海洋生物提供了理想的居住地，还维护了海洋生物多样性，保护了海岸线，维持了渔业资源，吸引了游客观光，保护了人类生命，并发挥减轻温室效应的功能。大统战机制借鉴生态的适应性原则，以其博大胸怀和包容度凝聚各方力量，维护了多党派和谐共处的良好局面。各民主党派自成立之日起就集中体现了多党合作的鲜明特质和价值追求，自党接受中共的领导，坚持“听跟走”，用以警示民主党派及其成员必须与中共组织保持思想上同德、目标上同向、行动上同行的高度一致。当中国共产党通过统一战线这个平台，利用各种渠道和方法将自己的宗旨、政策等融入其他党派并得到其他党派的共同遵守，极大地丰富了中国共产党的文化多样性。因为在统一性下，当一个党派吸收了其他一个或是多个党派的思想和文化时，加上这个党派自身的思想和文化内涵又丰富，那么这个党派的文化多样性必定得到增强。在一致性的背景下，思想交流、文化融合产生出一种或多种在原质的基础上具有新质的思想和文化来，那么，这对全国来说都是有利于思想和文化的多样性的。中国共产党能够不断学习并擅于进行理论创新指导实践，不断进行自我革新，保持先进性、包容性是其主要特征原因。没有共产党，就没有新中国。建党建国几十年来，中国共产党一直不断探索中国的革命和建设之路，这是我国的繁荣和富强的根本保障。在坚持中国共产党一党领导的前提下，智慧地搭建统一战线平台，吸纳各大党派的思想，使其与中国共产党思想相互碰撞，这既丰富和发展了中国共产党的治国、治党、治军理论，也是保证自己少走弯路的强有力基础。

二是大统战机制所建立的最广泛的爱国统一战线组织的鲜明特征决定了从生态角度我们党所建立的正是这样一个珊瑚礁式平台。沙堤、岩面、暗礁的裂缝，便创造了数以百万计的物种的栖息地，成了一座具有无限多样性的海底都市，珊瑚礁式平台以最大公约数画出了最大的同心圆。建立统一战线同心圆，对于充满资源竞争的中国而言，是实现了炎黄子孙对“中国梦”的共同追求，成为夺取中国特色社会主义伟大胜利的重要法宝，为全世界政党制度建设贡献宝贵经验。统一战线同心圆是以公约数为价值标尺建构的向心系统，是一致性与多样性有机统一的系统。统一战线同心圆有其特定构成和内涵。统一战线是全体社会主义劳动者、社会主义建设者、拥护社会主义的爱国者、拥护祖国统一和致力于中华民族伟大复兴爱国者的联盟。统一战线的“同心圆”就是指这四者团结在中国共产党周围的系统。以中华民族伟大复兴为价值公约数，统一战线包容多样性的半径就更大，统一战线的团结面就更大。

三是大统战机制在一致性引领下实现多样性发展，激发了民间创新和活力一致性与多样性的对立统一关系。我们无须否认一致性会冲淡多样性，对多样性具有破坏力，但同时在一致性和多样性的对立统一运动中以“创造性建设”来鼓励人们对政党政治保证同心的前提下，对多元价值、不同意见持更加积极的态度。在统一战线工作指导下，通过严谨的论证和丰富的实例，坚持中国共产党领导的多党合作制度，以共产党为执政党、其他党派为参政党的一致性和多党派之间的交流互动，共产党和其他党派之间所形成的一种监督关系并不是一种现象，而是中国新型政党制度发展的常态。作为一种充满活力又存在一定的分歧和利益之争的制度构架，坚持中国共产党一元化领导为多党合作、肝胆相照提供了动力，催生了大量社会和谐、建设繁荣的社会经济发展成就，创造了我们正在经历的这个大繁荣、大发展时代。“共信不立，互信不生”，中国统一战线就是要高举社会主义、爱国主义旗帜，引导广大成员切实推进“三个认同”——目标认同、道路认同、价值认同，筑牢一致性的思想政治基础。

中国统一战线的存在、发展与完善都紧紧依靠着社会主义的价值取向。历史也告诉我们，只有社会主义才能建立新中国，只有改革开放才能建设中国特色社会主义，只有走中国特色社会主义道路才能建设富强民主文明的美丽中国。而在这样一个具有56个民族，宗教信仰多样化，城乡、区域和社会群体的政治、经济、文化、社会习俗差异多样化的国家里，正是由于统一战线始终高举着爱国主义这面旗帜，才荟萃了民主党派、无党派人士、新经济阶层以及港、澳、台胞和海外华人等优秀分子。

三、指向性原则

指向性，也就是目的性、选择性。任何学科间借鉴都是带有指向性的，就其根源来说，指向性反映和表现出来的是理论与实践的相互关系。对于统一战线借鉴而言，这一点甚为明显。统一战线理论可以是多样的，但一旦进入到具体实践当中，理论应该能够对实践提供具有前瞻性、总结性、指导性的功能，这样的理论才具有生命力。

众所周知，从理论与实践的辩证关系上看，一般来说，相对于任何一种理论而言，理论是“一”，实践是“多”，一种理论可以对多个实践有效。反之，相对于一种实践来说，实践是“一”，理论是“多”，一种实践必然会牵涉到多种理论。理论与实践的“一与多”的关系是双向交织的“一多互应”

关系，而不是理论主宰一切实践的关系。因为在现实当中，实践往往会因为实践主体的主观意图调整及其作为实践对象的客体的差异变化而表现出不同的样态，原有支撑这种实践样态的理论也会出现相应的发展变化。同时，需要指出的是，理论与现实实践有时并不存在必然的直接对应性，理论并不仅仅只是对现实实践的直接总结和归纳，有时也是超越现实之后在认识层面对经验的更进一步、更深层次的概括、升华和抽象，具体表现为前瞻性和共通性。

以生态视阈来看待统一战线，把统一战线作为一个有机的生态系统来研究时，研究对象的性质虽然没有发生改变，但在其认识思维层面却发生了较大变化。我们不再是孤立地来看待统一战线，特别是统一战线的结构、系统要素、过程、环境等，而是把作为主体的人，联通统一战线具体活动一并纳入一个彼此间普遍存在联系的生态系统中，来全面、动态地加以考察这一生态系统如何实现协调、平衡、和谐、有效地运作。从实体到关系，从静态到动态，从孤立到联系，从人本到生本，从相对独立到依存共生，这一视阈的转变，带来了对统一战线生态化理解的新的思维方式，也是一种现代统一战线研究和考察的新范式。

四、超越性原则

超越性，内含着发展的根本诉求。超越性，原本就是内涵于统一战线实践活动之中的，因为大统一战线着眼于团结一切可团结的力量，调动一切可调动的积极因素，对建设中国特色社会主义、统一祖国、振兴中华的事业具有重要意义。简言之，大统战是发展性和持续性很强的实践活动。

大统战机制引入生态视阈，超越性是其中的应有之义，也是十分重要且非常必要的前提和要求。从普遍意义上讲，如果一种视阈转换没有任何发展性和超越性，那么，这种视阈转换本身的价值意义是无法被证明的。为此，超越性原则，是大统战机制引入生态探究的一个十分重要的原则。

要能够深化对某些大统战机制理论问题的认识，对这些理论问题有新的视角或新的认识和理解，推进理论的发展，构建大统战机制理论才能更好地加强各领域统战工作的顶层设计和统筹规划，从而实现统一战线法宝作用与党和国家中心任务的有效对接、精准契合，使统一战线的优势更加聚焦、作用更加凸显，在此呈现出空前的广泛性、巨大的包容性、鲜明的多样性和显著的社会性。

第二，要能够形成科学、合理、有效地解决问题的思路和办法，能有助于切实提高大统战机制的时效性，推动实践的发展。理论研究的价值只有在实践中才能得到充分的检验和体现，研究成果服从和服务于现实需要。同一个问题可以有多重研究方法、多种研究视角，但无论采用什么样的方法和视角，都必须能够回答现实中的疑问，解决操作中的问题。形成科学的大统战生态机制，才能真正把党总揽全局、协调各方落到实处，关键是要坚持党委统一领导、统战部牵头协调、有关方面各负其责，形成工作合力。这些年，按照《中国共产党统一战线工作条例（试行）》的规定，从中央到地方都成立了统一战线工作领导小组，充分发挥了研究、协调指导和督促检查作用。实践证明，构建大统战工作格局，有利于科学制定和坚决执行党中央关于统一战线的重大决策部署，有利于充分调动各方面的主动性、积极性，也有利于更好促进治理体系和治理能力的现代化。

可以说，统一战线引入生态探究必须能够生成新的价值和意义。这种价值和意义就是超越性的体现。超越，是学科综合借鉴的必然要求，也是必要结果。如果离开了超越性，借鉴研究也就没有了适应性；没有超越性，学科综合研究就谈不上适应。多年来统战学的综合借鉴发展也始终秉持着这一基本原则。

第七章　新时代大统战目标生态化

本章以生态方法将新时代大统战目标的时代性与生态性相结合研究，并秉持人类命运共同体理念，通过分析大统战宏、中、微观要素相互之间的作用关系及要素内部子要素相互之间的关系，探讨新时代大统战目标的生态化建设。

第一节　新时代大统战目标的时代性与生态性

一、确立大统战目标是新时代的迫切需要

习近平总书记指出：“现在，我们党所处的历史方位、所面临的内外形势、所肩负的使命任务发生了重大变化。越是变化大，越是要把统一战线发展好、把统战工作开展好。”[①]自党的十八大以来，以习近平同志为核心的党中央把实现中国梦作为团结海内外中华儿女的最大公约数的新思想，进一步拓展了统一战线成员的共同思想政治基础，壮大了统一战线的政治联盟。实现“中国梦”需要最广泛的人民的支持和努力，时代精神的注入让统战“生命体”变得更加生机勃勃，欣欣向荣。新时代，应该确立大统战目标，也具有实现这个目标的条件。

第一，确立大统战目标是新时代加强和改进党的领导的迫切需要。习近

① 《习近平：巩固发展最广泛的爱国统一战线 为实现中国梦提供广泛力量支持 俞正声出席会议并讲话》，《人民日报》，2015年5月21日。

平总书记在中央统战工作会议中强调，要始终坚持统一战线法宝地位不动摇，团结一切可以团结的力量，调动一切可以调动的积极因素，确保党的事业推进到哪里，统一战线的法宝作用就体现到哪里。在实际工作中，统战部要多给党委出主意，加强同其他部门和方面的联系沟通，更好发挥参谋、组织、协调、督促的作用。[①]具体到地方，要从改革发展稳定大局出发，深刻认识做好统战工作的必要性，充分发挥党总揽全局、协调各方的领导核心作用，进一步形成做好统战工作的强大合力，为经济社会发展提供强有力的支持。

第二，确立大统战目标是新时代构建积极健康政商关系的迫切需要。大力支持非公有制经济健康发展，构建积极健康的政商关系，关系到社会的稳定和进步。个体、私营等各种形式的非公有制经济作为社会主义市场经济的重要组成部分，其发展关系到社会的发展。全面落实中央和地方大力促进非公有制经济发展的各项政策措施，关注他们的思想，关注他们的困难，打通政策落实的“最后一公里”，营造有利于非公有制经济发展的政策环境、法治环境、市场环境、社会环境，有针对性地帮助、引导非公有制经济人士健康成长，促进非公有制经济健康发展，构建积极、健康向上的政商关系，推进经济的共同发展。

第三，确立大统战目标是新时代推动地方全面改革发展的迫切需要。当前，各地方统战工作呈现出许多前所未有的新情况新问题，这些新情况新问题不同程度影响了统一战线法宝作用的发挥。推动地方经济更好更快发展，迫切需要统一战线广大成员勇于担当、创新创造。我们要贯彻习近平总书记在中央统战工作会议上发表的重要讲话精神，着眼党和国家事业发展全局，深入分析统一战线面临的形势，坚持问题导向，加强调查研究，着力解决在思想认识、工作落实、方式方法等方面存在的突出问题，不断提高做好新形势下统战工作的能力和水平，才能更好地为各地的全面发展提供服务保障。

二、大统战目标的时代性与生态性的耦合

（一）时代精神

时代精神的注入让统战“生命体”变得更加生机勃勃，欣欣向荣。

① 《习近平：巩固发展最广泛的爱国统一战线 为实现中国梦提供广泛力量支持 俞正声出席会议并讲话》，《人民日报》，2015年5月21日。

时代精神反映了当代中国社会进步的发展方向，显示了当代中国社会崭新的精神风貌。在当代中国，以改革创新为核心的时代精神和以爱国主义为核心的民族精神，是社会主义核心价值观的精髓，是实现中华民族伟大复兴的精神支柱。时代精神包括多个方面的基本内容，需要从社会的多个维度展示时代的特点和追求。求真务实是时代精神的重要组成部分，所谓“求真”，就是不断认识事物的本质，把握事物的发展规律；所谓“务实”，就是要在这种规律性认识的指导下去实践。求真务实精神充分体现了党的解放思想、实事求是、与时俱进的思想路线，是当代中国时代精神的基本内容。坚持求实务实精神，就是要尊重客观规律、顺应时代发展潮流，从中国改革开放和现代化建设的实际出发，不断研究新情况，解决新问题，用发展的办法解决前进道路上的各种矛盾和问题。

大统战理念的核心就是“和”，就是整合社会资源，凝聚社会力量，发掘社会智慧，为推动经济社会和谐发展、快速发展、科学发展提供服务。大统战理念具有教育引导、促进人发展的作用。以人为本也是我国时代精神的基本内容。中华文明历来注重以民为本，尊重人的尊严和价值。在当代中国，以人为本是伴随着发展观的转变而提出的，以人为本，不仅是科学发展观的核心，也是新时期我们时代精神的主旋律。

（二）生态精神

“中华民族历史发展的高度”既是习近平总书记的一种高度，也是一种态度，他告诫每一个人都要以最严肃的态度对待生态文明建设，以最踏实的心态和最专情的勤奋来把生态文明建设工作做到实处。中国的生态文明建设，不是面子工程，不是口号工程。生态的兴衰制约着文明的兴衰。当代中国的国情表明，我国的发展思路已经没有了选择余地，生态文明建设的成败不再是关系到先发展谁后发展谁、牺牲谁此时牺牲谁彼时的阶段性抉择，是直接牵涉到一个文明的希望，一个民族的成败。

习近平总书记曾多次就“绿水青山”和“金山银山”的关系做出过深刻的论述。以“绿水青山就是金山银山”为核心的“两山论”是习近平总书记生态文明建设思想的典范发展理念。它启发人们经济建设的最高境界不是“竭泽而渔”式的索取，也不是仅仅追求保住绿水青山的防守被动，而是“绿水青山就是金山银山”，以绿水青山来创造环境与经济的双赢局面。绿水青山就是

“摇钱树”，是一种辩证统一的协同发展理念，是当代社会进步的必然追求。

（三）生态性在治国理政新阶段大统战目标中的融合

党的十八大以来，统战工作领域认真贯彻习近平总书记系列讲话精神，适应全面深化改革的新形势，围绕实现全面建成小康社会的目标任务，在推进统一战线工作实践发展的同时，大力推进统一战线工作的理论创新。生态化的统战目标在治国理政新时期的建设中有着举足轻重的地位，它所体现的生态理念为新时代的统战工作减少了工作阻碍，从而能够更自然、更高效地建立最广泛的全国统一战线。

1. 生态整体性的迎合

生态理念中的整体性迎合了实现“中国梦”是党和人民的奋斗目标，当然也是统一战线的奋斗目标和任务。只有在社会这个“生命体”充分体现它的整体性，发挥它的合力作用，社会整体的目标才能更易于实现。从统一战线成员的共同利益来看，实现中华民族伟大复兴，是整个中华民族的利益汇合点，也是统一战线之所以建立和发展的出发点、着力点和落脚点，是所有统战成员为之团结奋斗的梦想。因而，“中国梦”即是“统战梦”。[①] 同时，从多年来的统战经验和历史来看，统一战线的根本职责和任务都是为党的目标和总任务而服务的。因此，在治国理政新时期中，以民族精神和时代精神凝聚全国力量，使统战成员能够同心同德、精诚合作来实现“中国梦”也是新时代统战的奋斗目标和职责。

2. 生态协同进化性的结合

生态所体现的协同进化性在统战中能巧妙地和统战政策以及工作方法结合起来，实现“最大公约数”的理想状态，达到真正意义上的“共赢”。协同进化是万物更新的动力源，是生态中普遍存在的现象。在生态学中的协同进化是生物在相互作用中不断提高自己的生存能力，比如非洲草原狮子和角马这一对天敌，角马需要加快奔跑才能免于一死，而狮子为了获取食物要跑得更快，它们都是出于生物的本能完成生物的协同进化。这对天敌必须“合作”才能完成进化过程。应用在政治系统也是一样，社会环境改变参数要求政治体系做出反应，政治体系改变自身结构以影响社会环境，社会环境又改变了

---

① 张立新、陆博:《党的十八大以来统一战线的理论创新》,《沈阳师范大学学报》(社会科学版),2015年第39(01)期，第15–18页。

参数再次向政治系统发出信号，政治系统再次改变自身，如此往复从而达到平衡。

3. 生态稳定性的组合

生态统战下的稳定性不仅表现在它的政治地位和作用上，不同时期的统战目标和政策的稳定性也让统战工作开展更顺畅。这里的稳定性不是人们通常认为的静止稳定，不是就稳定来谈稳定，而是在平衡与失衡的矛盾中来追求稳定，在发展和演化的动态过程中保持稳定，在自我调节和外部影响的过程中维持稳定，为生态政治功能的发挥提供有力保障。统一战线是中国共产党的重要法宝，这一重要作用在当今的新时期也是稳定不变的。在中国共产党波澜壮阔的光辉历程中，统一战线为完成中国共产党在各个时期的中心任务提供了广泛力量支持，做出了不可替代的历史性贡献。实践证明：什么时候重视统一战线，实行正确的理论和政策，党和人民的事业就会胜利前进、蓬勃发展；什么时候忽视统一战线，党和人民的事业就会遭受挫折。

第二节 新时代大统战总目标的生态化

一、中华民族伟大复兴与大统战总目标的维度

（一）新时代统一战线是实现中华民族伟大复兴的基础维度

大统战要服务于中华民族伟大复兴这一崇高目标。新时代统一战线从价值目标、发展历程和工作实质上来看，是实现中华民族伟大复兴中国梦的重要法宝。

大统战的价值目标与中国梦的内涵高度契合。统一战线就广义而言，指不同的社会政治力量（包括阶级、阶层、政党、集团乃至民族、国家等）在一定的历史条件下，为了实现一定的共同目标，在某些共同利益的基础上组成的政治联盟。现阶段的统一战线工作主要是为了充分调动一切积极因素，团结一切可以团结的力量，为实现“两个一百年”奋斗目标、实现中华民族伟大复兴的中国梦服务。从统战工作的发展历程来看，统战的工作对象、范围呈现扩大化、复杂化的趋向。统一战线能够将社会不同阶层、不同党派、

不同民族、不同宗教信仰的代表人士联系在一起，调动统一战线广大成员的积极性、主动性和创造性，而消除或缓和不同社会利益群体在利益关系上的矛盾，拥护统一战线各方面的利益，促进社会和谐，推动国家进步。

统一战线的发展历程、工作实质与中国梦的实现进程高度契合。中国共产党历来把“统一战线”作为党的三大法宝之一，统一战线实际上是完成中国共产党近期目标和最低纲领的正确有力的策略与手段。从基本脉络来看，夺取中国特色社会主义新胜利、实现中华民族的伟大复兴的中国梦与当今统一战线的基本任务相契合。《中国共产党统一战线工作条例（试行）》中指出，新时期统一战线必须紧紧围绕“四个全面”战略布局，高举爱国主义、社会主义旗帜，维持大团结大联合的主题，维持正确处理一致性和多样性关系的方针，积极促进政党关系、民族关系、宗教关系、阶层关系、海内外同胞关系和谐，巩固和发展最广泛的爱国统一战线，为实现“两个一百年”奋斗目标、实现中华民族伟大复兴的中国梦服务，为维护社会和谐稳定、维护国家主权安全服务，为保持香港澳门长期繁荣稳定、实现祖国完全统一服务。[①]“两个一百年”的奋斗目标就是要实现社会主义现代化和中华民族的伟大复兴。

（二）全面建成小康社会是实现中华民族伟大复兴的关键维度

全面建成小康社会是实现中华民族伟大复兴的一个关键阶段。统一战线作为中国共产党带领中国人民取得我国革命、建设和改革事业胜利的重要法宝，在全面建成小康社会的宏图大业中，必须准确把握全面建成小康社会决胜阶段的特点和任务，有的放矢地为全面建成小康社会目标的顺利实现献计出力。必须把坚持和发展中国特色社会主义作为最大共识。党的十八大报告在总结历史、立足现实、放眼未来的基础上，从中国特色社会主义道路、中国特色社会主义理论体系、中国特色社会主义制度这三个方面，科学地概括和勾勒了中国特色社会主义的丰富内涵和总体面貌，并且强调指出，必须坚定不移地走中国特色社会主义道路，不能走封闭僵化的老路，也不能走改旗易帜的邪路，这是全面建成小康社会、实现中华民族伟大复兴中国梦的正确途径。必须坚定不移地坚持包括邓小平理论、“三个代表”重要思想和科学发

① 江苏省委统战部、中国矿业大学联合课题组，亓光:《〈中国共产党统一战线工作条例（试行）〉实施与新形势下的统一战线工作》,《江苏省社会主义学院学报》，2020年第2期，第12-19页。

展观在内的中国特色社会主义理论体系，不为任何歪理邪说所迷惑，是我们应对和战胜一切风险及挑战、全面建成小康社会、实现中华民族伟大复兴中国梦的理论支撑和精神支柱。必须坚定不移地坚持中国特色社会主义制度，包括人民代表大会制度、中国共产党领导的多党合作和政治协商制度、民族区域自治制度、基层群众自治制度、社会主义法律体系，坚持公有制为主体、多种所有制经济共同发展的社会主义基本经济制度，以及建立在这些制度基础之上的一系列经济、政治、文化、社会体制和各项具体制度。这是全面建成小康社会，实现中华民族伟大复兴中国梦的根本保障。总之，中国特色社会主义是中国共产党全部活动的主线，统一战线是党领导的最广泛的政治联盟，必须将中国特色社会主义作为贯穿工作始终的灵魂，始终把坚持和发展中国特色社会主义作为最大共识，倡导广大的统一战线成员不断增强对中国特色社会主义的道路自信、理论自信、制度自信。

（三）中国梦是实现中华民族伟大复兴的目标维度

实现“中国梦”是党和人民的奋斗目标，当然也是统一战线的奋斗目标和任务。从统一战线成员的共同利益来看，实现中华民族伟大复兴，是整个中华民族的利益汇合点，也是统一战线之所以建立和发展的出发点、着力点和落脚点，是所有统战成员为之团结奋斗的梦想！因而，“中国梦”即是“统战梦”。从统一战线的根本职责和优良传统看，统一战线历来是为党的总目标总任务而服务的，实现“中国梦”是新时期统一战线的奋斗目标和任务，统一战线必须把实现“中国梦”作为奋斗目标和任务，以中国精神凝聚中国力量，使统一战线成员能够同心同德，同向同行。统战领域必须紧紧围绕实现“中国梦”这个奋斗目标和根本任务来开展工作，在实现中国梦的伟大事业中发挥自己独特的优势和作用。

一是要发挥统一战线凝聚人心、汇聚力量的独特优势，高举爱国主义、社会主义的伟大旗帜，把各党派、各团体、各民族、各阶层联盟及各界人士的智慧和力量凝聚起来，为“中国梦”的实现提供强大的力量支撑。

二是要发挥统一战线参政议政、民主监督的政治优势，保证和促进各党派、各团体、各民族和各界人士有序的政治参与，支持他们依法参与管理国家事务，管理经济、文化事业和社会事务，不断推进我国社会主义民主制度化、规范化、程序化建设。

三是要发挥统一战线人才荟萃、联系广泛的组织优势，充分发挥各行各业高精尖人才的所长，为“中国梦”的实现提供巨大的智力支撑。

四是要发挥统一战线协调关系、化解矛盾的功能优势，正确处理一致性和多样性关系，促进政党关系、民族关系、宗教关系、阶层关系和海内外同胞关系的和谐发展，为社会主义和谐社会的构建提供重要保障。

实现中华民族伟大复兴是统一战线的共同理想，统一战线又是实现中华民族伟大复兴的重要支撑。坚持和发展中国特色社会主义是统一战线的共同思想政治基础，要根据时代特点和实践需要，进一步夯实统一战线的思想基础和政治保证。

要切实增强道路自信、理论自信、制度自信和文化自信，牢牢把握坚持和发展中国特色社会主义这条主线，紧密结合党外人士的思想实际和统一战线的工作实际，引导统一战线广大成员把智慧和力量凝聚到实现中国梦的目标任务上来。

要继续高举爱国主义、社会主义的伟大旗帜，团结一切可以团结的力量，调动一切可以调动的积极因素，化消极因素为积极因素，为促进社会主义经济建设、政治建设、文化建设、社会建设服务，为促进香港、澳门繁荣稳定和祖国和平统一服务。

要做好文化统战工作，深入挖掘和充分运用各种文化资源，依靠精神的力量、文化的力量凝聚人心，把培育和弘扬社会主义核心价值观作为凝魂聚气、强基固本的基础工程，以蕴含各种文化形态之中的“兴国之魂”凝聚起万众之心，为实现“中国梦”而共同奋斗。

二、大统战总目标中应有的生态因素

统战系统由统战团体、体制和权威机构等部分构成，受到自然的、生物的、社会的以及心理等内部和外部环境的包围，同时对环境的压力有适应和反馈信息的功能。这里所说的“外部环境”，并非是生态学中的“自然环境（生物圈）”的概念，而是指统战工作所关涉的全部社会生态环境，包括统战内部的统战系统，及外部的经济系统、社会结构系统和文化意识形态系统，甚至涵盖国际环境诸方面。动态性是统战系统富有生命力的必要条件。统战系统的动态性是以统战系统内部各子系统之间以及统战系统与环境之间，以信息与能量的不断交换为表征的。外部环境的不断刺激形成统战信息输入，并不断为统战系统提供能量，统战系统对输入信息进行加工处理，形成新的统战产品，再输出给外部环境，以满足环境发展的要求，以此不断重复形成一个无限循环系统。

（一）统战目标的多元化

新时期下大统战的目标应该在整个社会生态系统下建立，社会生命体的多样性相应地要求统战目标多元化。

第一，统一战线要服务于中华民族伟大复兴这一崇高目标。建设小康社会是实现中华民族伟大复兴的一个关键阶段，这就要求我们的统战工作要着眼于民族复兴这一伟业，要在党的领导下，高举社会主义和爱国主义两面旗帜，团结一切可以团结的力量，调动一切积极因素，为建设中国特色的社会主义事业、实现中华民族的伟大复兴的崇高目标而努力，这是历史和时代赋予统一战线的庄严使命。

第二，统一战线要服务于弘扬和培育民族精神。民族精神是一个民族赖以生存和发展的精神支柱，中华民族之所以能够历经磨难而信念愈坚，饱尝艰辛而斗志更强，为人类文明进步做出了不可磨灭的贡献，都有赖于伟大的民族精神的支撑。因此，新时期更要充分发挥统一战线的优势和特点，为弘扬和培育中华民族精神而努力。

第三，统一战线要服务于经济建设和经济体制。统一战线要为经济建设和经济体制改革服务，要继续做好非公有制经济的统战工作，并在进一步吸引外商直接投资、提高利用外资的质量和水平、大力吸引海外各类专业人才和智力等方面，做出新的更大的贡献。需要注意的是，统一战线和经济发展的关系并不必然就是统一战线会永恒地和稳定地促进经济的进步，统一战线在中国迈向小康社会的过程中究竟将发挥何种程度的促进作用，甚至是能否发挥促进作用，关键是看我们的工作是否扎实，是否能真正凝聚人心。

第四，统一战线要为政治建设出力。发展社会主义民主政治，建设社会主义政治文明，是全面建设小康社会的重要目标。统一战线是社会主义民主政治建设的组成部分，历来具有畅所欲言、交流思想、发扬民主、广纳群言的传统。必须坚持和完善共产党领导的多党合作和政治协商制度，更好地保证人民政协能够发挥政治协商、民主监督和参政议政的作用。

第五，统一战线要妥善处理各种利益关系。经济、社会的发展不可避免地引发一些新的社会矛盾，也会使一些尖锐矛盾凸现出来。统一战线要继续发扬协调关系、化解矛盾的优势，妥善处理各方面的利益关系，促进共同富裕以及和谐社会的实现。

新社会阶层迅速壮大	·随着非公有制经济迅速发展，我国社会结构中出现了一个新的社会阶层。新社会阶层涉及的行业领域、职业分布与市场经济体制、现代管理模式和高科技产业联系密切。新的社会阶层影响着我国政治经济生活的各个方面，使统一战线的内部构成出现了前所未有的新格局。
知识分子结构日趋复杂化	·政治、经济体制改革的深化，使知识分子得以全方位流动，由“单位人”变成“社会人”，他们就职于社会经济生活中的各个领域、各个层面，特别是在新阶层中知识分子越来越多，形成了各种新的利益群体，使知识分子阶层结构日趋复杂化。
农民阶层大规模阶层分化	·随着城市化进程的加快、农村产业结构的调整，城乡二元结构的基础将逐渐松动，直接从事农业生产的农民数量减少，非农业人口比重上升，并已形成了几个不同的政治经济利益阶层：农业劳动者阶层、农民工阶层、农村知识分子和管理人员阶层、下岗失业与半失业阶层等。这些阶层之间既互相渗透又相互转化，具有明显的动态网络特征。
工人阶层的多样化	·新时期，原来的工人阶层已经分化并形成多个相对独立的阶层，包括社会管理阶层、知识分子阶层、专业管理阶层、产业工人阶层、雇佣工人阶层、农民工阶层、下岗失业与半失业阶层等。在工人阶级的分化中出现三个新现象：一是产业工人就业形式、岗位及身份表现出流动性、多样性特征，二是农民工正成为工人阶级的主要力量，三是下岗失业与半失业人员正在成为一个特殊阶层。

（二）统战目标的时代性

在日益复杂化的社会环境下，统战对象的多元化和动态性都对新时期下的统战目标提出了新的挑战。阶层间的稳定性削弱带来的是各阶层的动态交流和跨越，在此方面上更能体现现代统战更需要在生态的视域下去审视新问题。

（三）统战目标的包容性

新时代统一战线应该要具有极大的生态包容性。新时代，社会各阶层的独立性和自我意识明显增强，价值取向多元化，政治参与主动性日益提高。但由于各社会阶层之间利益主体的多样化，使得利益矛盾更加复杂化：一是工人阶级内部的各阶层无论是在社会经济地位方面，还是在价值取向的归属感与认同感方面，都存在差异，有着各种各样的利益诉求和矛盾；二是农民阶级的大规模分化不可避免地导致农民内部各阶层的社会经济地位不同，农民中的各种矛盾变得突出起来，并伴随城市化过程中城乡差距的不断扩大而使城乡矛盾日益突出；三是新社会阶层的地位和作用虽然得到承认，党和政府已经把他们确定为中国特色社会主义事业的建设者，但社会上还有不少人对他们存在不同的看法和理解，这其中也引发了一些新的利益矛盾。然而，尽管在统一战线内部，存在不同的利益群体，分化为不同的社会阶层，各阶层、各党派、各界别之间有着不同的利益诉求，并由此引发一些矛盾，但这些矛盾仍然是统一战线内部的矛盾，各种利益的多样性最终会统一于整个统一战线根本利益和共同目标的一致性之中，从而使现阶段的统战目标体现包容性，对开展工作会更顺畅。

（四）统战目标的社会性

新时代的统一战线应该是最广泛的政治联盟，具有广泛的社会性和生态联系性。统一战线已经成为以经济建设为中心的政治联盟，其职能是为推进社会主义现代化建设、实现祖国完全统一、实现中华民族的伟大复兴服务。这就需要巩固和发展最广泛的爱国统一战线，最大限度地增强广大工人、农民、知识分子、新社会阶层等“劳动者”“建设者”“爱国者”的团结，让一切劳动、知识、技术、管理和资本的活力竞相迸发，把一切有利于社会发展的积极性和创造性充分发挥出来，为建设小康社会提供强大的力量支持。此外，新时代统战工作不再只是统战部门的独立行为，而是由共同目标支撑的各种社会组织和社会力量共同参与的社会化工作。这标志着新时代我国统一战线将是最广泛的政治联盟，社会性和联系性也将是目标制定的必要因素。

三、大统战总目标的生态构建方法

（一）树立整体意识，提高“发展度”，丰富统一战线生态体系的多样性

自然生态系统中，多样性水平越高，生态系统稳定性越强。统一战线是“最广泛的联盟”，所涉及的范围不断扩展，内容日益丰富，整治功能日益强大。由此可见，统一战线生态系统中，审视社会不同群体、不同阶层的利益诉求，不断提高统一战线生态体系的“发展度”水平，丰富统一战线生态体系的多样性，有利于在新形势下进一步发挥统一战线的政治功能。当前，统一战线生态体系要面对再组织化与网络社群等为代表的新兴利益群体不断出现的新形势。这些新生社会利益群体有助于利益诉求的集中、有序表达，利益冲突的合法化、理性化、制度化，从而减少利益冲突的无组织、无纪律、突发性。统一战线生态体系，要继续发挥传统政治社团的作用，要将社团业务主管部门作为有效沟通的中介，与骨干力量联系交友，减少政治说教，增加人文关怀，动之以情、晓之以理、惠之以利、规之以法。

（二）树立整合意识，提高“协调度”，追求统一战线生态体系的一致性

统一战线生态体系是不同利益群体政治参与的主渠道，提高统一战线生态体系“协调度”水平，以“一致性”目标提升政治整合效能，有利于扩大民主政治参与、吸纳各种政治诉求，解决当前政治体系中社会各阶层政治参与容纳度不平衡和需求旺盛、参与表达渠道有限的矛盾。一方面，要规范协商运行机制，丰富协商形式，深化协商内容，减少随意性和形式主义，组织开展不同社会成员对共同关心事务的沟通、交流、协商和妥协。通过民主参与法律、制度建设和国家重大规划的制定，促进互惠合作，探索和完善中国特色民主政治制度。另一方面，要依托先进技术提升统一战线生态体系协调的广泛性、敏锐性和针对性。网络信息技术的迅猛发展和新媒体时代的到来，引起经济、政治、文化和社会等领域的革命。统一战线生态体系要主动适应和调整自身运行模式，建立统战工作网络社区，使网络成为宣传统战政策、了解民意、化解矛盾、汇集民智、凝聚人心的前沿阵地，成为反映社情民意，反映不同利益群体信息的新途径，保持工作的敏锐性。

树立包容意识，提高“持续度”，增强统一战线生态体系的生命张力。

由于统一战线生态体系内部存在的差异和多元，使得其具有蓬勃的政治生命力。要推动一切积极因素，形成统战合力和功能优势，为建设中国特色社会主义事业做出更大贡献。要大力弘扬中国文化的包容精神。一是执政党以更加包容的姿态，贯彻和而不同、求同存异的理念，对国家大政方针、人事安排和社会重大问题进行协商，体现利益和目标的高度一致性，切实发挥民主党派民主监督的作用，发挥民主党派在科学、文化、技术等方面的专长，上下结合，深化民主政治建设。二是体现多元、包容的民族文化，深化中华民族是56个民族组成的更高层次的民族概念，以平等为基石、团结为主线、互助为保障，促进各民族的和谐。三是团结广大的信教群众，发掘各宗教教义中的积极因素，发扬宗教文化智慧，推动宗教改革，引导宗教与中国特色社会主义相适应。四是深化统战成员的共同价值基础和文化认同，大力倡导坚忍不拔的从道精神、超越功利的人文情怀、贵和尚中的和谐理想、守成创新的进化意识，弘扬爱国情怀、同舟共济、奋斗拼搏的价值追求，强化对祖国的情感认同、文化认同，以及对民族、国家、社会的认同和责任感，广泛

团结统一战线成员，为实现“五位一体”的奋斗目标，凝聚最广泛的政治联盟。统一战线要适应思维生态化的变革，适应我国政治生态和社会生态的需要。统战工作要用生态化的思维方式，创新生态文明理念下的大统战机制。

第三节　新时代大统战目标生态化创新的途径

一、目标制定者生态理念的构建

（一）生态统战的理念顺应了统一战线新的时代要求

生态文明的发展理念为构建统一战线生态体系指明了发展方向。生态文明建设从实质上说就是发展问题，中国特色生态文明建设所要体现和贯彻的根本目标和必须坚持的方法路径就是科学发展观，生态文明建设要求社会管理体系要更加重视个体和组织的平等，重视整体、强调沟通，承认差异、强调包容，重视共存发展、强调和谐共赢。这既是对统一战线提出的时代任务，也是统一战线进一步发展的方向和目标。在不断巩固和发展最广泛的统一战线的过程中，要促进政党、民族、宗教、阶层、海内外同胞的和谐发展，需要不断强化整体性的观念，加强政治整合，全方位、多层次、大跨度、宽领域、多形式地发挥统一战线的功能；需要正确运用“平等包容”的生态理念，通过文化包容增强政党关系向心力、民族关系凝聚力、宗教关系包容力、阶层关系整合力和海内外同胞关系亲和力；需要正确解读“以人为本”的精神实质，坚持群众观。面对社会阶层结构出现的大分化、个体化、再组织化等特征，维护各方的最基本利益，使统战成果惠及广大统战成员，最广泛地团结人，最大限度地调动人的积极性；运用平等协商的民主方式，解民情、顺民意、有效协调化解矛盾，增强国家凝聚力和民族复兴的使命感。

统一战线思维方式生态化的实践目标是追求和谐、实现共同利益。统一战线思维方式的生态化，侧重于从整体与部分、结构与功能、信息与组织、系统与环境之间的相互联系、相互作用中进行综合思考，从而达到对统一战线的最佳认知和对问题的最佳处置。运用生态化的统一战线思维看待动态的、发展的、逐步提升的“社会和谐”，其表现为社会不同利益群体的多样统一。

不同利益群体之间存在着“竞争”，这种“竞争”是实现和谐的动力机制和手段，但“竞争”是有限度的，要服从于和谐、统一于和谐，其目标是为了实现共同利益。

（二）生态统战理念构建政治、经济生态圈

做好团结人、引导人、培养人的工作，为统一战线创建“风清气正的政治生态”强基固本。创建风清气正的政治生态，是统战工作管根本、管长远的基础性工作，为统战工作者更好地团结、引导、培养广大爱国统一战线人士起到强基固本的作用。

加强党外代表人士队伍建设，为统一战线创建“风清气正的政治生态”提供人才支持。统一战线要善于充分发挥“大团结大联合”的资源优势，推进统战各领域工作创新发展。要加强党外代表人士队伍建设工作，强化政策保障，建立完善党外干部选拔、培养、任用、管理工作机制，提升党外代表人士队伍综合素质。要充分发挥党外人士的民主监督作用，拓宽党外人士参政议政渠道，支持他们围绕改革发展稳定大局献计出策，推动民主政治健康发展。

维护民族团结、宗教和顺，为统一战线创建“风清气正的政治生态”创造优质环境。民族团结是实现一个地方“政通人和”的重要保证。要正确认识和处理民族关系，把加快少数民族和民族地区发展摆到突出的战略位置，努力缩小民族乡村与县区经济社会发展的差距。要切实加强城市和散居地区的民族工作，依法保障少数民族群众的正当权益，防范和打击民族分裂势力、宗教极端势力、暴力恐怖势力，坚决维护民族团结。要正确认识和处理好新形势下的宗教问题，立足宗教的长期性、群众性和复杂性，认真落实党的宗教信仰自由政策，依法管理宗教事务，调动广大信教群众和爱国宗教界人士，共同为创建“风清气正的政治生态”做贡献。

广泛团结港澳台海外同胞，为统一战线创建“风清气正的政治生态”壮大政治联盟。要坚决贯彻落实“和平统一、一国两制”的基本方针和现阶段发展两岸关系的各项政策，向广大台胞大力宣传推进祖国和平统一进程的“八项主张”和“四点意见”，维护祖国统一。坚持把维护港、澳、台、海外侨胞的根本利益作为台侨工作的出发点和落脚点，深入挖掘广大台侨属在招商引资工作中的汇聚力，大力开展对台经济文化交流活动，着力吸引台资企业来当地投资开发建设。

深入实施经济领域“同心工程”，为统一战线创建“活力迸发的经济生态”提供支撑。活力迸发的经济生态是实现经济发展、人民富裕、民生改善的核心动力。基层统一战线要主动适应经济发展新常态，充分发挥好经济统战的独特优势，深入实施“同心工程”，为地方经济发展转型升级注入鲜活“血液”，为统一战线创建“活力迸发的经济生态”提供支撑。要以“同心园区”建设为抓手，积极发挥统一战线在经济社会发展中的工作优势，聚合资源和力量，大力开展招商引资引智工作；要把园区建设与小城镇建设结合起来，进一步完善配套服务功能，提升企业建办水平，形成集群放大效应。要继续开展“民企陇上行”和“引智助企”活动，争取知名企业落户，扶持大学生到非公企业就业，支持非公企业培育具有较强竞争力的产品品牌和区域品牌。推进“同心项目”建设，力促特优项目落地生根。要发挥非公人士的桥梁纽带作用，引导非公人士加快企业结构调整和兴业市场发展，推动转型跨越发展。要全面落实非公经济的一系列扶持政策，做好服务协调工作，引导非公经济深度融入科学发展的大局；要依托工商联、台办、侨务办等组织，采取多种形式，广泛开展“走出去、请进来”的以会招商、以商招商活动。

二、目标制定过程中对生态因素的吸纳

（一）统一战线的生态化思维

构建统一战线生态体系，在强化整体性的观念、体现包容性的态度、贯彻“以人为本”的要求、强化和谐共赢的目标等方面，要求通过提高统一战线内在的“发展度”“协调度”“持续度”，达到统一战线生态体系的可持续发展。生态化思维的理论来源于生态学。从生态学视角看，统一战线与不断发展的社会系统构成了主客体，二者之间存在着作用和反作用、影响和被影响的关系，发展促进了利益群体的多样化，带来了统一战线的生机、活力。换而言之，生态化思维下，统一战线置于更为广阔的社会、自然背景与环境之下，理念、决策、方针、行为，必须与周围社会系统及自然系统相协调。即统一战线内部构成成员之间应通过彼此的建言与协商，在维护整体稳定性和共同利益最大化的前提下，体现自身资源分配与效能的最大化。

（二）统一战线的生态化结构

统一战线的横向结构：统一战线的横向结构就是其中同一层次联盟中不

同要素和彼此之间的关系，展示了统一战线要团结什么对象的问题。根据不同历史使命结合的对象不同，中国共产党领导的统一战线，横向结构表现为社会主义劳动者、社会主义建设者、拥护社会主义的爱国者和拥护祖国统一的爱国者的联合。这一结构的根本维系，使得国家稳定统一、经济可持续发展和文明水平不断提升。

统一战线的纵向结构：统一战线的纵向结构就是其所包括的不同层次联盟及其之间的关系，展示的是怎样才能最大限度地把一切可以团结的力量团结起来的问题。中国共产党要体现科学发展的执政理念，需要进一步提升统筹协调社会政治资源的能力，最大限度地团结大陆范围内以爱国主义和社会主义为政治基础的全体社会主义劳动者、社会主义建设者和拥护社会主义的爱国者的联盟，这时要团结大陆范围外以爱国和拥护祖国统一为政治基础的台湾同胞、港澳同胞和海外侨胞的联盟。这两个联盟相辅相成，大陆范围的联盟是核心，有核心稳定团结、坚强有力，拥护祖国统一的大联盟才能扩大、发展，才能更好地体现整个中华民族的大团结，统一战线的多样性才能促成社会的生机盎然。

（三）统一战线的生态体系

所谓“统一战线生态体系”是指在一定时间和空间范围内，统一战线各要素与其外部政治环境共同组成的政治生态体系。具体来说，是在中国共产党领导下，统一战线所涉及的政党关系、民族关系、宗教关系、阶层关系、海内外同胞关系等所形成的各个子系统与外部政治环境共同组成的政治生态体系。在建设中国特色社会主义生态文明的过程中，统战工作者要加强生态化思维，坚持和谐、整体的生态性原则，以全新的角度和高度，审视统一战线生态体系，通过树立生态化思维来加强对生态化机制建设的指导。

第一，统一战线具有“统一战线生态——政治生态——社会生态——自然生态”四个从微观到宏观的层次性递进结构。“统一战线生态”层级的目标是人、社会、自然的和谐发展，统一战线生态可以进一步细分为“统一战线生态的内生态，统一战线生态——政治生态，统一战线生态——政治生态——社会生态，统一战线生态——政治生态——社会生态——自然生态”四个层级。

第二，统一战线具有并列关系的同位性结构，有整体性，有纵横协调的生态关系。统一战线的横向结构重在研究构成同一层次的社会主义劳动者、社会主义建设者、拥护社会主义的爱国者和拥护祖国统一的爱国者这四个要素之间的结合。

第三，统一战线具有持续性生存与发展的特点。互动相济、团结进取的和谐是善的和谐。统一战线是政治力量同心同德为共同目标奋斗的体系，持续向上、矛盾统一，有持续生命力的和谐。

第四，统一战线的政治功能与结构相匹配。统一战线与社会环境构成了复杂的动态结构，二者之间存在经济利益、政治权利、信息资源等的交流。统一战线在执政党领导下，通过其内部政党、民族、宗教、阶层和海内外同胞等的相互作用，体现了自我控制和体系的不断进化。

综上所述，统一战线符合生态系统构成的生态特征，体现出了一致与冲突、分化与整合、分权与制衡的特点，达到了稳定有序的状态，而构建与生态文明理念相匹配的统一战线生态体系切实可行。

第八章 新时代大统战组织、领导机制生态化

大统战组织、领导机制的生态化的研究将从党委和政府的领导与服务相结合的纵向主线生态化，统战部门牵头党、政、工、青、妇各部门的横向配合主线生态化，社会组织斜向交叉主线生态化三个方面展开，引入政治生态，以深化改革、“四个全面”的战略布局、“五位一体”的总体布局对新时期的大统战生态进行系统定位，牢牢把握大团结大联合的主题，做长包容多样性的“半径”，找到最大公约数，把社会各界力量凝聚起来，画出最大同心圆。

第一节 新时代大统战网络格局生态化

一、党委和政府的领导与服务相结合的纵向主线生态化

（一）完善党委和政府的领导与服务相结合的机制

构建大统战纵向主线生态化，就必须进一步完善党委和政府的领导与服务相结合的机制。

一是需要各级党委和政府从全局和战略的高度，加强对统战工作的组织领导，认真研究涉及统一战线的重大问题，着力解决统战工作面临的突出矛盾和困难，切实担负起巩固和发展统一战线的政治责任，推动广大党员干部共同做好统战工作。要坚持党的组织建设和统战工作同步推进的协同思维，将广大党外人士特别是其中具有一定社会影响力和政治参与能力的新的社会

阶层人士纳入大党建格局。以活动聚力，通过社会化、项目化、网络化运作方式，统战工作于日常交流互动之中，激励新的社会阶层人士自我教育、自我服务、自我管理、自我完善。

二是要聚焦党的创新理论武装加强思想政治引领，主动适应新形势新要求，突出重点、抓住关键，需要各级党委和政府从全局和战略的高度，加强对统战工作的组织领导，认真研究涉及统一战线的重大问题，着力解决统战工作面临的突出矛盾和困难，切实担负起巩固和发展统一战线的政治责任，推动统一战线工作提质增效，为决胜全面小康、决战脱贫攻坚凝心聚力。要紧紧围绕经济社会发展工作，充分发挥统一战线人才荟萃的智力优势、民主协商的政治优势、协调关系的组织优势和联系广泛的资源优势，找准履职重点和切入口，引导统一战线广大成员融入大局、服务大局。要坚持和加强党对统战工作的领导，牢固树立大统战意识、一盘棋思想，着力打造忠诚干净担当的高素质统战干部队伍，构建完善齐抓共管的大统战工作机制。

（二）健全大统战纵向生态体系

一是健全对党政领导班子开展统战工作的考核机制。落实中央要求，有没有统战观念、懂不懂统战政策、会不会做统战工作，是衡量领导干部政治素养、工作水平的一个重要标准，也是选拔任用领导干部的重要依据。

二是健全统战工作的宣传机制。各级统战部门要加强与宣传部门的联系沟通，宣传部门要把统战工作列入年度宣传计划，抓好组织实施；各主要新闻单位要积极宣传统战政策、及时报道统战工作、主动报道统一战线重要活动；充分运用包括报刊、广播、电视等传统媒介，要充分运用网站、微博、微信等网络平台，多渠道、多形式地开展统一战线的社会宣传和海外宣传，扩大统一战线影响。

三是健全党政领导干部对统战理论政策及相关知识的学习机制。学习掌握统一战线基本理论、方针政策和相关知识，做好统战工作的前提条件。各级党政领导干部要带头学习习近平总书记关于加强和改进统一战线工作的重要思想，掌握统一战线政策。

四是健全党政领导干部与党外人士的联谊机制。统战工作是做人的工作。近年来，各地都出台了不少关于领导干部联谊交友的制度。各级领导干部要从政治高度看待联谊交友工作，做到“欲交天下士，未面已虚襟”[①]，和党外人士交往，一定要多走动、多接触，多交流、多谈心，多关心、多帮助，真正交一批立场坚定、在关键时刻发挥作用的挚友，为党分忧、在重大问题上据实直言的诤友，学习修身上对自己有帮助的畏友。

五是健全统战部牵头的协调机制。要进一步完善党委统一领导、统战部牵头协调、有关方面各负其责的大统战工作格局。统战部作为党委主管统战工作的职能部门，应担负起牵头协调统战工作方针政策的贯彻落实、重大问题协调处理和相关干部管理等工作。这有利于加强党对统战工作的集中统一领导，利于统战系统的协调配合，利于及时妥善处理统战工作中的重大问题。

二、统战部门牵头党、政、工、青、妇各部门的横向配合主线生态化

（一）构建统战工作制度化生态平台

党的十八大以来，社会主义协商民主建设相关的一系列文件密集出台，《关于加强社会主义协商民主建设的意见》《关于加强和改进党的群团工作的意见》《关于构建和谐劳动关系的意见》《关于加强城乡社区协商的意见》《关于加强社会组织党的建设工作的意见（试行）》等等，为各部门制度化生态平台构建指明了理论和实践方向。党、政、工、青、妇各部门要构建统战工作制度化生态平台，要做的工作还很多，可以先从如下几方面着手探索。

一是探索在企业中构建统战工作制度化生态平台的路径。2016年3月发布的“十三五”规划纲要，专门将“工会、共青团、妇联等群团组织”的统战职能明确提了出来，表明了党和国家对新形势下开展企业统一战线工作的空前重视。构建制度化生态平台需要提高全党对工人阶级内部统一战线的重视，强化国有集体企业中党组织、工会、共青团等党的群团组织的作用，尤其是要探索在非公有制企业中开展统一战线工作的制度路径。

二是探索在社会新阶层中构建统战工作制度化生态平台的路径。当前构建“大统战”的工作格局，应由中共的统战部门牵头，联合中共的组织部等多个部门，协调推动街道、社区、园区和楼宇当中的党组织负起主体责任，

① 贺遂亮：《赠韩思彦》，唐朝。

共同做好新的社会阶层代表人士的政治引导和培养使用工作。要注意分类分层施策。构成新的社会阶层人士的四种人各属不同的群体，根据他们各自的政治参与意愿和取向，分类分层采取不同的措施，着力把新的社会阶层人士统战工作提升到一个新的水平。要借助各类平台，齐抓共管地推进“大统战”工作。要推动以新的社会阶层联合会为载体的平台和各类各级联谊组织的建立，突出统战性、民间性和专业性，不断优化强化其领导班子。要发挥各类社会组织总会、总商会等组织的积极作用，继续开拓新的平台。在大力推进新平台作用的同时，仍要继续发挥人大、政协和群团等传统政治安排载体的作用。

开展新的社会阶层人士基层统战工作，必须充分发挥基层党组织的主体作用，必须注重发挥各方面的积极性、构建社会化的大统战工作格局。必须重视思想引领、重点提升相关实践的政治性和统战性。可借鉴南京市“一中心、四平台、五板块”的运行模式。“一中心”即按照党委领导、社会化运作的理念，南京市玄武区新街口街道注册成立了“玄武区新领空间白领服务中心”，法人代表、理事长由街道“两新”党组织负责人担任，请3名党建指导员兼任统战指导员。“四平台”即按照分类施策的原则，整合区域资源，优化工作布局，相对固化了四大活动场所。“五板块”包括以下几方面。一是“发展助推器”。以“新领空间”为平台，区域内的有关部门、机构、组织和非公企业等连接起来，针对企业发展需要提供人员培训、政策咨询、发展规划等方面的服务，助推企业的发展。二是爱心大接力。依托街区内新的社会阶层人士的资源优势、行业特色和服务专长，积极组织参与社会公益活动。三是“乐活 fun 轻松”。针对街区新的社会阶层人士竞争压力大、普遍存在情感焦虑与心理调适等问题，“新领空间”依据趣缘组合，积极组织丰富多彩的活动，大力打造减压缓释的服务平台。四是“知识加油站”。积极引进各类社会组织，开展专业技能培训服务，不断满足新的社会阶层人士素质提升和职场充电的需求。五是“相约新街口”。采取线上线下并进的方式，积极为街区青年“剩男剩女”搭建交友平台，帮助他们解决个人感情婚姻等问题。

三是探索在党外代表人士中构建统战工作制度化生态平台的路径。培养使用党外代表人士，是我们党的一贯政策。要加大党外代表人士培养、选拔、使用的工作力度，努力培养造就一支自觉接受中国共产党领导、坚定不移地走中国特色社会主义道路、具有较强代表性和参政议政能力的党外代表人士队伍。党外代表人士工作的重点是科学使用、发挥作用，关键是加强培养、提高素质。要引导党外优秀人才自觉学习中国特色社会主义理论，自觉践行社会主义核心价值观，自觉弘扬中华传统美德。

（二）构建基层组织统战工作生态平台

健康发展的基层社团组织对协调社会利益关系、增强中华民族凝聚力、推进经济社会协调发展有着重要意义，也为我们开展新社会阶层人士的统战工作提供了新的桥梁和纽带。基层社团组织不仅涉及无党派人士、党外知识分子、少数民族人士、宗教界人士、港澳台及海外人士及其在大陆的眷属等统一战线各个领域，还涉及非公有制经济人士、中介组织的从业人员以及自由职业者等新的社会阶层。大统战横向主线生态化，要求各基层组织相互配合、指导和帮助，构建制度生态化格局。

一是要完善思想政治教育工作领导体制，增强基层组织领导力。领导班子要深入基层组织调查研究，与基层组织班子成员、普通民主党派成员座谈，加强与所在地及单位中共党委和统战部门的沟通。为基层组织配好班子，要选有较强政治水平、组织能力和一定群众基础的同志任“班长”，并配好班子成员。加强与所在单位中共党组织的联系沟通，帮助反映和促进解决基层组织的困难和问题，为基层组织营造良好的工作环境。建立健全理论学习和培训制度，进一步构建思想政治教育工作网络，纵向推动从各级领导班子到基层组织的思想政治教育工作，要建立健全并落实好理论学习和培训制度，防止重视上层组织、“关键少数”与不重视基层组织、“绝大多数”的两极分化的现象出现。横向推动参政议政、政治协商、民主监督、组织建设、社会服务、精准扶贫等工作之间的联系，防止“重履职、轻教育”的现象出现，逐步健全完善思想建设的领导体制和打造基层组织建设的制度规范样本。

二是要健全组织生活制度，提高政党意识，增进政治共识，增强基层组织凝聚力。新时代，参政党发挥优势、彰显价值的舞台更加广阔，要善于运用好思想宣传的渠道和平台，创新民主党派成员主动参与活动的平台和机制，提供展示干事创业的平台，让民主党派成员真正理解和认同党的方针政策，并通过他们引导所联系的群众团结在党的周围，最广泛凝聚共识和人心。要继承发扬“团结—批评—团结”等优良传统，在坚持求同存异、体谅包容和解决民主党派成员实际问题的同时，帮助民主党派成员实现思想认识上的进步，提升思想政治教育工作的质量。

三是要开展主题教育活动的学习教育长效机制，增强基层组织向心力。民主党派成员大多数分散在不同的工作岗位和领域，学习时间难以保障、学习动力难以持续。要创新工作方式方法，坚持做“关键少数”工作与做“绝大多数”工作并重，依靠各级统战部门的组织引导与依托民主党派各级组织的自我教育并重，做好网络教育工作和做好线下教育工作并重；要加强参政党自身建设，努力提升履职尽责能力水平，改进工作作风，切实防止和纠正形式主义、官僚主义和庸俗之风；要创新民主党派成员主动学习机制，可围绕领导班子成员主动和成员谈心、交流等形式展开。可设置主题，让支部成员集中交流，促进大家积极主动学习。建立领导班子与民主党派成员结对的“一对一”交流机制，与民主党派成员深交朋友，彼此坦诚相见；要理解人、尊重人、关心人，以理服人，做耐心细致的思想政治工作。建立支部互助帮扶的联合工作机制，由领导班子参与其中，通过领导班子讲授参政党理论以及参政党履职等相关内容做主导，建立领导班子带支部的机制，激发民主党派成员的学习热情。

四是要丰富思想政治教育的载体和形式，增强基层组织感召力。思想政治教育工作要讲究艺术，要注意方式方法，要善于运用广大民主党派成员喜闻乐见和易于接受的方式，这就要求开展思想政治教育工作要不断创新载体和丰富形式。在“互联网+”背景下，创新思想政治工作需要积极创新“互联网+思想建设”的平台，紧跟时代发展，积极应对现实变化，加强线上互动、线下沟通，把网上舆论引导和网下思想政治工作结合起来，切实把解决思想问题同解决实际问题相结合，积极营造良好的思想政治工作环境和氛围。对微信公众号等新媒体功能、作用的认识要更加深刻，建设、运营和管理新媒体的力度要不断加大，要打造高质量的“明星公众号”，使之成为民主党派成员接受思想政治教育的“微课堂”，成为民主党派成员与组织互动的“新桥梁”，真正发挥思想政治教育工作的优势和作用。

五是要大力实施思想建设保障工程，增强基层组织保障力。要加大对工作经费的投入，保障思想政治教育工作正常开展。加强思想政治教育工作队伍建设。积极打造“虚拟机关”，有意识、有重点地培养一批理论水平高、政治素质好、热心民主党派工作、踏实肯干的民主党派成员从事思想政治工作，成为思想政治教育工作的骨干。加强参政党理论研究队伍建设，深入研究自身队伍结构的变化和履行参政党职能等实际工作中所引发的一些深层问题，进一步夯实思想建设的理论基础。

三、社会组织斜向交叉主线生态化

（一）什么是社会组织

社会组织是社会科学的一个新名词，有广义和狭义之分。广义的社会组织是指人们从事共同活动的所有群体形式，包括民族、家庭、社会团体、政府、军队和学校等。狭义的社会组织是为了实现特定的目标而有意识地组合起来的社会群体、企业、政府、学校、医院、社会团体等。它是对传统的非政府组织、非营利组织、第三部门或者民间组织等称谓的改造，是用中国特色社会主义理论深刻认识这类组织的基本属性、主要特征而形成的科学概括。党的十六届六中全会开始把民间组织纳入了社会建设与管理、构建和谐社会的工作大局，对传统的提法进行改造，提出了社会组织这一称谓，正式用“社会组织”代替“民间组织”。

·根据国家民政部民间管理局的资料，中国的社会组织分为三类，社会团体、基金会和民办非企业单位。
社会团体：由公民或企事业单位自愿组成、按章程开展活动的社会组织，包括行业性社团、学术性社团、专业性社团和联合性社团。
基金会：利用捐赠财产从事公益事业的社会组织，包括公募基金会和非公募基金会。
民办非企业单位：由企事业单位、社会团体和其他社会力量以及公民个人利用非国有资产举办的、从事社会服务活动的社会组织，为教育、卫生、科技、文化、劳动、民政、体育、中介服务和法律服务等。
·社会组织的主要特征是组织性、非营利性、公益性、志愿性、民间性、自治性等。

（二）加强社会组织统战工作的意义

1. 社会组织统战工作是统一战线构成的基础

社会组织随着社会经济的不断发展，覆盖面和影响力还将不断扩大，况且已经成为社会结构中的基层组织和基本单位之一，是党的工作和群众工作的重要阵地，在政治、经济、文化建设和社会生活中发挥着越来越广泛的作用。把社会组织纳入统战工作的工作范畴，适应统一战线内部构成的发展变化，研究制定相关的方针政策，探索新思路，提出新举措，不断巩固工农联盟，在增强工人、农民和知识分子团结的基础上，大力做好团结新的社会阶层、社会组织的工作，是不断增强和发展统一战线的基础的现实需要。

2. 社会组织可协助党和政府化解社会矛盾，维护社会秩序

统战部门主要有“了解情况、掌握政策、调整关系、安排人事”四大职能。要履行好这四大职能，必须敏锐地针对国际国内出现的新情况新问题，提出具体的意见建议，宣传和执行好党的相关政策。从统战部的职能来看，必须加强社会组织工作。社会组织成为各类矛盾反应比较敏感的汇聚地、维护社会稳定的重要防线。社会组织在正确处理人民内部矛盾、维护社会稳定方面的任务将十分繁重。通过以社会组织为纽带开展统战工作，加强思想政治工作，协调关系、沟通思想、理顺情绪、化解矛盾，在一定程度上能够把问题解决在萌芽中。

3. 加强社会组织统战工作，利于完成统一战线的任务

统一战线的根本任务就是争取人心，凝聚力量。实现中华民族伟大复兴的中国梦这项宏伟的事业，要“调动一切积极因素，团结一切可以团结的力量”，需要最大限度地把各阶级、各阶层、各民族、各党派、各团体和各界人士的意志、智慧和力量都凝聚到实现中国梦上来，团结一致，共同奋斗，使我国的经济保持健康增长，国家的综合国力进一步提升，人民生活水平进一步改善。社会组织在政策服务、协调服务、信息服务、权益保护服务等方面，为政府和社会提供双向服务。一方面将党和政府的有关政策意图及时传达给自己的成员，并为其提供行业信息、培训人才、办展览展销、组织经济交流活动，起到政府部门不可替代的中介作用。另一方面发挥政府的参谋助手的作用，积极开展调查研究，将自己组织成员的要求、愿望、建议及时向党和政府反映，为党和政府制定决策提供依据。通过履行“自我教育，自我管理，自我服务”职责，建立自律机制，帮助统战部完成工作任务。

4. 加强社会组织统战工作，利于发现人才、选拔人才

统一战线是我党夺取革命的重要法宝，也是我们党执政兴国的重要法宝。社会组织是民主氛围、平等思想比较浓郁的场所，是专家学者云集的地方。政府转变职能、社会组织社会责任加重，对社会组织领导成员的组织领导能

力和自身学识水平是很好的锻炼和考验。从各地党外代表人士的成长过程看，多人都曾有过社会组织工作经历。因此，加强社会组织统战工作，在社会组织中挑选人才，注重党外人士在社团的经历和锻炼，符合在实践中发现人才、选拔人才、锻炼人才的人才培养和成长规律。

（三）积极推进社会组织统战工作的开展

开展社会组织统战工作，积极支持和引导社会组织加强自身建设，以此为载体，与其保持经常性的联系，扩大社会组织的知情范围和参与程度，认真听取社会组织的意见和建议，及时传达党和政府的方针政策，指导和支持他们开展社会组织的统战工作，使之成为开展社会组织的统战工作重要渠道。

1. 要大力推进社会组织统战工作，开辟巩固统战工作新渠道

社会组织作为凝聚各界群众的自治性、民间性组织，遍及各个领域、各个行业，其中行业协会数量最多、影响最大。目前一些新的社会阶层还未建立社会组织，建议统战部门适时出台加强社会组织统一战线工作的规范性文件，以此为载体，保持与社会组织经常性联系，加强日常工作的指导，使之成为开展社会组织的统战工作的重要渠道。

2. 要大力推进社会组织统战工作，加强对新的社会阶层代表的政治引导

一是做好社会组织中新的社会阶层代表人士的思想政治工作，突出政治引导，增强他们拥护党的领导，保持走中国特色社会主义政治发展道路，坚定不移执行党的路线、方针、政策的自觉性。二是把对新的社会阶层代表人士的培养、选拔工作纳入党外代表人士队伍建设的总体规划，为他们的成长和成熟创造有利条件，着重发现和培养年轻一代的代表人物。三是组织新的社会阶层代表人士通过各种渠道、各种形式参政议政和民主监督。在人大、政协适当安排社会影响较大的代表人士担任职务。通过调整政协相关界别的设置，将不断发展壮大的社会组织纳入人民政协的参加单位，增加新的社会阶层的委员代表。社会组织及其代表成员在人大、政协提供反映自身利益要求和政治诉求，加大参政议政的渠道。

3. 要大力推进社会组织统战工作，加强同新的社会阶层成员的联系与服务

社会组织要充分发挥在所联系的新的社会阶层中的影响力，充分利用其广泛联系群众的优势，在统战工作中发挥应有的作用。一方面，社会组织要加强同新的社会阶层成员的联系。通过建立社会组织会议制度，定期开会，

汇报情况，互通信息，调解关系，为社会组织统战工作创造良好的宏观环境和微观环境。通过网络交流平台，及时了解社会组织成员的情况，调动社会组织成员的积极性。与会的社会组织成员也可以通过网络交流平台随时了解党的有关政策，发挥我党统战工作的优势。另一方面社会组织要热心为新的社会阶层成员服务。倾听他们的意见和呼声，将他们的要求、愿望、建议及时向党和政府反映，保护他们的合法权益。通过开展丰富多彩的活动和典型示范作用，加强成员自我教育、自我管理的观念和能力，使社会组织成为凝聚人心、融洽感情、丰富生活、陶冶情操的园地。

4. 要大力推进社会组织统战工作，必须充分发挥社会组织党组织的政治核心作用

社会组织党组织要贯彻党的路线方针政策和国家法律法规，落实中央和各级党委的重大决策和部署；要经常了解和掌握社团组织人员的思想状态和政治倾向。若发现违反党的路线方针政策的活动倾向，应及时报告，并坚决制止和纠正，保证社会组织各项活动在党的领导下积极健康地开展；要从新的社会阶层人士关心的热点、难点、重点问题入手，多形式、多层次地开展思想政治工作，教育引导新的社会阶层人士正确理解党的路线方针政策，正确认识和对待发展中存在的问题和各种社会现象，正确处理国家、集体和个人的利益关系；要向新的社会阶层人士宣传正确的世界观、人生观、价值观，宣传法律知识和无神论思想，积极开展各种健康向上的文化、体育、科技等活动，保持先进思想文化在社会组织中的主导地位。

第二节　大统战引导机制生态因素研究

一、政治引导生态因素

（一）政治体系酝酿下的政治生态

我们考察大统战的内部结构与其互动功能是否能构成一个生态有机整体，以社会核心价值观为核心，引入大统战生态体系，使其有效地制约非核心、非主导的社会价值因素作用的发挥，保障社会经济制度、政治制度、文化制

度的稳定和发展。用生态学的方法全面考察大统战的宏观、中观、微观三个层面，将其分别看成三个生命体，并且具有生命特征。社会环境不断向政治体系输入要求，政治体系这就好比生物要生存，就要主动适应环境，在磨砺自己的历程中完善自己的生命功能，输出决策信息，满足环境的正当要求。大统战的政治生态，就是在以生物自己的方式，强化自己的功能，改正自己的缺陷，满足时代和广大人民群众的要求，不断迎接外部环境挑战的生态政治。从生态政治的角度看，一个国家拥有什么样的价值理念就会孕育出什么样的政治制度。我们党进行所有的理论探索和学说建设都是努力站在思想建设的前沿阵地上，以保证我们党在各方面能够保持先进性，做好广大人民群众利益的忠实代表。

（二）深化改革成为大统战的政治生态因素

我国政治改革已经进入到“深水区”，深化改革必须要进行“顶层设计”和整体推进。政治生态化发展思维正好适应了这一改革需求。党的十八届三中全会提出“必须更加注重改革的系统性、整体性、协同性，加快发展社会主义市场经济、民主政治、先进文化、和谐社会、生态文明，让一切劳动、知识、技术、管理、资本的活力竞相迸发，让一切创造社会财富的源泉充分涌流，让发展成果更多更公平地惠及全体人民”① 的总体目标，这一目标包含着十分丰富的政治生态意蕴，渗透和折射了系统性、整体性、多元性的思维方法与辩证逻辑精神，透射出当代中国政治体制改革的生态化价值取向。

二、价值引导生态因素

“人类共同价值”，是习近平总书记提出的重大命题，为新时期“大统战”事业注入了新鲜血液。为最大限度凝聚人心和力量提供了最原初的生命动力，引领了“大统战”理念下构建中华民族命运共同体和人类命运共同体的价值导向。

（一）“人类共同价值”引领了“大统战”格局的价值导向

文明的全部意志，就在于使人类摆脱野蛮状态，谋求幸福之境，正如日本小说家幸田露伴所言：“真正的文明是所有人种植幸福的结果。”幸福之果体

① 孙新：《全面从严治党视阈下的党的建设制度改革》，《科学社会主义》，2016年第4期，第107–112页。

现在人类个体，即“身体的清洁、良心的清白、智慧的清明”。体现在人类全体，即“社会的和谐、国家的安宁、世界的和平”。幸福之果的收获，有赖于共同价值理念的灌溉，这是文明意志的体现。人心的相聚，根本在于价值的相通。“和平、发展、公平、正义、民主、自由”[①]，是国际社会普遍认同的价值观，也是人类谋求幸福的路径方向。在构建共同价值理念这一点上，中华文明有着实实在在的自觉与自信。正是中华文化有容乃大、天下为公、万国咸宁的智慧和格局，铸就了中华民族“多元一体”的历史进程，由“多元一体”到“命运共同体”，其间的过渡顺理成章。“命运共同体”这样的概念并非横空出世，早在人类社会运行之初，当个体生命只有在群体庇佑下才能生存并被赋予某种意义时，“命运共同体”已经作为事实存在着，只不过随着人类社会的逐步发达，共同体的职能由最初的延续生命本能演进为提升生命价值。实际上，也只有在提升到生命价值的层面之后，“命运共同体”才能真正实现其为人类命运绘制前景的意图。从这个意义上来看，“人类共同价值”与“人类命运共同体”作为两个相互链接的概念，具有逻辑上和内容上的必然性：构建人类命运共同体，是“中国智慧”基于人类文明价值走向的基本判断，是解决阻碍人类社会发展进步顽疾的根本方案。“人类共同价值”的提炼和“人类命运共同体”的预设，是中华文明对世界文明的积极贡献。

（二）人类命运共同体成为新时代国际统一战线的价值引领

构建中华民族命运共同体的可行性，导出了构建人类命运共同体的可能性，这是“人类共同价值”支撑下的必然结果，二者又共同建基于人性的本质和文明的意志，为“大统战”格局在价值导向上进行了有益的规整。党的十九大报告呼吁“各国人民同心协力，构建人类命运共同体，建设持久和平，普遍安全，共同繁荣，开放包容，清洁美丽的世界”[②]。人类命运共同体成为新时代国际统一战线的新宗旨和价值引领。“人类只有一个地球，各国共处一个世界”[③]，以人类命运共同体为契合点引入生态因素，发挥国际权力观、共同利

① 新华社评论员：《习近平联大演讲：强调民主、自由是人类共同价值》，新华每日电讯，2015年9月29日（003）。

② 习近平：《决胜全面建成小康社会 夺取新时代中国特色社会主义伟大胜利——在中国共产党第十九次全国代表大会上的报告》，人民出版社2017年版。

③ 习近平：《人类只有一个地球 各国共处一个世界》，中国新闻网，2013年4月7日。

益观、全球治理观、可持续发展观等理论内涵的人类命运共同体的丰富的价值引领作用，构建主权平等、对话协商、合作共赢、共享共建、可持续发展的和谐生态。

（三）人类卫生健康共同体成为疫情下国际统一战线的共同担当

2020年，新冠肺炎疫情来势汹汹，严重威胁全人类的健康与福祉，也暴露出全球公共卫生治理的短板，凸显推进全球公共卫生治理体系改革的必要性。如何有效应对这一重大挑战、最终战胜疫情？关键是坚定信心、齐心协力、团结应对，全面加强国际合作，凝聚起战胜疫情强大合力。其中，一个重要方面就是打造人类卫生健康共同体。

打造人类卫生健康共同体，不仅针对当前新冠肺炎疫情防控，而且着眼于人类卫生健康事业的长远发展，关乎全人类的未来，进一步彰显了中国携手国际社会合力抗击新冠肺炎疫情的坚定决心，也充分彰显了中国自觉把自身发展与人类社会发展统一起来的大国胸怀和历史担当。

构建人类命运共同体旨在建设一个持久和平、普遍安全、共同繁荣、开放包容、清洁美丽的世界。其中“普遍安全”就包含应对全球公共卫生危机。打造人类卫生健康共同体的重要倡议，秉持人类命运共同体理念，旨在更好地为人类的生存与发展保驾护航，维护人类的整体安全与健康福祉。习近平总书记指出：“人类是一个命运共同体。战胜关乎各国人民安危的疫病，团结合作是最有力的武器。”[①] 面对疫情在全球蔓延的严峻形势，打造人类卫生健康共同体需要采取切实行动，全面加强国际合作，坚决打好疫情防控全球阻击战。要凝聚各国力量，共同制定科学合理的防控措施，建立起最严密的联防联控网络，尽力阻止疫情跨境传播；共同合作加快药物、疫苗、检测等方面科研攻关，力争早日取得惠及全人类的突破性成果；携手帮助公共卫生体系薄弱的发展中国家提高应对能力等等。各国应支持联合国及世界卫生组织在完善全球公共卫生治理中发挥核心作用，进一步加强各国之间的信息沟通、政策协调、行动配合。

（四）“五位一体价值观”成为人类命运共同体的生态因素

五位一体价值观构成了人类命运共同体的丰富内涵，其中主权平等是基

① 习近平：《团结合作是国际社会战胜疫情最有力武器》，《求是》，2020年04月15日。

础，对话协商是基本原则，合作共赢是核心，共享共建与可持续发展是目标。构建人类命运共同体就是建立平等相待、互商互谅的伙伴关系，营造公道正义、共建共享的安全格局，谋求开放创新、包容互惠的发展前景，促进和而不同、兼收并蓄的文明交流，构筑尊崇自然、绿色发展的生态体系。将五位一体的价值观作为生态因素，为构建大统战机制提供了一种新的思维方式和更趋合理的价值理念。

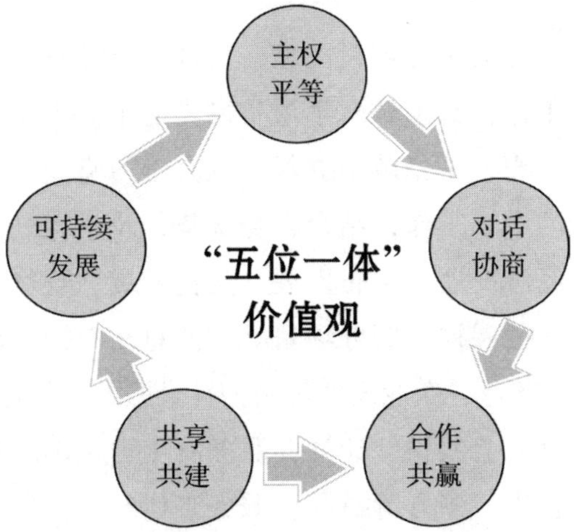

今天人类生活在同一个地球村，各国相互联系、相互依存、相互合作、相互促进的程度空前加深，人们生活在历史和现实交汇的时空里，越来越成为你中有我、我中有你的命运共同体。人类命运共同体回应了新的时代需求，适应了生活在同一个星球上的各个国家民族与地区谋求共同发展目标、追求共同利益的内在要求，正是这种随着全球化的深度发展而形成的共同的价值目标、共同利益追求和共担责任，成为命运共同体作为价值引领的坚实基础。

三、社会服务引导生态因素

社会服务是参政议政、民主监督两大主要职能的延伸和拓展，也是民主党派对内增强活力、凝聚成员力量、发挥党派优势、搞好自身建设的有效抓手，对外树立良好形象、扩大党派影响力的有效途径。随着中国特色社会主义进入新时代，对参政党的建设提出了新要求，民主党派也要顺应时代发展的需要，准确把握新时代中国特色社会主义参政党建设的新要求，拓展社会服务内涵，努力使社会服务工作围绕新时代伟大目标有效开展工作。

要做好社会服务引导工作，使之成为大统战生态机制的因素，就要领会好、贯彻好习近平新时代中国特色社会主义思想，进一步明确做好新时代社会服务工作的职责使命，把准社会服务工作的组织定位、功能定位，以创新思路推进工作实践，不断激发自身内生动力，整合各方资源，打造叫得响、可感知、有影响的活动品牌，从而在新时代奋力实践新思想、实现新作为，不断提升做好新时代社会服务工作的能力和水平。具体说来，要做好如下几方面工作。

一是要积极拓展社会服务项目类型，让社会服务发挥更大的作用。新时代要做好社会服务工作，必须认真学习贯彻党的十九大精神、习近平新时代中国特色社会主义思想，站稳政治立场。认真学习党委、政府工作报告，紧紧围绕党委、政府的中心工作，结合自身优势，及早谋划、科学选择社会服务项目，认真研究经济发展、生态发展、文化发展、脱贫攻坚等新型社会服务工作需求，挖掘、拓展社会服务项目类型。总之，扶贫济困等传统社会服务工作不能丢，助力产业、企业发展等新型社会服务工作也要逐步开展起来。

二是要广泛凝聚社会共识，让社会服务有生力量不断壮大，让社会服务影响力不断扩大。首先，多方筹措社会服务工作经费，争取纳入地方财政预算。除了现有的经费筹措渠道外，要积极与政府协调沟通，多开展政府迫切需要、做而未能做的社会服务工作，取得政府支持，力争部分社会服务经费纳入地方财政预算。其次，联合一切可以联合的社会力量，集中力量办大事。例如，以解决困扰政府、群众多年的民生难题为切入点，启动一项或多项相互关联且涉及面广的社会服务项目，争取统战部、各政府机关单位、龙头企业、各民主党派、各行业协会、各社会团体等的支持与参与，打造新的社会服务品牌。最后，加强民主党派自身建设，提高会员参与社会服务的热情，稳固社会服务工作开展的基础力量，提升会员社会服务水平，提高社会服务质量。

三是要不断创新社会服务工作制度、模式及方式方法等，让社会服务工作不断焕发新的生机，永葆旺盛的生命力。创新社会服务品牌、项目、模式等是提升社会服务水平的有效路径，是适应新时代社会服务工作不断发展变化的必然要求。要使社会服务工作水平迈上新台阶，必须坚持创新。

四是要提升社会服务工作能力水平，促进社会服务工作向专业化转变。一方面，要加强学习培训，培养社会服务工作参与者技能水平。另一方面，采购专业化服务。针对专业性强的服务领域，在自身能力与力量有限的情况下，为满足服务质量要求，可视情况选择购买服务。

第三节　新时代大统战组织、领导机制生态化途径

一、组织领导者生态大统战观念

（一）大统战格局论

习近平总书记强调统战工作是全党的工作，大家共同来做，“坚持党委统一领导、统战部牵头协调、有关方面各负其责的大统战工作格局”[①]。这就从顶层设计的高度提出了开展统战工作的“大体系”，说明统战工作不是统战部门单打独斗，而是要由党委领导通盘考虑，作为重点来抓，带头做好统战工作并形成体制机制，加强队伍建设，以全局性和系统性思维来开展工作。

（二）新型政党制度论

习近平总书记用了三个“新就新在”，阐述了中国新型政党制度的独特性。在国家政权问题上，代表最广大人民利益、没有任何特殊利益追求的中国共产党始终处于执政地位；在政党关系架构上，中国共产党和各民主党派分别作为执政党和参政党既有利于集中统一领导，又有利于充分发扬民主；在阶级代表性上，中国新型政党制度通过制度化、程序化、规范化安排，有效避免了旧式政党制度囿于党派利益、阶级利益、区域和集团利益决策施政导致社会撕裂的弊端。中国新型政党制度厚植于中国土壤和传统文化，既有经历不同道路选择失败后最符合中国国情的“内在”必然性，也有运用制度效能和成本的新框架分析具备优势的“外在”合理性。

（三）命运共同体论

对于民族共同体建设，习近平总书记基于中华民族命运共同体的思想，强调民族、宗教工作都是群众工作，“深化民族团结进步教育，筑牢中华民族共同体意识”。通过民族区域自治制度加快民族地区发展和长治久安，加强各民族交往交流交融。坚持我国宗教的中国化方向，积极引导宗教与社会主义

① 尤权：《坚持大统战工作格局》，《人民日报》，2019年11月26日第6版。

社会相适应。对于命运共同体建设，无论是中国发展还是打造人类命运共同体，港澳台同胞和海外侨胞都是重要力量，需要发挥统一战线作用争取人心，促进五种认同。同时，通过大力推进“一带一路”倡议，在国际范围内团结更多的朋友形成命运共同体，树立大国形象。

（四）政治吸纳论

党的十九大报告指出：“加强党外知识分子工作，做好新的社会阶层人士工作，发挥他们在中国特色社会主义事业中的重要作用。”[①]习近平总书记要求将党外知识分子工作作为基础性和战略性的工作，分类施策，多尊重、包容知识分子，特别是提出了统战对象中的“新三类人”，加强对他们的政治引导和政治吸纳，既要为做好他们的工作增强责任意识并配强工作力量，还要根据党外知识分子和新的社会阶层人士的身份和情况，进一步改进工作方法，学会做思想政治工作的本领。

（五）亲清政商关系论

在非公有制经济领域开展统战工作，习近平总书记强调了其重要性，即“两个健康”：“促进非公有制经济健康发展和非公有制经济人士的健康成长。”他认为这不仅是重大经济问题，也是重大政治问题。政府要通过智能转换、加强服务来保护和支持非公有制经济发展，对其中的代表人士给予照顾和政治安排，也要从思想政治教育引导方面为他们指明发展的方向和道路，强化理想信念、道德法律和社会责任意识，以“亲”和“清”为特点最终形成健康的政商关系。

二、根据生态要求调整统战格局及系统

（一）符合生态要求的大统战格局

符合生态要求的大统战格局是在习近平总书记关于进一步加强和改进统一战线的重要思想指导下建立的。可以将大统战格局看成一个大生态系统，一个关于整个中华民族内部，以及中华民族与世界人民大团结大联合的生态体统。其子系统不仅包括中国工人阶级及其政党中国共产党内部的团结统一，包括我国大陆以工农联盟为基础的全体人民，而且包括大陆范围以外一切爱

① 王寒：《新时期做好党外知识分子统战工作的一点思考》，《文化创新比较研究》，2020年第4期，第5–6页。

国爱家乡的中华儿女，还包括中国人民与可以团结的世界其他各国、各民族、各政党、各团体和个人大团结大联合的观点。大统战观是相对于小统战即专由中共党委统一战线工作部门所统一协调和重点工作的范围而言的。大统战观是统一战线大团结大联合主题的内在要求，从根本上说，也是中国共产党无论是作为革命党，还是作为执政党所肩负的伟大历史使命所要求的。

大统战工作具有战略性、全局性。其工作范围广，既涉及党内，又涉及党外，既涉及国内，又涉及国外。这样重要、涉及面又如此之广的工作，光靠统战部门是不够的，需要各级党委重视、各级政府及有关部门支持，必须全党共同来做。全党做统战工作，是全面落实党的各项统一战线方针政策、巩固和发展统一战线的必然要求。一是解决“统战工作不统一”问题，加强对统一战线贯彻落实中央重大方针、政策、法律法规情况进行研究、协调指导和督促检查，以便更好地促进统战部门做好自己的业务工作。这就有了中央统一战线工作领导小组的设立，随之各省（自治区直辖市）、地级市、县（市、区）都成立了统一战线工作领导小组；二是要求全党树立“大统战观”，以大统战观武装全党，使全党同志更加重视统战工作，无人不做统战工作，无处不做统战工作，无时不做统战工作，切实巩固和壮大我们党领导的爱国统一战线，为实现中华民族伟大复兴中国梦提供广泛的力量支撑。

（二）新时期大统战生态系统的定位

新时代中国特色社会主义的新方位、新使命和新目标，对统一战线的定位、作用和发展提出了新要求。从功能型统一战线角度来看，新时代统一战线可称为“中华民族伟大复兴统一战线”，是爱国统一战线在新时代的新发展，其定位、作用和发展都将围绕中华民族伟大复兴这一宏伟奋斗目标来展开。新时代统一战线以服务中华民族伟大复兴为突出功能，以实现中华民族伟大复兴为最大价值公约数，以展现中华民族伟大复兴的中国方案为外部效应。新时代统一战线将深度嵌入中国国家治理体系，展现对中国国家治理体系完善和国家治理能力提升的重要作用：统一战线制度促进中国特色社会主义制度成熟和定型，统一战线民主促进中国特色社会主义民主发展和完善，统一战线关系促进中国特色社会主义社会整合和凝聚。新时代统一战线围绕为中华民族伟大复兴凝聚磅礴力量的重大任务，其发展图景是：形成国内与国际、网上与网下高度统筹的统一战线空间布局，形成策略与战略、法宝与目的高度一致的统一战线理论认识，形成利益与认同、政策与法治高度协同的统一战线工作方法，形成衔接紧密、权威高效的统一战线运转体制，形成紧贴时代、着眼未来的统一战线发展视野。

1. 以服务中华民族伟大复兴为突出功能

统一战线是一些不同的阶级、阶层、政党、集团、民族、国家等社会政治力量在共同利益的基础上为实现共同目标而结成的联盟。统一战线既包括中国共产党领导的统一战线，也包括古今中外其他类型的统一战线。中国共产党领导的统一战线历经国民革命联合战线、工农民主统一战线、抗日民族统一战线、人民民主统一战线、爱国统一战线等形态，这些可归为“形态型统一战线”。中国共产党领导的统一战线是人类社会中理论最为成熟、实践最为丰富、制度最为健全、发展最为完善、功能最为突出的统一战线类别，是各历史阶段、各个领域、各种功能的统一战线的总称，是凝心聚力的策略手段和人心政治战略目标的统一体。各形态统一战线的具体目标有异，但其最根本的、最大的共同目标都是追求中华民族伟大复兴。从这个意义上讲，中国共产党建党以来领导的各形态统一战线都属于“中华民族伟大复兴统一战线”。改革开放以来，统一战线的具体形态是爱国统一战线。爱国统一战线的提出，标志着统一战线从阶级联盟转变为政治联盟，体现了统一战线性质的根本变化。爱国统一战线既是最广泛的统一战线，也是继续追求中华民族伟大复兴的统一战线。中华民族伟大复兴包含爱国的价值内涵，也是爱国价值的目标追求。在当代中国，爱国主义、社会主义是中华民族伟大复兴的思想基础，而中华民族伟大复兴是坚持爱国主义、社会主义的目标结果。从所涉及领域看，统一战线有政党、民族、宗教、阶层、港澳台海外、国际统一战线，这些可归为“领域型统一战线”，服从于相对应的“形态型统一战线”的目标规定，同样追求中华民族伟大复兴。而以历史阶段为基轴，统一战线展现出不同的功能，可称为“功能型统一战线”。在革命时期，统一战线作为夺取革命斗争胜利的重要法宝，是革命时期的统一战线，可形象地称为“革命时期统一战线”，是中华民族“站起来”阶段的统一战线。在建设时期，统一战线以服务现代化建设为中心任务，可形象地称为“建设时期统一战线”，是中华民族“富起来”阶段的统一战线。在全面建设小康社会和全面建成小康社会阶段，统一战线分别是“全面建设小康社会时期统一战线”和“全面建成小康社会时期统一战线”。在新时代，统一战线将由为实现第一个一百年奋斗目标服务转换到为实现第二个一百年奋斗目标服务。在新时代实现第一个一百年奋斗目标后，中华民族伟大复兴将继续贯穿于第二个一百年奋斗目标“两步走”全程，也是第二个一百年奋斗目标“两步走”的目标指向。在新时代，统一战线将逐步由全面建成小康社会时期的统一战线进入到接近中华民族伟大复兴时期的统一战线，是中华民族“强起来”阶段的统一战线。从功能型统一战线角度来看，新时代统一战线可称为“中华民族伟大复兴统一战线”，是爱国统一战线在新时代的形象化表述和新发展，其鲜明功能体现的是为中华民族伟大复兴服务。

可见，从形态、领域、功能角度来看，“中华民族伟大复兴统一战线”可成为更高一级的概念。在概念体系中，作为类概念的“统一战线”可用于统称人类进入阶级社会后古今中外各种社会政治力量在共同利益的基础上为实现共同目标而结成的联盟；作为属概念的“中华民族伟大复兴统一战线”可用于统称中国共产党建党以来领导的各种形态统一战线；作为种概念的国民革命联合战线、工农民主统一战线、抗日民族统一战线、人民民主统一战线、爱国统一战线，从属于其上级属概念和类概念。“中华民族伟大复兴统一战线”既包含爱国统一战线，但更是爱国统一战线在新时代的新发展。

2. 以实现中华民族伟大复兴为最大价值公约数

党的十九大报告指出：“新时代中国特色社会主义思想，明确坚持和发展中国特色社会主义，总任务是实现社会主义现代化和中华民族伟大复兴。”[①] 共同思想政治基础是统一战线一致性的集中凝练，反映了统一战线的共同目标，是统一战线团结联合的重要条件。在新时代，统一战线的共同思想政治基础从坚持和发展中国特色社会主义，拓展为坚持和发展中国特色社会主义、实现中华民族伟大复兴中国梦。这是新时代统一战线工作方针新发展的重要方面。坚持和发展中国特色社会主义、实现中华民族伟大复兴的中国梦，两者是辩证统一的。坚持和发展中国特色社会主义，以实现中华民族伟大复兴为目标；实现中华民族伟大复兴，必须坚持和发展中国特色社会主义。因而，新时代统一战线中共同思想政治基础的两个组成方面也是辩证统一的。从价

① 《中共浙江省委关于深入学习贯彻习近平总书记考察浙江重要讲话精神 努力建设新时代全面展示中国特色社会主义制度优越性重要窗口的决议》，《浙江日报》，2020年6月28日第1版。

值公约数功能来看，实现中华民族伟大复兴的中国梦作为全体中华儿女的共同追求，具有最大价值通约功能。新时代统一战线高举爱国主义、社会主义两面旗帜，进一步凸显中华民族伟大复兴的最大价值公约数，有利于实现统一战线在新时代的新使命、新任务。在第一个联盟中，统一战线成员坚持和发展中国特色社会主义、追求中华民族伟大复兴是高度一体的。大陆范围内的联盟是追求和实现中华民族伟大复兴的主体力量。在第二个联盟中，统一战线成员坚持和发展中国特色社会主义、追求中华民族伟大复兴存在一定程度的不同步情形。他们中的部分人对社会主义、国家统一存有这种或那种看法，但只要他们支持和认同中华民族伟大复兴，仍然是统一战线团结联合的对象。大陆范围外的联盟同样渴求中华民族伟大复兴，是追求和实现中华民族伟大复兴不可忽视的重要力量。越是接近中华民族伟大复兴，越是要实现港澳长期繁荣稳定，越是要实现祖国完全统一，越是要发挥港澳台同胞、海外侨胞的积极作用。第二范围联盟成员认同中华民族伟大复兴，与第一范围联盟成员坚持和发展中国特色社会主义"殊途同归"。

可见，在统一战线中，中华民族伟大复兴的共同思想政治基础虽重点指向第二个联盟，但是由于其更大的价值包容性而具有更大的涵盖功能，实现中华民族伟大复兴的价值追求内在地包含着坚持和发展中国特色社会主义。新时代统一战线以坚持和发展中国特色社会主义、实现中华民族伟大复兴中国梦为共同思想政治基础，为在新时代巩固和发展最广泛的爱国统一战线铸牢了圆心、延长了半径，有助于以最大公约数画出最大同心圆。从价值涵括和内在关系来看，新时代统一战线的共同思想政治基础可归结为包含着坚持和发展中国特色社会主义内容的实现中华民族伟大复兴。在这个意义上，新时代统一战线作为"中华民族伟大复兴统一战线"，更加鲜明地反映了统一战线大团结大联合的主题，更加鲜明地体现了统一战线凝聚人心、汇聚力量的根本职能。

3. 以展现中华民族伟大复兴的中国方案为外部效应

党的十九大报告指出："中国特色社会主义进入新时代意味着中国特色社会主义道路、理论、制度、文化不断发展，拓展了发展中国家走向现代化的途径，给世界上那些既希望加快发展又希望保持自身独立性的国家和民族提供了全新选择，为解决人类问题贡献了中国智慧和中国方案。”① 新时代中国特色社会主义建成社会主义现代化强国的最显著标志是实现中华民族伟大复兴，其外在体现则是中华民族以更昂扬的姿态屹立于世界民族之林。新时代中国特色社会主义建设处于机遇与挑战并存的外部环境中。中国日益接近中华民族伟大复兴目标的进程，也是中国日益靠近世界舞台中心、日益接近世界斗争中心的进程。其中，突出的斗争体现在话语权争夺方面。统一战线与中国话语权建设高度关联。中国话语权建设涉及我国经济、政治、文化、社会、生态建设等方面，其敏感、高度相关内容则体现在政党制度、民族宗教、非公有制经济、港澳台侨等统一战线领域。西方的话语霸权和话语攻击集中指向统一战线的重要方面，包括民主形式话语权、政党制度话语权、民族宗教话语权、经济制度话语权、国家结构话语权、国际关系话语权。② 党的十九大报告指出：“推动形成全面开放新格局。开放带来进步，封闭必然落后。中国开放的大门不会关闭，只会越开越大。”③ 在全面开放的新时代，统一战线不仅在两个范围中互动更加频繁，而且日益与国际社会产生交互关系。新时代统一战线将是空间上全球交互的统一战线。新时代统一战线不仅要在国内助力党和政府处理涉及统一战线的各类棘手问题，也要对国际社会积极展示统一战线所内含的中国方案、中国智慧和中国价值。这要求统一战线更加重视统筹国内国际两个大局，在社会主义制度、资本主义制度和中西文明交互环境中产生世界性影响。新时代中国特色社会主义具有世界意义，而统一战线能在其中做出相应贡献。新时代统一战线能够广泛凝聚中华民族伟大复兴所需力量，在服务民族伟大复兴中体现出独特价值。从融合中国道路、体现中国经验、反映中国智慧、彰显中国话语的角度来看，新时代统一战线在服务中华民族伟大复兴中具有独特价值和功能。新时代统一战线在选举民主和协商民主共同驱动的民主发展道路，反映普遍规律和符合中国国情的融合创新的制度体系，吸纳人类文明优秀成果和继承中华优秀传统文化的求同存异、合作共赢的思维理念等方面，展现中华民族伟大复兴的中国方案和中国话语。

---

① 刘焕申：《中国特色社会主义制度自信的源泉》，《中国社会科学报》，2020年4月9日第1版。

② 罗振建、林华山：《统一战线与中国话语权》，《统一战线学研究》，2017年第1期，第32-40页。

③ 习近平：《决胜全面建成小康社会 夺取新时代中国特色社会主义伟大胜利——在中国共产党第十九次全国代表大会上的报告》，人民出版社2017年版。

在这个意义上，新时代统一战线同样是“中华民族伟大复兴统一战线”。

（三）新时代统一战线的发展图景

党的十九大报告对新时代统一战线提出明确的定位和要求：“统一战线是党的事业取得胜利的重要法宝，必须长期坚持。要高举爱国主义、社会主义旗帜，牢牢把握大团结大联合的主题，坚持一致性和多样性统一，找到最大公约数，画出最大同心圆。”[①] 在新时代，统一战线的发展将更主动、更全面、更有效。新时代统一战线围绕为中华民族伟大复兴凝聚磅礴力量的重大任务，将形成如下发展图景。

1. 形成国内与国际、网上与网下高度统筹的统一战线空间布局

在新时代，中国日益走近世界舞台的中心。统一战线服务中华民族伟大复兴，需要更加娴熟地统筹国内国际两个大局。要以中华民族伟大复兴的最大价值公约数继续巩固和拓展两个范围的联盟，促进两个联盟的互动。在人员往来日益频繁的背景下，两个范围联盟成员在各自范围内的身份经常性地发生变化和交叉，这导致统战工作对象既在各自范围内交叉，也在两个范围之间跳转。统一战线两个范围联盟中的成员互动频繁，日益催生统筹协调的需求；统一战线服务中华民族伟大复兴，日益需要把团结联合的工作放在国内国际大视野下进行考察和谋划；统一战线加强自身的巩固和发展，也日益需要有效调处国内国际多重因素。此外，信息时代的全面来临将加速催生与现实社会统一战线相对应的虚拟社会统一战线，即网络统一战线。网络统一战线将进一步摆脱主要把网络作为统战工作手段甚至宣传方式的初级做法和初级形态，进一步成为基于统一战线成员虚拟生活方式而形成的虚拟社会统一战线。网络统一战线遵循统一战线基本理念，将在更广的向度上巩固和发展统一战线。巩固和发展网络统一战线，是执政党开展网络空间治理的内在要求。

2. 形成策略与战略、法宝与目的高度一致的统一战线理论认识

在新时代，中国国家治理体系和治理能力现代化将显著获得推进，将更加符合中国国情、体现中国特色、反映中国智慧、彰显中国方案。作为中国国家治理体系重要内容的统一战线，其重要法宝作用的体现将由“外在地”

① 南方日报特约评论员：《统一战线始终是党的事业胜利的重要法宝》，《南方日报》，2015年9月21日（F02）。

围绕中心、服务大局进一步变为“内在地”围绕中心、服务大局。统一战线作为策略、手段继续发挥更大作用，与此同时，其作为战略和目的而“内在地”发挥作用将更加突出。邓小平曾指出，统一战线具有策略性，更具有战略性。但无论是战略性还是法宝作用，仍然带有把统一战线作为策略、工具来理解的色彩。“法宝”为佛教用语，其本义为“佛说的法”“和尚用的衣钵、锡杖”等；引申义指“神话中能制服或杀伤妖魔的宝物”；比喻义为“用起来特别有效的工具、方法或经验”。统一战线重要法宝虽是在比喻义上使用，但同样具有一定“工具”色彩。这种认识层次存在一定局限。“但是如果仅仅从战略和策略的角度来理解统一战线，就矮化和窄化了统一战线，因为一旦无产阶级改变了战略和策略，或者无产阶级某一阶段的战略目标一旦实现（如领导无产阶级革命取得胜利），就可能结束特定时期、特定形态的统一战线，不再与特定阶级、阶层、政党或集团结成政治联盟。因而，战略与策略视角下的政治联盟只是外在手段，不是内在需求，容易致使统一战线只具有工具意义，而不具有价值意义。”① 在新时代中国特色社会主义中，统一战线要继续深度嵌入中国特色社会主义制度体系，继续发挥民主参与、协调关系功能，全面体现自身的目的价值，实现自身更高境界的成熟和发展。统一战线理论研究要对这个问题做出回应。

3. 形成利益与认同、政策与法治高度协同的统一战线工作方法

照顾同盟者利益是统战工作的重要政策思想，是中国共产党在长期的统战工作实践中总结出来的重要经验和原则。同盟者利益随着时代的变化而变化，具体内容也将发生相应变化。长期以来，对同盟者利益的照顾主要体现为具体的政治利益、经济利益的照顾，且这种照顾主要依托政策方式进行。照顾同盟者利益的根本目的是实现政治认同，增进政治共识，更好争取人心。统一战线工作作为特殊的群众工作，做的是人的工作，因而照顾利益只是手段，实现人心认同才是目的。党的十九大报告指出：“中国特色社会主义进入新时代，我国社会主要矛盾已经转化为人民日益增长的美好生活需要和不平衡不充分的发展之间的矛盾。我国稳定解决了十几亿人的温饱问题，总体上实现小康，不久将全面建成小康社会，人民美好生活需要日益广泛，不仅对

① 肖存良：《中国统一战线的文化基础》，《统一战线学研究》，2017年第1期，第35-43页。

物质文化生活提出了更高要求，而且在民主、法治、公平、正义、安全、环境等方面的要求日益增长。”[①] 人民美好生活需要构成日益广泛，呈现出多样化、多层次的特点。我国社会主要矛盾的变化作为关系全局的历史性变化，同样对统一战线工作提出了新要求。在新时代，照顾同盟者利益的内容需要更加全面，既要继续关注具体的经济利益和政治利益，更要高度关注政治民主权利、个人价值实现、个体精神需求等高层次的“无形的利益”。开展统战工作，做好对统战成员的引领，要更加重视统战成员的高层次需求，不断优化工作方法，提高政治引导实效。新时代也是深化依法治国实践的时代，统一战线工作要坚持依政策开展与依规开展的有机统一，加强统一战线法规体系建设，注重运用法治思维和法治方式协同处理涉统公共事务。

4. 形成衔接紧密、权威高效的统一战线运转体制

在新时代，统一战线统筹协调的任务加重。创新开展新时代统战工作，要形成适应统一战线内外环境变化、两个范围高度互动、国际国内相互影响、网上网下相互转换情形的衔接紧密、权威高效的统一战线运转体制。党的十九大报告提出要深化机构和行政体制改革。统筹考虑各类机构设置，科学配置党政部门及内设机构权力、明确职责……在省市县对职能相近的党政机关探索合并设立或合署办公。深化大统战工作格局，需要构建政府大统战部门体制。在我国党政职能分工体制下，中央、省、市一级政府系列中，民族、宗教、港、澳、侨、台部门分设为主、整合少。统一战线公共事务分设治理体制产生了突出的“三多三少”问题：一是对特殊性东西强调多，对共性东西强调少；二是对具体事务考虑多，对整体政策考虑少；三是对治标措施考虑多，对治本措施考虑少。这不利于在国际国内两个大局中统筹开展统战工作，不利于对统一战线公共事务进行战略性治理，不利于统战部门发挥牵头协调职能。深化完善大统战工作格局，可探索在各级加强政府涉统工作部门的整合，组建各级民宗港澳台侨委员会（局），逐步建立政府大统战部门机构，最终形成政府大统战部门体制。基于此，党委统一领导、统战部牵头协调、有关方面各负其责的大统战工作格局将更加完善：把党委统战部门从大量具体事务中解放出来，统一战线重大政策的调查研究和制定出台将更加

① 习近平：《决胜全面建成小康社会 夺取新时代中国特色社会主义伟大胜利——在中国共产党第十九次全国代表大会上的报告》，人民出版社2017年版。

主动和权威；把涉统公共事务集中交由政府大统战部门整体性处理，统一战线公共事务的处理将更加专业和及时；前瞻谋划争取人心、反分裂、国家统一等重大问题，统一战线棘手问题的解决将更加彻底和高效。各级特别是区县一级政府涉统部门与统战部门合署办公改革中，应明确使政府涉统部门保留在政府序列和具备执法主体资格，并着力建设一支高素质专业化统战干部队伍。

5. 形成紧贴时代、着眼未来的统一战线发展视野

新时代中国特色社会主义事业需要广泛凝聚各方面力量。对于统一战线而言，要稳固老朋友、发展新朋友。要紧跟时代发展，着眼统一战线的可持续发展，注重在新领域开展统战工作，注重同新群体结成统一战线。党的十九大报告提出扩大中等收入群体，要重视对中等收入群体的统战工作。中等收入群体主要在经济指标上进行界定，但该群体作为未来中国社会的中坚力量，还具有政治、文化、社会等属性和意义。中等收入群体在人员构成、职业分布、价值取向等方面，与新的社会阶层人士存在高度交叉重叠之处。因此，有必要在新的社会阶层人士统战工作中整合、纳入中等收入群体中的相应代表人士。此外，人工智能对人类社会的职业日益产生重大影响，一些传统职业包括中产阶层的一些职业将被替代或削弱。新的社会阶层人士统战工作除了关注新媒体从业人员外，可前瞻关注人工智能（AI）行业有关人员的工作。又如，在国家监察体制改革试点中，可探索民主监督与国家监察体制相衔接的制度设计，为破解民主监督相对薄弱问题提供新路径。

三、充分尊重利用统战工作的“同心圆法则”

如何画好统一战线的同心圆？需要从中国特色政党制度的实践理性出发，系统理解统战工作“同心圆法则”的深刻内涵，为求同存异、凝聚共识提供新的思考维度。

（一）“同心圆法则”的科学要义

圆是什么？2000多年前，墨子对圆作了论述，“圆，一中同长也”。公元前300年，古希腊数学家欧几里得说：“由一条线包围着的平面图形，其内有一点与这条线上任何一个点所连成的线段都相等。”如今，现代数学这样定义，“平面上到定点的距离等于定长的所有点组成的图形叫做圆”。因为有了圆的运动才有了宇宙，因为做圆的运动才有了日月星辰，诞生了太阳系，又是因

为做圆的运动，地球上有了生命，生命的进化产生了人类。圆的运动是能量、物质的基本运动。万物只有遵循圆的运行法则才能不断演进。自然界的物质运动规律、能量转换规律在人类社会活动中会有所反映和再现，以体现“天人合一”。圆式运动是物质运动的基本形式，同理，圆的运行规则也是人类社会发展进步的基本运行规则。

在统一战线“同心圆法则”中，“圆心”就是“共识”，就是政治底线。目前我国的统一战线呈现“四多特点”，即“多政党”——1个执政党、8个参政党；“多民族”——56个民族；“多宗教”——5大宗教，“多群体”——各人民团体、港澳台同胞、海外侨胞、新经济组织和新社会组织中的知识分子、留学人员及新媒体从业人员等。统一战线“同心圆”法则的核心，就是毫不动摇地坚持中国共产党领导，不断增强中国特色社会主义道路自信、理论自信、制度自信和文化自信。画好“圆心”，就要在“共同奋斗目标、共同历史命运和共同文化传承”基础上，广泛凝聚“改革共识、发展共识、法治共识、反腐败共识和价值观共识”，不断夯实共同团结奋斗的思想政治基础，为全面建成小康社会、全面深化改革、全面依法治国、全面从严治党汇聚起强大正能量。

“同心圆”同样也是“命运共同体”概念的哲学体现。共同体是基于传统的血缘、地缘和文化所形成的人类集合体，共同体内的人们有着共同的价值观和传统，体现着成员的共同感情、共同信仰及集体意识，将同质性的个体结合在了一起。共同体的一个基本功能是为其成员提供生活的某种确定性和安全性，而成员之间则维系着一种紧密的社会关系，相互依存、相互信任和相互帮助。马克思说：“没有共同体，这是不可能实现的。只有在共同体中，个人才能获得全面发展其才能的手段。”“命运共同体”是历史发展的产物，由“多样性”关系形成、拓展、强化而逐渐营造起来的，具有“你中有我，我中有你”“一荣俱荣，一损俱损”的当代意义。无产阶级政党领导的统一战线，就是无产阶级为了实现自己的历史使命，实现各个时期特定的战略目标和任务，团结本阶级各个阶层和政治派别，并同其他阶级、阶层、政党及一切可能团结的力量，在一定的共同目标下结成的政治联盟。周恩来同志曾经说过：“钢铁和水泥是性质不同的物质，把它们结合起来，就变成钢骨水泥那样强有力的东西。”各政党、民族、宗教、阶层等之间都有差异性、多样性和矛盾性，而统一战线就是“一致性”和“多样性”的统一体。

（二）“一致性和多样性”的思维取向

“各美其美，美人之美，美美与共，天下大同。”建设新时代的政治生态，需要正确处理一致性和多样性关系。从哲学层面来看，无论一致性还是多样性都是一种客观存在，反映了矛盾的客观性，具有不同的属性和指向。从社会政治实践来看，“一致性”是指人们在观念、利益、价值等方面的一致性，具有广泛性、互利性、互让性和包容性等特点。“一致性”来源于纷繁复杂的“多样性”，在某种意义上是博弈、妥协、平衡的产物，具有一定的抽象性和涵盖性。“多样性”则代表差异、不同、对立，既可以包括观念、行为和利益诸方面的差异，也可以是不同于主流思维和行为的异思、异行。目前，我国正处于推进政治文明建设和实现“中国梦”的关键阶段，社会呈现“一致性”和“多样性”并存的格局，不仅是转型期的社会现实，也是政治文明发展的必然趋势。“一致性”以“多样性”为前提，“多样性”以“一致性”为根基。一方面，由于现代化模式及阶层分化、组合与再生引发的政治诉求与利益诉求等凸显“多样性”。另一方面，在祖国统一、民族复兴和道路选择等根本利益上又显现了“一致性”，这样的并存格局贯穿于政治文明建设和实现“中国梦”的整个过程。统一战线“同心圆法则”就是不断巩固共识的同时，充分发扬民主、尊重包容差异，找到“最大公约数”。

“山水同源，万物互生。”生命的意义是延续种族的生命，自然生态系统是以稳定发展为目的，而“多样性”对生态系统的平衡和稳定意义重大。自然生态系统也是政治生态系统的“参照系”。从一定意义上说，政治体系也是一个生态学概念。平衡稳定的政治体系由“多样性”政治主体互动组成，是信息和能量不断由政治体系内外进行输入输出交换的类自然生态系统。政治生态就是政治系统中的诸要素在运行和互动中所形成和显示出来的整体状态。优良政治生态要求“多样性”主体间处于协调共生、和谐互补的动态平衡。实现“山清水秀”的政治生态就要正确处理“一致性”与“多样性”的关系。习近平总书记在参加十二届全国人大三次会议吉林代表团讨论时指出：“做好各方面工作，必须有一个良好政治生态。政治生态污浊，从政环境就恶劣；政治生态清明，从政环境就优良。政治生态和自然生态一样，稍不注意，就很容易受到污染，一旦出现问题，再想恢复就要付出很大代价。”①要建设优良政治生态，就要实现系统功能的最优化，以共识为“圆心”，包容为“半径”，用系统论思维整合“多样性”主体间的衔接与配合。

“不以规矩，不成方圆。”从圆的几何力学视角看中国民主法治，民主具有“多样性”的特点，法治具有“一致性”的规则。“多样性”的民主需要“一致性”的法治保驾护航，才能乘风破浪。民主与法治两者不可分离，共存共生。若只有法治而没有民主，或将成封建法制、君主专制，或将走向人治、寡头政治。若只有民主而没有法治，民主将成为纷乱无序的躁动，以致成为“民粹”或“多数的暴政”。民主与法治是社会主义政治制度的本质要求，充分体现了广大人民群众的政治权益。我国既有因发扬民主而赢得社会主义革命和建设伟大胜利的历史经验，也有因践踏民主和破坏法制而遭受十年浩劫的惨痛教训。民主与法治是我国长期政治建设实践的经验和教训总结，是广泛达成“共识”的前提。民主与法治两者须相结合，共同推进，如鸟之两翼、车之两轮，不可偏废。“多样性”的民主与“一致性”的法治是互相制约、互相协调、互相促进的对立统一。

形成以上“一致性和多样性”的生态思维取向，有利于我们牢牢固守住“共识”的政治底线这个“圆心”，做长包容多样性的“半径”，把社会各界力量凝聚起来，做大、做强实现中华民族伟大复兴中国梦的“同心圆”。

① 《关于“政治生态”，习近平都说了什么？》，新华网，2015年03月11日。

第九章 大统战联系、协调机制生态化

大统战的联系机制和协调机制的构建与运行，和社会生态环境密切相关，但更与统一战线自身的生态结构相关。限于本人的学识与本章编篇，只能简单阐述相关理论，以生态方法对大统战联系机制和协调沟通机制进行浅层分析，并对大统战协调机制建设生态化途径进行初步探索。

第一节 大统战联系、协调生态机制的相关理论

著者认为，政治生态物质传递链条理论和政治生态层次论、系统论可作为统战系统联系机制、协调机制生态建设的相关基础理论。同时，著者尝试提出生态统战理论，这不仅是统战系统生态联系、协调机制相关理论，也是整体构建大统战生态机制的重要基础理论。

一、政治生态物质传递链条理论

新时代，我党的统战工作是将中国特色社会主义发展的有生力量紧密联系在一起的政治凝结方式，正如生态中的物质传递链条将物质生产转化的各环节相联系，在统一战线内部组织和有关部门之间，形成一种既分工又合作、既统一领导又各司其职的运行机制。

伊斯顿认为政治系统由政治团体、体制和权威机构等部分构成，受到自然的、生物的、社会的以及心理等内部和外部环境的包围，同时对环境的压

力有适应和反馈信息的功能。这里所说的"外部环境"并非是生态学中的自然环境（生物圈）的概念，而是指政治生活所关涉的全部社会生态环境，包括政治生活内部的政治系统，及外部的经济系统、社会结构系统和文化意识形态系统，甚至涵盖国际环境诸方面。我国生态政治理论的研究指向社会发展的现实层面，以构建和谐社会为核心目的，积极弘扬生态与政治的有效结合。在现代化的建设中生态不仅是一个环境保护的问题，更加关系到社会各个因素的关系问题，生态正是要求我们同样以生态的维度来维护政治自身的和谐，用政治的真正和谐带来社会各方面的协调发展，当然也包括统战系统的协调发展。这对统战系统生态联系、协调机制的构建极具理论意义。

二、政治生态层次论与系统论

生态学中的整体论的思想指的是生物体必须把个体放入种群中研究，也就是以种群整体为研究对象。虽然个体与整体功能上有一定的相似性，但是整体水平有个体水平不存在的特征，比如数量动态、聚散量、分布规律等等。

生态的层次论是研究机体以上的宏观层次。这种层次观强调在研究高层次现象时必须对低层次结构和功能了如指掌，而对低层次的结构与功能的动态研究又可窥见高级层次的现象和规律，不同的层次结构有其相对应的价值方向，这种研究方法便是层次分析法。

从整体论的视阈看，系统学说的系统，是指具有特定功能的、相互间具有有机联系的许多要素所构成的一个具有层次的整体。生态学中的系统观点与整体论和层次论密不可分。每一个层次结构都可以是一个整体，也可以看作是一个系统。而系统论研究的是各组成部分在相互作用中的动态平衡关系。在生态学中的协同进化论中就包含了这一观点。协同进化是万物更新的动力源，是生态中普遍存在的现象。生态学中的协进观点强调物种间要有竞争环境，强调物种在相互适应中达到平衡和进化的效果。这种通过竞争而相互适应导致的协同适应系统的理论就是协同进化论。

利用"生态"追求平衡、讲求效率的特点，将生态作为一种方法论引入政治体系。政治生态理论开创了用系统的、全面的、有机统一的生态学观点研究现代政治的新时代，它把整个政治系统视为一个"有机体"，并且注重这个"有机体"中各个组成部分的"互动性""关联性"。这一概念所蕴含的整体性、协同性、关联性、有机性和动态性等特征，有利于统筹推进中国的政治、经济、社会、文化、生态文明建设等各相关领域的改革，尤其有利于推进统战机制的整体性、系统性建设。“横向到边，纵向到底”的统战联系理念正是一种强调整体性、系统性的理念。此处讲的统一战线，专指在马克思主义理论指导下，由无产阶级及其政党组织和领导的统一战线。无产阶级及其政党领导的统一战线，是无产阶级为了实现自己的历史使命，实现各个时期特定的战略目标和任务，团结本阶级各个阶层和政治派别，并同其他阶级、阶层、政党及一切可能团结的力量，在一定的共同目标下结成的政治联盟。我党的统一战线有三个显著的特点：第一，无产阶级及其政党是统一战线的组织者和领导者；第二，无产阶级及其政党领导的统一战线具有广泛的群众基础；第三，统一战线是无产阶级政党的长期战略，贯穿于无产阶级解放运动的始终。因此，这个统一战线是一个具有层次的生态系统理念。

三、生态统战理论

生态统战是指在统战工作过程中，通过运用生态手段，建设统战工作的生态运作机制，追求统战工作生态效应的一种统战工作模式。我们知道，生态需求是人类的最高需求，生态文明是人类社会文明的最佳模式，生态建设是人类社会的共同作为，生态统战也是生态文明的本质要求。从艾滋病毒的出现，到非典的蔓延，再到新冠病毒的甚嚣，说明人类社会、大千世界不仅需要人与人之间的彼此适应、协调、和谐，而且人与动植物、人与大自然也非得如此不可，推动多种生物要素在最佳状态下的大组合、大和谐，这正是统一战线在更高层次上的作为，即生态统战。

首先，生态统战的本质要求也是大统战的要求，即“大团结”“大联合”，正如自然界生态的协调、凝聚。新时代，生态统战的根本任务在于争取民心，凝聚力量，激发动力，推动中国特色社会主义事业不断前进，实现中华民族的伟大复兴。这不仅是生态统战的终极目标，也是生态文明的本质要求。为此，统一战线要发挥“大联合”的优势，合力打造良好的政治生态，即以中国共产党为核心，把广大群众团结在她的周围，形成全民族、全社会的大团结、大联合，达到全社会的大和谐。同时，还要发挥“大活力”的优势，全面推进生态文明建设，调动各种生物要素的能动性，激发其创造活力，让万物之灵处在最佳状态。其次，生态统战具有协调、整合功能，可为生态文明的创建确保安定、有序的社会环境。不可否认，生态文明的创建过程，本身就是一个多方利益的调整、再调整过程。特别是许多制约和影响社会发展的深层次矛盾会逐渐显露。生态统战由于具有广泛的代表性和包容性，在协调各种社会关系，理顺民众情绪、化解社会矛盾、整合多方利益方面具有独特优势，可以把社会一切进步力量和积极因素以最佳方式结合起来，实现生物要素在更高层次上的最佳组合，从而形成构建生态文明的强大合力。再次，生态统战具有很强的开放性和流动性，可持续激发推动生态文明的动力。生态文明之所以是充满活力的社会，不仅在于其创造力，而且也由于其生物要素具有很强的流动性。由此，生态文明有着一个富有弹性的社会结构，因此而充满生机和活力。生态统战是一个开放的系统，具有很强的流动性，随着新的社会阶层的出现，统战对象和范围的不断扩大，生态统战要素在不断地巩固，联合和团结的力量也在不断增强，构建生态文明所提供的社会发展动力也在源源不断地被激发。

保护政治生态应推动生态统战，跟紧时代步伐。改革、发展、和谐是当今世界之主流，应运而生的生态统战正是围绕这一时代特征发挥其独特的职能，实现其特殊的历史使命。

发展政治生态应推动生态统战，跟进生态建设。创建一个美好、人与人和人与自然都能和谐相处、互惠互补的生态社会，是世世代代地球人的共同行为，作为执政兴国重要法宝的统一战线，更能在促进经济生态、政治生态、文化生态、社会生态、自然生态建设方面发挥更加重要的作用。

生态统战具有荟萃人才的优势，为统战要素的最佳组合提供了基础。生态统战不仅联系广泛，丰富了执政资源的数量积累，而且人才荟萃，智力密集，征集了一大批社会上有影响、政治上有地位、学术上有造诣、经济上有实力的知名人士，主要包括：一是各民主党派和无党派人士；二是知识分子；三是新兴的非公有制经济人士；四是少数民族“上层”人物和爱国爱教“领袖”人物。这样一个人才聚集、民智集中的智囊团，无疑对推进生态建设起着不可估量的作用。其次，生态统战具有协调灵活的优势，为生态建设增强了能力。生态统战具有高度的灵活性，可以根据生态建设的需要对生物要素做出适时调整。在社会分化加剧，变革加速，重组频繁时可显出巨大的优越性。生态统战采取交友联谊方式，运用民主、协商的工作方式，具有极大的亲和力、凝聚力，这正是生态建设的需要。一方面，生态统战可有效地协调执政党与各民主党派的关系，使各民主党派成为中国共产党的诤友和挚友。另一方面，生态统战可以合理地协调统战对象之间的关系，即使他们之间存在价值观念、宗教信仰、利益诉求、工作方式和生活习惯的多样性差别，也都可以化不利为有利，化被动为主动，为构建生态社会服务。再次，生态统战注重实效，可为生态建设加速。讲求实效是统一战线历来的传统，战争年代，统一战线成功地帮助我们党团结了全国广泛的民主进步人士，夺取了中国革命的最后胜利。新中国建设时期，统一战线又有效地组织起了全国广大知识分子、民主党派、宗教界人士及其他方方面面的党外爱国民主人士为经济建设献计出力。

从微观上优化政治生态应推动生态统战，跟好和谐大局。和谐，是生态文明在社会形态上的具体表现。构建社会主义和谐社会是新时期赋予我们的战略任务。在这一过程中，统一战线肩负着义不容辞的责任，并且有着得天独厚的优势。充分认识和发挥这些优势，尽快推进统一战线向生态统战的转变，对于加快和谐社会的创建具有十分重要的意义。

首先，生态统战更加注重民主政治建设，为构建和谐社会提供可靠的政治保障。高度民主、法制完备、富有效率、充满活力的社会主义民主政治，是构建社会主义和谐社会的重要内容和基本标志。人民代表大会制度、共产党领导的多党合作和政治协商制度、民族区域自治制度以及基层群众自治制度，共同构成了我国民主政治制度的核心内容和基本框架，体现了我国的性质、发展方向。坚持好、完善好、落实好这些基本政治制度是发展社会主义民主政治、建设社会主义政治文明的根本要求，也是构建社会主义和谐社会的政治保障。生态统战更加注重为构建和谐社会服务，更加注重始终围绕增强党和国家的生命力，更好地体现和发挥我国政治制度、政党制度的特色和优势，更加注重调动统一战线广大成员的主动性、创造性，进一步扩大有序的政治参与，推进民主决策和科学决策，促进党的领导、人民当家作主和依法治国的有机统一，建设社会主义民主政治，从而尽快促成生态文明。

其次，生态统战更加注重先进文化建设，为构建和谐社会提供有力的精神支撑。文化是民族精神的象征，是维系社会和谐的纽带。一个民族要立于世界民族之林，一个国家要长治久安，一个社会要稳定和谐，就必须继承和发扬民族文化之精华，借鉴和吸收人类先进文化，形成共同的理想信念和精神支柱。统一战线广大成员大多处在科教兴国和文化建设的第一线，他们既是先进生产力的开拓者和创造者，又是先进文化和优秀精神产品的生产者和传播者。在经济全球化，信息社会加速发展，各种意识形态、价值观念、文化传播相互交融、激烈碰撞的今天，处在高层次上的生态统战，更要坚持以科学发展观为指导，牢牢把握先进文化的前进方向，充分发挥统一战线在先进文化建设中的优势，大力弘扬以爱国主义为核心的民族精神和以改革创新为核心的时代精神，发展健康向上、丰富多彩、具有中国风格和特色的社会主义文化，建立坚不可摧的精神支柱，为构建和谐社会提供坚实的精神支撑。

再次，生态统战更加注重“民本”建设，为构建和谐社会提供坚实的群众基础。生态统战是党的群众工作中的重要组成部分，“从群众中来，到群众中去”，“群众利益无小事”，围绕群众最关心、最直接、最现实的利益问题，如就业、住房、医疗、就学等问题，及时反映他们的意见和建议。特别是民族问题，历来主张“民族宗教无小事”，始终贯彻党的民族宗教政策，积极引导宗教与社会主义相适应，不断推进“和谐宗教”，妥善处理不同利益群体关系，使“和谐精神”植于广大民众。

第二节　大统战联系机制的生态分析

一、执政党与参政党的生态联系

从生态学的视角看，我国的执政党与参政党的关系是一致性与多样性的统一。在多样性的政党生态中，必须有一个政党居于领导地位，才能凝聚各政党的力量，形成一致性的合力。执政党与参政党的联系，也应遵循生态方法，认清各自的“生态位”，保持政党生态的和谐，保证执政安全与参政安全。

（一）新时代执政党和参政党的“生态位”分析

长期共存、互相监督、肝胆相照、荣辱与共，提醒我们要时刻牢记执政党与参政党正处于同一生态系统之中。那么执政党与参政党为何选择共处同一战线中呢？从生态学角度分析可得，包容性强的生态系统抵御自然风险和社会风险的能力强、稳定性好。中国执政党与参政党共同构成的“政党生态系统”为社会稳定做出了巨大贡献，二者缺一不可。从全局观视角看，执政党与参政党手中握有相同的一面旗帜：爱国主义和社会主义。以宪法和法律为准则，坚持“一个中心，两个基本点”的路线，将为人民服务视作党的根本宗旨，体现出执政党与参政党的高度一致性，这种一致性意味着只有各党派共存同一生态系统，才能共同实现中华民族伟大复兴的共同理想。

（二）执政党和参政党的生态互补性分析

从生态学角度来看，整体性程度高的政治系统有着丰富的结构和协调行为，在整体和部分的关系基础上，我们又可以联想到系统和要素二者的关系。该系统是一个统一的整体，由相互关联和相互作用的元素组成。而在如今的政治生态系统中，执政党与参政党是系统中的两大缺一不可的重要部分，我国的基本政治制度明确规定共产党领导的执政党与参政党共同合作，实现政治协商。“长期共存、互相监督、肝胆相照、荣辱与共”，是中国维持党际良好生态关系的基本原则。首先，我国宪法明确指明，执政党负责组织政府，处于执政主体地位；而各民主党派是接受中国共产党领导、同中国共产党共同合作的亲密友党。其次是民主—协商的运行结构，民主协商是中国多党合作制运行的最大特征，也是我国多党合作制度的重要实现方式。正是由于中国多党合作制度以和谐的党际生态关系为基础，因而具有强大的生命力，同时营造了积极的政治生态、和谐的社会生态。

（三）中国政党制度体现创新性与科学性的生态效应

其一，政党生态系统体现创新性效应。一方面，由执政党与参政党共同完成的特色政党制度创新实现了新型社会主义协商民主。中国共产党领导，各民主党派组成的参政党共同参与每年举办的政治协商委员会，公开透明地协商年度各大重要问题，最后形成思想和政治合力。另一方面，我国从实践中总结出的国家治理形式是多元协商、合作共赢的，既不是一党独大，也不同于两党制或多党制，我国的政党制度为世界政党发展史上开创了崭新的政党制度分支。在这样的新型协商民主形势下，将各种有着不同诉求的利益群体融入现有体制中，从而更好地保障广大民众的利益和利益诉求，最终实现人民民主。

其二，政党生态系统体现科学性效应。政党与各利益关系的实现顺序与着力大小，充分展现了政党生态系统的科学性效应。在整个政治环境中，政党生态系统中有这么三类群体，即居于核心位置的中国共产党为代表的执政党，居于次要位置的由各民主党派组成的参政党，处于最外层的以中国最广泛群体为代表的人民群众。我国政党选择的利益实现形式始终本着“由外到内”的原则，即站在最广大人民群众的角度，把维护最广大人民群众的切实利益摆在最前面，其次是把各参政党紧紧地团结在核心位置周边，最后，把执政党的利益摆在最后。这不难得出，我国政党制度能得到人民群众的广泛支持，具有科学性效应。

二、参政党之间的生态联系

（一）参政党是政治结构生态中的重要因素

参政党是政治生态结构中的重要因素。它不仅自身构成一个小型生态系统，同时，这个小型生态系统在与外部环境进行能量交换时，其自我约束、与执政党的关系、与社会公众的关系以及内部政治伦理关系又对它自身所从属的社会政治生态产生重要影响，因而也是政治生态形成过程中的一支非常积极主动的力量。列宁说：“政治就是参与国家事务，给国家定方向，确定国家活动的形式、任务和内容。”[①] 无论是从“政治”这个概念出发，还是从现实的政治过程来看，从参政党本身的职能规定来看，参政党都是中国特色社会主义建设者，是国家政权建设的重要力量。那么，参政党在参与中国特色社会主义建设的过程中，在积极参与政权建设和社会治理的过程中，与执政党能否形成良好的互动，不仅影响着其参政绩效，也影响着执政党的执政方式，并最终影响着政治生态的形成。因此，加强政治生态建设不仅是执政党的责任，同样也是参政党的责任。一方面，参政党是政治生态的结构要素，其政治表现直接构成政治生态画卷中的重要色彩，影响着政治生态的明暗——中共十八大以来，民主党派有100多名领导干部被查处，表明其自身生态小循环也出现问题，需要关注；另一方面，民主党派的参政党地位又使得其政治实践是政治生态的修正力量，这种修正主要是通过对执政党的有效监督而实现的。

① 《列宁选集》，第4卷，人民出版社2012年版，第308页。

（二）参政党政治立场、时代意识和政治特征的共性

第一，参政党具有坚定的政治立场。中国共产党领导是中国特色社会主义最本质的特征，是中国最大的政治。坚持接受中国共产党的领导，坚持和发展中国特色社会主义，是多党合作事业发展的前提条件，是新时代中国特色社会主义参政党必须恪守的根本政治原则，是我们最大的政治共识。新时代，我们必须始终高举中国特色社会主义伟大旗帜，不能模糊迷路；始终坚持中国共产党的领导，不能有丝毫动摇；始终深化政治交接，不能断线丢失。第二，参政党具有鲜明的时代意识。新时代，我们将面临更多挑战，需要解决更多问题，新时代意味着需要付出更多努力。作为中国特色社会主义参政党，始终坚持中国共产党的领导，走在时代的前列，站在时代的高度，准确把握自身肩负的历史使命，找准参政议政的立足点、发力点和着力点，为新时代做出应有的贡献。第三，参政党具有突出的政党意识。新型政党制度是中国向人类政治文明贡献的非常重要的经验，这个制度适合于中国社会，适合于中国文化，也适合于中国国情。民主党派作为新型政党制度中一个重要的组成部分，有着强烈的参政党意识。参政党意识是参政党的灵魂，是维系成员的精神纽带，有着凝聚力量和发动号召作用。作为参政党的民主党派，一直保持与执政党——中国共产党亲密合作，在参政过程中，以建设高素质参政党为目标，不断强化参政党意识，提高自身的履行职能的能力和水平，在国家政治生活中发挥了重要作用。

三、党群之间的生态联系

统战工作是特殊的群众工作，因此研究大统战联系机制的生态构建，有必要分析党群之间的生态联系。

（一）舟与水

中国古代的唐太宗提出“水能载舟，亦能覆舟”的著名观点，但是在他的眼里，人民群众只是承载统治者这只“大船”的“水”，永远被压制在下面。历史事实也告诉我们，虽然朝代屡有兴替，但是人民群众从来没改变过自己的地位，只是承载了不同的统治者而已。马克思主义的重大贡献之一，就是认识和肯定人民群众在社会历史中的主体地位。马克思和恩格斯在《神圣家族》中指出：“历史活动是群众的事业，随着历史活动的深入，必将是群众队

伍的扩大。”[①]列宁则进一步肯定了人民群众解放自己和创造历史的力量与智慧，他指出：“我们应当让人民群众享有发挥创造精神的充分自由……一切问题将由农民自己来解决，他们的生活将由他们自己来安排。”[②]并宣称：“生气勃勃的创造性的社会主义是由人民群众自己创立的。”可见，马克思主义经典作家发现并深刻揭示出社会历史发展的最终动力在于人民群众，尤其强调了人民群众作为社会历史主体和创造者所拥有的积极的、创造性的力量，彻底颠覆了以往的错误观点和理论，揭开了人类历史上新的一页。但是受历史条件的限制，他们没能明确提出群众路线的科学概念和实践方法。

（二）鱼与水

马克思主义传到中国后，中国共产党人将马克思等人关于人民群众是社会历史主体的观点和理论同中国的具体实际相结合，探索和形成了党的群众观点和群众路线。毛泽东关于党群“鱼水关系”的论断，是立足于马克思主义关于人民群众是社会历史主体的基本观点，对党的群众观点和群众路线的高度概括。

党群“鱼水关系”充分肯定了人民群众的社会历史主体地位。在继承马克思主义基本观点的基础上，中国共产党人充分结合中国革命建设实践的实际，形成了一套完整的群众观，即人民群众既是社会历史的创造主体，也是社会历史的认识主体。只有依靠广大的人民群众，才能实现民族的解放和国家的独立。在长期艰苦的革命实践中，以毛泽东为代表的老一辈无产阶级革命家充分认识到推动社会历史变革的真正英雄是人民群众，所以坚定地相信群众、依靠群众，才取得了革命最后的胜利，建立了人民当家作主的新中国。在社会主义建设时期，中国共产党人继续秉承和发扬这一传统，充分肯定人民群众在社会建设中的主体地位，认为任何路线、方针、政策的制定和执行，只有得到人民群众的衷心拥护，才能有效开展。江泽民将人民群众称作“我们工作价值的最高裁决者”，认为判断我们工作的一个根本的衡量标尺，就是“人民赞成不赞成，人民高兴不高兴，人民答应不答应”。这些论断充分表明人民群众的社会历史主体地位在任何时期都不可动摇，谁都不可否认，否则

① 《神圣家族（节选）》，人民出版社2009年版，第287页。

② 《列宁全集》，第33卷，人民出版社1985年版，第20页。

就是自取灭亡。人民群众不仅是社会历史的创造主体，也是社会历史的认识主体。对于社会历史的正确认识来源于人民群众，党员干部要做的就是向他们虚心学习，集思广益，才能形成更高层次的理论认识，从而指导工作实践。毛泽东在比较“我们自己”和人民群众后，认为“我们自己则往往是幼稚可笑的”，其实包含着真正的智慧来源于人民群众的意思。他很风趣地引用中国民间广为流传的俗语“三个臭皮匠，合成一个诸葛亮”，指出在广大中国人民中间，存在着成千上万的“诸葛亮”，而且每个乡村和市镇都有自己的“诸葛亮”，以此表明人民群众的智慧是无边无际、无处不在的。他教导党员干部要做“学生”，像人民群众这位“先生”学习，从另一个角度充分肯定了人民群众的社会历史认识主体地位。此后的中国共产党人在社会主义建设实践中，继承和发扬了这一观点，并根据不同时期的实际需要进行了发展完善。邓小平认为，一个党和它的党员只有善于总结群众的经验和智慧，才能为事业的发展指出正确方向，也才能领导人民群众前进。江泽民号召全党“集中人民群众的智慧和力量去发展我们的各项事业”①。胡锦涛则认为，只有注意集中人民群众的智慧，才能使我们做出的决策、采取的举措、推行的工作更好地符合客观实际和规律。归根结底，人民群众才是智慧的源泉，党员干部要向人民群众虚心学习，而人民群众作为社会历史认识主体的地位是永远不可动摇的。如果说发现和确立人民群众的社会历史创造者地位，是马克思主义经典作品的独有贡献，那么在此基础上认识和肯定人民群众的社会历史认识主体地位，则是中国共产党人对马克思主义的创新与发展。自此，人民群众在社会历史中的地位和力量得到了充分的认识，这也成为中国共产党人在不同的时期，面对不同的历史任务，制定正确的路线、方针、政策的主要依据之一，同时也保证了我们的事业长青不衰，不断取得新的胜利。

党群“鱼水关系”指明了密切联系群众的重要性。虽然马克思主义经典作品没能明确提出群众路线的科学概念和实践方法，但是中国共产党人在长期革命和建设实践中完成了这一重大历史使命，并将其高度概括为：“一切为了群众，一切依靠群众，从群众中来，到群众中去。”密切联系群众也被确立为党的三大优良作风之一。密切联系群众，首先是充分认识到党的一切工作

---

① 江泽民：《江泽民在纪念党的十一届三中全会召开二十周年大会上的讲话》，新华网，2013年12月11日。

的根本在于人民群众，要深深地扎根于人民群众。对此，毛泽东运用了一个形象的比喻，将中国共产党人比作“种子”，将人民群众比作“土地”，并要求中国共产党人到了一个地方，就要同当地的人民群众结合起来，“在人民中间生根、开花”。将人民群众比作“土地”，将共产党人比作“种子”，和党群“鱼水关系”的比喻有异曲同工之妙，都充分强调了人民群众的根本性和重要性。只有深深地扎根于人民群众，共产党才能获得生命和力量。毛泽东指出，真正的铜墙铁壁就是千百万真心实意拥护革命的人民群众，而且还强调这种“铜墙铁壁”是“什么力量也打不破的，完全打不破的”。既然人民群众是党的生命和力量之源，那么谋求和维护人民群众的利益就是党的根本任务，因此我们工作的出发点就应该是全心全意为人民服务，一切从人民群众的利益出发，保持向人民负责和向党的领导机关负责的一致性，而共产党人的言论行动，也必须以合乎最广大人民群众的根本利益和为最广大人民群众所拥护为最高标准。可以说，一切为了群众，全心全意为人民服务，不仅是党的根本立场和宗旨，也是无产阶级政党区别于其他一切政党的显著特征。党的根本立场和宗旨决定了其基本的工作方法，这就是“从群众中来，到群众中去”。早在1943年，毛泽东在《关于领导方法的若干问题》一文中就明确提出了这一方法：“凡属正确的领导，必须是从群众中来，到群众中去。”基本的领导方法就是从群众中集中起来又到群众中坚持下去，从而形成正确的领导意见。深入群众开展调查研究，成为党贯彻执行群众路线的重要方法之一。毛泽东曾一再教导党员干部要深入群众，向群众学习，他提出“要当先生，就得先当学生”的工作思路，要求党员干部先向人民群众学习知识，制定政策，然后再去教育广大人民群众。只有将人民群众的意见广泛收集起来，形成科学理性的认识，才能制定出正确的路线、方针和政策，反过去指导群众开展工作，成为改造客观世界的物质力量。毛泽东曾批评了那些自以为是、不深入群众搞调查研究的党员干部，认为他们不懂得马克思主义的认识论，并重申了这种认识论，即从群众中来，到群众中去。在改革开放的新时期，党的群众路线得到进一步的发扬光大。邓小平回顾总结了我们党带领人民群众的革命斗争历史，认为就是在这个历史过程中形成了我们党同人民群众的血肉联系，确立了党对中国社会主义事业的领导地位，并进一步指出：“党离不开人民，人民也离不开党，这不是任何力量所能够改变的。”这是对毛泽东党群“鱼水关系”比喻的进一步阐述，强调了二者不可分离、相互依存的血肉关系。江泽民也认为，加强党的建设的一个十分重要的问题，就是我们党要始终保持与人民群众的血肉联系。胡锦涛则进一步指出：“紧紧依靠和切实关心广大劳动群众，是坚持党的全心全意为人民服务的根本宗旨和贯彻党的群众路线最重要最根本的体现。”都充分强调了密切联系群众和全心全意为人民服务的重要性和必要性。对于“从群众中来，到群众中去”的基本工作方法，也得到了进一步继承和发扬。邓小平解释“群众路线”时说道：“党的正确的路线、政策是从群众中来的，是反映群众的要求的，是合乎群众的实际的，是实事求是的，是能够为群众所接受、能够动员起群众的，同时又是反过来领导群众的，这就叫群众路线。”江泽民号召全党必须始终坚持党的群众路线，充分尊重人民群众的创造，注意倾听人民群众的呼声，如实反映人民群众的意愿，将人民群众的智慧和力量集中起来去发展我们的各项事业。胡锦涛进一步认为，我们决策的根本依据就是人民群众的愿望和要求，并且要使各项决策既体现人民群众当前的现实利益又代表人民群众的长远利益，既反映大多数人民群众的普遍愿望又能照顾到部分群众的特殊要求。可见，发展和形成于革命战争年代的党的群众路线，不仅没有因为时过境迁而被遗弃，相反在社会主义建设的新时期得到了进一步的发扬光大，发挥出无比巨大的威力，这充分证明了党的群众路线无比的正确性和强大的生命力，是在前进路上夺取一次又一次胜利的法宝。

（三）党群鱼水关系的当代启示

近年来，以习近平同志为核心的党中央，坚持以上率下、以身作则、身体力行，“四风”问题得到有力整治，刹住了一些过去被认为不可能刹住的歪风邪气，攻克了一些过去司空见惯的顽瘴痼疾，党风、政风和社会风气为之一新。在这一时代背景下，重温毛泽东提出的党群“鱼水关系”的观点，对于我们构建当前的党群关系具有重要的启示意义。

坚持马克思主义的群众观，充分认识到人民群众的社会历史主体地位。这是马克思主义社会史观的理论基础，也是我们立党为公的根本所在。离开了这一根本，我们的党就成了无根之木、无源之水。党的十八大胜利闭幕后，在新任政治局常委与记者见面会上，习近平总书记在讲话中就指出：“人民是历史的创造者，群众是真正的英雄。人民群众是我们力量的源泉。"[①]强调了人民群众的社会历史主体地位，也强调了人民群众之于共产党的重要性。这是在新的时期对于毛泽东党群"鱼水关系"观点的继承和发扬，也是以习近平同志为核心的新一届党中央决心在全党开展党的群众路线教育实践活动的理论出发点。在履行工作职责、全心全意为人民服务的过程中，只有牢记和深刻领会这一观点，才能切实贯彻党的群众路线，体现党群之间的"鱼水之情"。时时刻刻不忘群众、相信群众和依靠群众。共产党的根基在于广大的人民群众，离开人民群众这片"水"，就不会有共产党这条"鱼"。在革命战争岁月，靠着人民群众构筑的铜墙铁壁，我们打败了所有的敌人，建立了人民当家作主的新中国；在改革开放时期，我们依靠人民群众的全力拥护和积极参与，开创了社会主义市场经济，取得了举世瞩目的辉煌成就。在全面建成小康社会的新时期，我们依然要紧紧依靠群众，才能实现中华民族伟大复兴的中国梦。习近平在党的群众路线教育实践活动工作会议上指出："人心向背关系党的生死存亡。党只有始终与人民心连心、同呼吸、共命运，始终依靠人民推动历史前进，才能做到坚如磐石。"[②]党的事业也是人民的事业，要紧紧依靠人民群众去实现。只有在人民群众的全力支持和不懈努力下，我们的事业才会走向明天，取得更大的成绩。

将为人民谋取幸福放在第一位，全心全意为人民服务。人民群众不会支持忽视甚至危害他们利益的人。想得到人民群众的拥护，必须尽一切可能和最大的努力维护、谋求人民群众的利益。"三个代表"重要思想的核心就在于代表最广大人民群众的根本利益。习近平指出："中国梦归根到底是人民的梦，必须紧紧依靠人民来实现，必须不断为人民造福。"[③]在任何时期，共产党都没有自己的特殊利益，它所代表的是最广大人民群众的利益，它所谋求的也是最广大人民群众的利益，这一理念贯穿在不同时期的每一项方针、政策之中，"中国梦"也不例外。为人民群众谋求利益，要事无巨细，全力以赴，正如习近平所说的："抓民生要抓住人民最关心最直接最现实的利益问题，抓住最需要关心的人群，一件事情接着一件事情办、一年接着一年干，锲而不

① 《新一届中央政治局常委同记者见面 习近平讲话》，新华网，2012年11月15日。

② 习近平：《始终与人民心连心、同呼吸、共命运》，新华网，2015年8月13日。

③ 《习近平：中国梦归根到底是人民的梦》，人民网，2015年07月28日。

舍向前走。”[①] 这段话所表明的既是决心，也是信心，更是涓滴不漏、细致入微的爱心。因此，只要关系人民群众福祉的事情，我们都要不遗余力地去抓，去做好工作，这才是我们共产党人的职责和本分。必须狠抓党的自身建设，不断地改进工作作风。党的自身建设得不到有效的改善和提高，人民群众就不会心服口服地跟着我们走。我们需要清醒认识到，反腐倡廉依然任重而道远，但是只要我们坚守党群“鱼水关系”的信念，就一定能够彻底有效地铲除腐败，始终保持党员干部队伍的纯洁性和先进性，推动中国特色社会主义事业不断前进，最终实现中华民族的伟大复兴。

四、与港澳台海外统战成员的生态联系

（一）中华民族伟大复兴的中国梦是团结海内外中华儿女的最大公约数

港澳台同胞是实现中华民族伟大复兴和国家统一的重要力量，海外侨胞是建设中国特色社会主义事业的宝贵财富。党在新时期提出的三大任务和实现中华民族伟大复兴的中国梦，不仅反映了时代变化和国家发展战略的需要，也反映出居住在不同社会制度、意识形态的国家和地区的不同阶层的华夏儿女对民族振兴、国家统一、实现国家现代化的共同愿望。国家强大、民族团结为港澳台同胞和海外侨胞提供坚强后盾。统一战线团结港澳同胞、台湾同胞、海外侨胞，在共同的文化基础上使之具有共同的政治基础——热爱祖国，从而加入为祖国统一和民族复兴而奋斗的事业中来。

中华文化与群体为本位，强调家、族、宗、国等共同体概念，重伦理，重根本。爱国主义情感、群体智商意识、人伦和谐理念都是中华传统文化的精髓所在，也是海内外中华儿女的共同价值追求。“和同”文化传统，经数千年的积淀和发展，已深深融入了中华民族的血脉中，成为中华民族的基本特征和重要价值取向。作为政治文化的一部分，执政党的国家统一观与侨务观对于海内外同胞关系影响最为直接。中国共产党以“一国两制”理论为核心的国家统一观，既照顾了台湾同胞、港澳同胞的利益，也符合中华民族长远性的整体利益。港澳台同胞和海外侨胞在风俗习惯、宗教信仰、观念形态与

① 《抓住人民最关心最直接最现实的利益问题》，《学习时报》，2017年03月10日。

价值取向等方面既沿袭着中华传统理念，同时在此基础上发展形成自身独有的文化特性。由于受多元混合文化影响，海外华侨华人在传承中华文化的同时，也融合了他国文化中的有益成分，逐渐形成了独具特色的华人华侨文化。

华人华侨作为海外游子，其存在地位与命运和祖国紧密相连。国家孱弱，他们则会成为被歧视和欺辱的对象；国家强大，则更能获得尊严和荣耀以及随之发展的事业。海外侨胞是建设中国特色社会主义的宝贵资源。他们在引进资金、技术、人才、管理经验等方面为中国的经济和社会发展做出了重要贡献，是中国现代化建设事业的重要力量。同时在维护国家领土和主权完整、推动祖国和平统一过程中，海外侨胞积极投身于反“台独”、反“藏独”、反“疆独”的斗争。海外侨胞是联结中国梦和世界梦的桥梁和纽带。在中国和平发展、进一步走向海外和实施“一带一路”建设的过程中，海外侨胞把中国文化和中国理念推向海外，增加了世界各地对中国的了解，促进了中外友好，塑造了中国负责任的大国形象。

（二）统一战线争取人心坚持底线原则

港澳台海外地区在统战工作中的特殊性决定了争取人心和凝聚力量的问题更加突出。爱国主义是凝聚中华儿女的精神旗帜，爱国者是实现中华民族复兴与中国梦的重要力量。爱国者的范围很宽泛，在《“一国两制”在香港特别行政区的实践》白皮书里有界定，爱国者就是维护国家主权和维护港澳的繁荣稳定。具体体现为，要承认尊重中华人民共和国，尊重宪法规定的国家根本制度、领导核心和指导思想等原则性制度。

首先，我们要正确全面理解“一国两制”。须正确了解和理解宪法关于国家的根本制度、领导核心和指导思想的规定，把维护国家主权、安全、利益发展，尊重国家实行的根本制度以及其他制度和原则作为坚持“一国”原则的根本。

再者，解决台湾问题，要强调“一个中国”的原则。党的十八大报告强调“两岸双方应恪守反对‘台独’、坚持‘九二共识’的共同立场，增进维护一个中国框架的共同认知，在此基础上求同存异”，同时表示“对台湾任何政党，只要不主张‘台独’、认同一个中国，我们都愿意同他们交往、对话、合作”，“团结台湾同胞维护好、建设好中华民族共同家园”。①

---

① 《中国共产党第十八次全国代表大会报告（全文）》，政网—检查日报，2012年11月18日。

第三节　大统战协调、沟通机制的生态分析

一、利益协调机制

（一）利益协调机制的必要性

从利益分化现状看，统战工作开展利益协调是必要的。近年来，我国社会发生的最为重大而深刻的变化是社会利益关系的变化。由于我国改革所采取的先试点后推广、先体制外后体制内、先沿海后内地等渐进的运行方式，从而避免了剧烈的社会冲突与结构动荡，降低了前期改革的阻力和风险，但同时也出现了许多新的社会矛盾与问题，如政治与思想是非型矛盾、政策型矛盾和非原则性矛盾等，特别是在社会利益分化问题上尤为明显。第一，功能分化落后于利益分化、政策性分化快于市场性分化，给转型期统战工作提出了新的任务。由于我国前期改革的主要思路是放权让利，政府职能转化十分缓慢，造成一系列不良后果。如政府和企事业单位普遍通过自办“三产”等创收方式发展自有资源，造成新的功能紊乱和角色冲突，尤其是政府开办的“翻牌公司”，往往伴随着权力对市场的介入，造成公平竞争机制的破坏和权钱交易现象的蔓延，而这种社会功能分化的落后又反过来制约了社会利益的分化，尤其是政府作为国有资产所有者和作为社会管理者的职能尚未分开，更从根本上限制了企业法人在产权上的独立地位。同时，我国社会利益分化在总体上不是以市场竞争为基础的自然分化，而是以政策调节为主导的人为分化，使得那些率先放权让利、放开搞活的地区、组织和群体因率先获利而致富。先行一步的致富所造成的这种“马太效应”，目前仍在利益分化格局中产生着巨大影响，尽管近年来政府已开始向着全社会所有经济成分和组织提供平等竞争条件的方向努力，但离根本解决还有很大距离。在这里，统战工作是可以大有一番作为的。第二，集团性分化大于阶层性分化、社会整合滞后于社会分化，给统战工作提出了更高的要求。在我国原体制内，随着各级各类组织自主权的扩大和组织利益的独立化，组织在改革中所有的政府地位和自谋福利的成效等集团性要素对社会分化的作用明显加大，原来的等级性利益结构正在发生集团性的利益分化，而在原体制外，以市场机制为基础的社会分化已具有明显职业性阶层特征，但是社会成员之间因所处的不同地区、

组织而产生的利益分化，或许要大于属于不同职业类别而产生的利益分化。同时，这些体制外新生组织的大量涌现与体制内组织利益的分化和行政职能的弱化，使原有行政性整合效能不断降低，而一种新的与市场经济相联系的契约式整合机制的发展还处于初级阶段，远未能替代原有的行政性整合机制。于是，其他一些非正式的如宗教、黑恶势力、具有个人魅力的能人的整合机制开始自发地填补空白。社会的正式整合机制在总体上滞后于社会分化的状况，使社会失范和利益失调情况增多，社会摩擦和冲突加剧，不稳定因素增加。因而进一步加快发展和完善以契约性整合为主导的社会整合机制，协调各种整合力量和手段的作用，就给统战部门和统战干部提出了更高的要求。

（二）利益协调的应然性

从统战工作的优势和职能看，开展利益协调是其工作的应然。

第一，我们党的统战工作，属于上层建筑，是我党一大政治优势和重要法宝。作为上层建筑，统战工作必须为利益协调服务，这是显见的。在新的历史时期，党的工作重点已转移到社会主义现代化建设上来，作为党的总路线、总政策的重要组成部分的统一战线，必须把为利益协调服务作为自己工作的出发点和落脚点，因为利益协调本来就是统战工作存在和发展的客观要求，它本身决定着统战工作的兴衰，制约着这一工作的前途。近年来统战工作的实践也证明，哪里的统战工作与利益协调贴得紧，哪里的统战工作内源力就旺盛。经济工作和利益协调，能调动各方面的工作积极性。利益协调与统战工作更是密不可分。可以说，利益协调离不开统战工作。对于统战工作来讲，利益协调是土壤、是舞台、是广阔天地；对于利益协调来讲，统战工作是调节器、是润滑剂、是制胜的重要法宝。统战部门要牢固树立利益协调的观念，明确工作着力点，进一步密切与经济部门的联系，为统战工作的进行开拓良好的环境；经济部门要增强统战意识，把统战工作与经济工作紧密结合起来，寓统战工作于利益活动之中，使二者双向结合，相互促进，不断发展和提高。

第二，统战工作的基本职能是“了解情况，掌握政策，协调关系，安排人事”。履行这些基本职能，与开展利益协调是相辅相成的。

1. 履行基本职能是开展利益协调的前提。进行利益协调，是为了更好地解放和发展生产力。在生产力诸要素中，人是最主要、最活跃的要素。统战工作，主要是做人的工作，从本质上讲是团结大多数，调动人的积极性。履行好基本职能，将会有效地争取人心，增强党的凝聚力，调动各方面的积极性与创造性，更好地开展利益协调。

2. 履行基本职能可以为利益协调的顺利进行提供和创造良好的社会环境。统一战线具有很大的包容性和广泛性，囊括了方方面面的社会阶层及其代表人物，保持这一部分人的稳定，对于整个社会的稳定具有重要意义。统战部门通过履行职能、协调关系、化解矛盾，就能有效保持统战乃至整个社会的稳定，从而保证利益协调的有序展开。

3. 通过履行基本职能，可以拓宽利益协调的渠道。统战工作具有开展利益协调的得天独厚的优势，但这些优势的发挥并转化为利益协调的现实力量，只能通过统战部门履行职能、卓有成效地开展工作才能实现。通过了解情况、反映民意、安排人事，把有科技和经济才能的党外人士提拔上来，不断壮大统战队伍，就能为利益协调造就新生力量。

4. 利益协调机制生态化给统战部门的基本职能赋予了更新和更丰富的时代内容。在新时期，了解情况就是要重点了解和掌握各界人士在进一步改革开放条件下的新思想、新情况、新问题；掌握政策就是要联系体制改革攻坚战中的新形势，为党委政府当好参谋，提供决策依据，提出政策性建议，协助党委政府制定并执行和运用好非党知识分子政策、非公有制经济代表人士政策、民族宗教政策和对台港澳及涉外人士政策等；协调关系就是按照市场经济的要求，依据新的利益关系的变化，以新的观念、新的方法做好化解矛盾的工作，为利益协调创造良好的社会氛围；安排人事即在改革开放和经济建设大潮中，发现、培养、锻炼和安排好各方面的党外代表人士，使其在利益协调中发挥更大作用。

二、社情民意诉求表达机制

（一）社情民意沟通机制生态化的理论基础

1. 西方协商民主理论大都将公民视为协商民主的主体。乔恩·埃尔斯特认为：“协商民主就是通过自由而平等的公民之间的讨论进行决策。”[①] 将公民直接视为主体具有进步意义，是对代议制民主理论以公民委托的代表为主体

① ［美］乔恩·埃尔斯特：《协商民主》，中央编译出版社2009年版。

做法的回应和批判。公民委托的代表在政治过程中往往不能真实地代表公民的意愿。只有让公民作为直接主体参与协商，才是更真实的民主。然而，若只把公民视为唯一主体，在有些政治实践中又具有不科学性。比如：在国家层面，关于政策和法律的制定不能通过广大公民直接协商；在国际政治中，公民直接协商就更困难了。因此，有的学者把协商民主的主体概括为三个层次：第一个层次就是在公共民生领域和基层民主实践中，与决策制定具有直接利益相关性的公民；第二个层次主要是在代议制民主国家的国家制度设计层面……按照‘委托—代理’原则而产生的公共组织或公民代表；第三个层次是基于政治全球化的时代趋势……民族国家必然成为协商民主实践的重要主体。其实，众多学者所探讨的协商主体就是政治主体，即处于政治生活或政治关系中的个人、群体、组织或者政治结构等。它们主要包括国家、政府、政党、政治社团、公民等。然而，真正的协商主体应是被赋予协商民主价值观追求的政治主体。因此，协商民主的主体主要是指自由、平等、理性和参与公共协商之中的个人、群体、组织或者政治结构。

2. 以毛泽东为代表的中国共产党在长期斗争中形成了一切为了群众，一切依靠群众和从群众中来、到群众中去的群众路线。它是毛泽东思想活的灵魂的三个方面之一，是适当的根本工作路线。从中国共产党的群众路线的理论基础和思想渊源来讲，它来源于马克思主义关于人民群众的根本观点。在国际共产主义运动史上，马克思、恩格斯、列宁提出的一系列关于党和人民群众关系的理论观点，构成了马克思主义群众观的基本内容。群众路线是我们党的根本工作路线，也是我们党的根本的领导作风和工作方法，是党的群众观点的具体化。党的群众路线体现了马克思唯物主义的认识论，突出了中国特色社会主义新时代的实践主体。坚持群众路线，就能保证党与群众的血肉联系，保证党的各项工作的成功。群众路线的实质，就是代表人民群众，为人民谋利益，就是要执政为民。群众路线是我们的事业不断取得胜利的重要法宝，也是我们党不断焕发生机与活力、永葆先进性的力量源泉。历史经验充分表明：党的成长与壮大、革命的胜利与发展，都与群众路线息息相关。当党正确地制定和实行群众路线时，革命就胜利、发展；反之，党和人民的事业就会遭受损失、失败。

3. 协商民主（Consociational Democracy）或称“协商（和）式民主”“结

盟民主”，指在一个国家内可以有多个以种族、语言或宗教分割的政治力量并存，但同时依然保持很大程度的稳定性。这种稳定性主要是通过各个政治势力之间互相协商机制来取得的民主模式。我国协商民主的实质，就是要实现和推进公民有序的政治参与。在中国共产党的领导下，把协商民主与选举（票决）民主结合起来的过程中，始终要体现“公民有序的政治参与”这一现代民主精神，并把它作为民主和法治的重要内容，引导群众以理性合法的形式表达利益要求、解决利益矛盾，共同来构建社会主义和谐社会。社会主义协商民主不是一种空洞的理论学说，而是有一系列制度作为其实施场域和行动保障。我国已经在多领域、多层面建立了相关的协商民主制度。不管是在生态政治管理领域还是在生态政治参与领域，生态政治治理都只有在一定的制度框内才能良性运行。协商民主的相关制度能够为生态政治治理提供制度保障。

（二）社情民意沟通机制生态化的意义

1. 促进政协组织更好履行职能

人民政协是我国政治体制的重要组成部分，它具有广泛和包容的特性，在社会主义协商民主发展过程中具有独特作用。人民政协有别于权力机关，也不属于行政机关，而是围绕团结和民主两大主题形成的统一战线性质的政治协商机关。

人民政协是社会主义建设的重要载体、重要力量和重要渠道。人民政协以各界别为组织形式，形成包括各党派团体和各族各界代表人士广泛团结的格局，是社会主义建设中广泛和雄厚的社会基础。社会主义建设需要最广泛、最充分地调动一切积极因素，需要全社会的共同努力。人民政协是大联合大团结的载体，通过求同存异、体谅包容、协调关系、化解矛盾、把不同党派、不同阶层、不同民族、不同信仰的人凝聚起来、在实现祖国统一与中华民族伟大复兴的大目标下，增进大团结，实现大联合，取得大发展。

2. 促进各级党委政府科学决策

我国实行的是中国共产党领导下的多党合作体制。随着政协组织履职能力的不断提升，来自各个界别和各民主党派的委员们收集和反映社情民意的意识逐渐增强，广泛惠及基层情况和基层群众的呼声越来越及时，反映各领域的重要情况与意见越来越丰富，这将成为各级党委和政府决策的重要信息来源，各个界别和各民主党派的委员们在一定程度上发挥着重要的“智囊团”

的作用。通过完善有效的沟通协商机制，能够防止执政行为脱离实际，脱离群众，促进党政决策合乎实际、顺乎民心，提高执政效率。

三、海内外统战成员沟通联系机制

（一）新时代海内外统战联系机制生态化的科学内涵

习近平总书记立足于巩固和扩大统一战线“第二个范围联盟”，对做好港澳台海外统战工作提出了一系列新思想新理念。

1. 提出了“中国梦”的时代命题。

党的十八大以来，习近平总书记站在时代的高度提出了实现中华民族伟大复兴中国梦的重大命题。中国梦的本质是国家富强、民族振兴、人民幸福。“中国梦”把国家的追求、民族的向往和人民的期盼融为一体，凝聚了全体中华儿女的最大共识，承载了包括港澳台同胞和海外侨胞在内的每一个中华儿女的共同福祉和共同追求，是最能激起海外华侨华人强烈共鸣的精神旗帜。

2. 形成了命运共同体思想。

在前面的有关章节，阐述了习近平总书记关于人类命运共同体的思想。这里，从海内外统战联系机制生态化的角度，再看中华民族命运共同体，即中国大陆主体和香港、澳门、台湾以及海外中华儿女所构成的命运共同体。习近平总书记强调，“香港、澳门与祖国内地的命运始终紧密相连。实现中华民族伟大复兴的中国梦，需要香港、澳门与祖国内地坚持优势互补、共同发展，需要港澳同胞与内地人民坚持守望相助、携手共进”。[①] 在两岸关系上，习近平总书记提出，“两岸同胞是血脉相连的骨肉兄弟。两岸是割舍不断的命运共同体”[②]，“两岸同胞命运与共，彼此没有解不开的心结”[③]。在对侨工作中，习近平总书记指出，“团结统一的中华民族是海内外中华儿女共同的根，博大精深的中华文化是海内外中华儿女共同的魂，实现中华民族伟大复兴是海内外中华儿女共同的梦”。[④] 新时代条件下的港澳台海外统战工作，要求我们树

---

① 《习近平心系澳门发展：共享祖国繁荣富强伟大荣光》，人民网，2019年12月18日。

② 《习近平：绝不容忍国家分裂的历史悲剧重演》，www.chinaqw.com/hqhr/2016/11-11/112302.shtml,2016年11月11日

③ 《习近平：两岸同胞要携手同心共圆中国梦》，新华网，2014年2月18日。

④ 《习近平谈团结：打好“团结牌”实现中国梦》，央视网，2016年10月02日。

立全局思维，增强大局意识，从实现中华民族伟大复兴的中国梦和构建中华民族共同体的高度来认识和开展港澳台海外工作。

（二）海内外统战联系机制生态化的基本原则

习近平总书记指出，做好新形势下统战工作，必须掌握规律、坚持原则、讲究方法，最根本的是坚持党的领导。① 港澳台海外工作的对象主要在海外，是资本主义环境下的统战工作，要坚持什么样的原则，是由港澳台海外统战工作的本质决定的。

1. 方向性原则。方向性是做好港澳台海外统战工作的根本原则。高举爱国主义和社会主义两面旗帜，是新时代统一战线的显著标志，也是统一战线的政治基础。当前，我们正在为实现“两个一百年”奋斗目标、实现中华民族伟大复兴的中国梦而奋斗。中国梦是国家梦、民族梦，也是每一个海内外中华儿女的梦。在这样的伟大进程中，更应高举爱国主义旗帜，团结生活在大陆范围以外的港澳同胞、台湾同胞、海外侨胞，使之成为共同致力于中华民族伟大复兴事业的重要组成部分。

2. 系统性原则。系统性原则就是强调在港澳台海外统战工作中，要有“系统性”思维。系统而不零散地观察、分析、思考事务，有利于透过现象，在矛盾双方对立统一的过程中把握事物发展的本质和规律。习近平总书记在主持中央第二十次集体学习时强调指出：“全面深化改革，要突出改革的系统性、整体性、协同性。要坚持系统地而不是零散地、普遍联系地而不是单一孤立地观察事物，准确把握客观实际，真正掌握规律，妥善处理各种重大关系。”② 港澳台海外统战工作看似涉及多个方面，实则是由一组相互联系要素系统组成的链条。从外在看，海内外同胞关系包括中国公民与生活在大陆的港澳台人士的关系，也包括中国公民与生活在大陆外的港澳台侨人士的关系。从内在看，港澳同胞、台湾同胞、海外侨胞之间同样存在相互影响、相互转化的关系。因此，做好港澳台海外统战工作必须要“系统地而不是零散地”去思考问题，从整体上把握，寻求最佳切入点、突破点和结合点，通过局部问题的突破带动整体性、全局性问题的解决，最终推动港澳台海外统战工作

① 《做好新形势下统战工作》，中国共产党新闻网，2018年1月3日。

② 范义：《论习近平“系统性”辩证思想方法》，《思想政治工作研究》，2015年第4期，第9–10页。

的协同、整体发展。

3. 底线原则。底线原则是最基本的原则，是对一项工作最起码的要求。《大学》里说；“知止而后知定，定而后能静，静而后能安，安而后能虑，虑而后能得。”文中的“止”是一种理想目标，也是一种底线要求。习近平总书记指出：“要善于运用底线思维的方法，凡事从坏处准备，努力争取最好的结果，做到有备无患，遇事不慌，牢牢把握主动权。”①

党的十八大以来，党中央逐步确立了以全面深化改革为动力，以全面推进依法治国为保障，以全面从严治党为基础的全面建成小康社会的战略目标。统战工作是全党的工作，是新形势下国家发展的重要法宝。建构“大统战观”为“四个全面”战略提供最广泛的力量支撑。作为统战工作重点团结对象的留学人员，了解留学人员现状，科学使用留学人员，发挥留学人员专业技能，对于培养造就一支自觉接受中国共产党领导、坚定不移走中国特色社会主义道路、具有较强代表性和参政议政能力的党外代表人士队伍至关重要，亦是践行“大统战观”服务“四个全面”的具体实践。习近平总书记进一步指出，坚持和完善中国共产党领导的多党合作和政治协商制度，在“四个全面”新形势下，统一战线工作不仅要在促进政党关系、民族关系、宗教关系、阶层关系、海内外同胞关系和谐，巩固和发展团结、奋进、开拓、活跃的大局面上做文章，同时也要重点团结留学人员、新媒体中的代表人士和非公有制经济人士特别是年轻一代，为推动经济社会发展、维护社会和谐稳定、促进祖国统一做出贡献。最大限度调动一切积极因素，共同致力于实现中华民族伟大复兴。②

第四节　大统战协调机制生态化途径

一、社会主义协商民主

社会主义协商民主不是一种空洞的理论学说，而是有一系列制度作为其

① 《底线思维》，《人民日报》海外版，2017年2月13日。

② 《开创新时代统一战线工作新局面》，《人民日报》，2021年1月6日。

实施场域和行动保障。我国已经在多领域、多层面建立了相关的协商民主制度。不管是在生态政治管理领域还是在生态政治参与领域，生态政治治理都只有在一定的制度框内才能良性运行。协商民主的相关制度能够为生态政治治理提供制度保障。这主要体现在以下几个方面。①

1. 政治协商制度为生态战略规划提供制度保障。生态战略规划是政治权力主体以保护生态、维护生态平衡为目标，计划和部署在一定时期内完成某项生态任务或解决全局性生态发展问题的一种行为。依托政治协商制度，中国共产党与民主党派、无党派人士就生态战略规划进行协商。政治协商制度为生态战略规划的提出、修改和实施提供了制度保障。

2. 听证制度为生态决策的科学化提供制度保障。听证能够确保公正性和共识性，在程序中保证每位协商主体都有机会表达自己的意见，实现各自偏好转换，进而达成共识。听证有利于建立起生态政治权力主体与社会政治主体之间的有效沟通渠道，使生态社会政治主体能够以制度化的方式进行生态政治参与，促进生态决策的科学化。

3. 基层协商民主制度为基层生态政治治理提供制度保障。我国的生态问题大量发生于农村、社区和企业的实际生产生活之中，与基层民众的健康权益息息相关。因此，解决生态问题重在基层。基层生态治理是整个国家生态政治治理的关键。基层协商民主制度能够为基层生态治理提供制度保障。基层协商民主以直接的方式实现了公民之间及公民与政府之间的对话，有利于生态问题的解决。

不断发展和完善社会主义协商民主，可以实现协商民主与生态政治治理的共同发展。第一，不断加强协商民主的主体性建设，使协商民主的主体不断增强自由、平等、理性和参与的特质，使政治权力主体与社会政治主体都能够得到有效的沟通与塑造，进而培育出符合生态政治治理的生态政治主体。第二，不断推进协商民主制度化，在国际、国家、地方、基层、公民各个层面都建设制度化的协商民主渠道，进而为生态政治治理提供制度保障。第三，不断增强协商民主的实效性，使协商民主的合法性、效用性、责任性、回应性、透明性与法治性得到加强，从而实现生态政治的善治。②

---

① 李立嘉：《论协商民主的生态政治治理作用》，《重庆社会主义学院学报》，2015年第2期。

② 李立嘉：《论协商民主的生态政治治理作用》，《重庆社会主义学院学报》，2015年第2期。

充分发挥党委和政府在群众利益诉求表达机制中的作用。群众利益特别是弱势群体的利益必须依靠行政和社会的力量给予支持和维护。各级党政机关及其职能部门应对其进行指导、服务、协调、规范和管理。应进一步提高干部政治素质和业务水平，从最广大群众的根本利益出发，把群众利益特别是弱势群体的利益诉求纳入法制化、规范化和制度化的轨道。解决在工作中遇到的困难，做畅通群众利益诉求表达工作的坚强后盾。政务及决策活动尽可能透明公开，及时建立、健全和规范与人民群众沟通、互动的平台与渠道，听取他们的意见和呼声。相关政策应充分关注弱势群体并适当向其倾斜。应加大群众利益诉求表达工作的财政投入，加大对相关研究的经费支持力度。在完善各级领导干部和党代表、人大代表、政协委员联系群众制度的同时，要与各种组织、人民团体和志愿者保持经常性、实质性的沟通和联系，深入社会生活，收集研究群众的各种利益诉求，并积极地把这种利益诉求送达决策层。

完善畅通高效的群众利益诉求表达渠道。建立及时收集群众利益诉求信息的网络系统，并加强对收集来的信息进行分析、研究和提炼。进一步建立和健全各种形式的信息公开、民意调查、听证会、调解、协商和谈判等具体制度，注重提高其实效性，确保群众合理的利益诉求通过正当规范的渠道纳入公共决策过程。如果人民群众特别是弱势群体被排斥在社会公共决策之外，不能参与相关进程，他们的声音就无法表达，就谈不上对其权益的有效维护。尊重和保障群众的政治、经济、文化和其他社会权利，特别是要加强民主制度建设，保障群众的参与权和知情权，保障其参与与其有关的各项决策的权利，使其能够表达和维护自身权益。在建设社会主义法治社会的进程中，要保障群众特别是弱势群体对于有关立法的参与权，强化其利用法律武器维护自身权益的自我保护意识。加大法律法规宣传普及的力度，增进群众对法律法规的了解，加强法律援助工作，确保群众特别是弱势群体能够使用法律武器，维护自身的各项权益。

充分发挥各类社团组织以及各类协会的权益保护作用。扩大相关群团组织和基层自治组织领导班子及其成员的普选范围，维护选举秩序，规范选举制度，防范黑恶势力操控。健全群众监督机制，强化社团的自觉服务意识。培育专业互助合作社等地域性和行业性的合法民间组织，拓宽弱势群体诉求渠道。在社区、街道办事处和各基层组织建立群众利益诉求的协调体系，尽量让群众利益诉求在基层的社区、街道和区县得到解决。建立健全有利于群众权益特别是弱势群体的社会法律援助体系和国家法律救助体系，降低诉讼成本，简化司法程序，提高诉讼效率。另外，还应广泛宣传、动员各类社团组织和个人志愿者支持、帮助群众表达他们的利益诉求，给他们以必要的政策、人力、物力鼓励与支持，从而形成一个遍及全社会的协助群众利益诉求工作的网络。

充分利用大众传媒关心、关注、引导、参与群众的利益诉求。大众传媒能够迅速将群众的利益诉求广泛传播，引起社会关注，凝成社会焦点，直接被政府部门知悉和关注。它为群众利益诉求提供了一条高效便捷的通道，使其省去了诸多中间环节，直接呈现给决策层。因此，我们应当充分利用大众传媒来表达群众利益诉求。利用现代通信技术，建立扁平的利益诉求表达渠道；党委、人大和政府应建立专门网站，收集、整理群众利益诉求，让广大群众的利益诉求直接反映到决策层，避免渠道长、环节多导致的利益诉求失真或遗失；通过“行风热线”“市民论坛”等载体，构建广播、电视、网络、通讯、报刊等多层次、多样化的人民群众利益诉求表达形式。切实加强“12345政务热线”服务台建设，为党政部门制定相关政策提供参考。在大众传媒上设立针对群众利益诉求的平台，让广大群众特别是弱势群体充分感受到社会的公平正义以及人文关怀。①

二、利益协调

统战工作开展利益协调既是必要的，又是可行的。“所谓统战工作开展利益协调，是指为使广大利益主体的求利活动受到适当制约所需的统战工作条件及其相互间的有机联系，其目的在于促使各种利益主体普遍、长期、自觉地选择和坚持那些不损害并能有利于其利益主体获得正当利益的求利方式，使每一利益主体的求利活动都在既有利于自己，又有利于他人和社会的方向上进行，从而促使和确保各种利益主体的正当利益得以长期、持续地实现和

① 路江:《构建群众利益诉求表达机制的思考》,《安徽日报》, 2012年3月19日。

较快地增长。”[①]

统战工作应如何开展利益协调呢？首先，从微观上看，转型期统战工作的利益协调，要选准位置、协调关系、发挥作用、建功立业，必须注意抓好三个基本协调环节。

第一，加强调查研究和政策咨询，强化利益意识。当前在国有企业改革、金融体制改革及政府机构改革等力度加大、矛盾增多的情况下，统战工作中的利益协调，实质上就是协调利益关系，其中既有各阶层和集团间物质利益方面的关系，也有人们民主意识增强后在政治利益上的要求。这就需要深入调查研究不同社会群体的利益结构变化，提出政策性建议，使党和政府在制定方针政策时，能够统筹兼顾，充分照顾同盟者的利益。在统战工作中，调查研究、了解情况，进行政策咨询，通过信息与反馈来控制和调节各种关系，这是搞好利益协调的第一步。同时，面对各种利益结构日趋多元化、具体利益差别和矛盾逐步突出，统战部门与统战干部必须自觉强化“利益”意识。一是按照“三个有利于”的新观念，开阔视野，广掘渠道，用转型期的新形势、新任务、新要求去重新认识、看待和谋划统战工作中的利益协调；二是自觉把统战工作对象的局部利益与党的整体利益联系起来，增强利益协调的责任感和使命感；三是走出统战工作协调利益的种种误区，克服和防止“无关紧要、无所作为”，“事不关己、高高挂起”等观念，敢于到利益矛盾比较集中的地方去履行职能，发挥统战优势。

第二，强化政治协商和民主监督，理清工作思路。要使广大统战对象享有了解权、获知权、协商权、建议权、监督权，需要进一步强化制度和措施予以保证。统战工作中的利益协调在很大程度上是靠科学制度和先进管理来实现的，制度和管理的作用就是依照客观规律，运用科学原理和优良方法去组织、指挥、协调统战工作中内外利益关系的均衡，以发挥良好的整体效益。而且，利益协调是一项长期而艰巨的系统工程，零敲碎打不行，必须周密谋划，制定目标，理清思路，做到既有近期打算，又有远期规划，持续不断地抓下去才能奏效。具体说来，主要应理清三个方面的思路。一是组织网络思路。根据各地实际情况建立有利于发挥协调利益的统战组织。二是海外统战和利

① 吴家庆、吴克明：《论转型期统战工作中的利益协调》，《湖南师范大学社会科学学报》，1999年第2期。

益领域统战思路，建立重点人物档案，研究联系方式，确定工作任务，争取获得实效。三是常规统战工作和开拓性工作思路。即将近年来把协调利益方面的成功做法加以总结提高和完善，并确定创新方向与途径，使点面结合，重点与一般相结合，短期活动与长远发展相结合，进而使统战工作中的利益协调功能全方位发挥出来。

第三，创新协调方式和工作方法，提高协调本领。转型期统战工作中利益协调的有效性，要求统战工作方式方法迅速适应变化了的形势，不断改进。随着统战对象的增多，统战领域的扩大，统战工作既要广交新朋友，全面了解掌握社情民意，做好深入细致的思想沟通工作，又要善于通过一些有声有势的利益协调活动来扩大影响，形成活跃的统战领域声势；既要亲力亲为，把统战各部门有机组合起来，自觉做好工作，又要适应统战工作社会化趋势，善于借助各种中介组织作为有力载体，依靠各方面力量做好统战工作；既要靠会议、谈话、学习等传统方法，又要开展一些为大家所喜闻乐见的考察、研究和联谊活动，还要增强自身的开放性，从外界吸收足够的能量和信息，不断提高自身工作的有序性和协调力。同时，统战工作开展利益协调，其政治性、政策性和业务性很强，需要统战干部具备较高的政治素质、思想素质和业务素质以及更高的工作热情、更宽的知识视野和更强的适应能力。而且，统战部门和统战干部要提高利益协调本领，必须经常磨砺统战工作基本功，诸如知上情、会倾听、善调配、能交友、懂经济和可变通等，抓紧充实自己，增长才干，提高本领，以便适应日益复杂多变的统战形势要求。

其次，从宏观上看，应从经济、法律、道德等角度，多管齐下建立统战工作多元协调机制。

第一，在经济上建立广泛利益主体的统战协调机制。其一，所有利益主体都能参与这种协调，并且每个利益主体只要出于关切就能参与有关的讨论，而不是由一部分人来排斥另一部分人的参与；其二，每一利益主体有公平的机会发出自己的声音，并且这种声音能被所有人听到；其三，这种利益协调以各个利益主体都能接受的方式进行，并且它所产生的结果能够影响有关的社会制度安排上的调整与政策的调整。舍此机制，统战工作就不可能防范一部分人利用偶然的社会条件与机会获得有利的社会起点的可能性，也不可能制止这种动机以及以不正当手段进行竞争的动机的普遍发生。

第二，在法律上建立司法正义的统战协调机制。在发展市场经济过程中，个人或组织为了追求自己的利益，就会在一定社会条件下采取一定的手段，该手段可能是正当的，也可能是不正当的。应该说，采取正当手段追求利益，这是利益主体的义务，也是其权利。如果不择手段，则必然会侵犯其他主体的权利。党的统战政策虽然承认追求个人或组织利益的合理性，但同时也要求个人或组织的利益追求行为必须合法而且正当，也即合乎司法正义要求。在我国迈向法治化过程中，提倡“君子爱财，取之有道”，反对不择手段的利益追求，显然是不无道理的。为了达到这一目标，党的统战工作必须配合各级人大和司法机构建立人们利益追求的法律保障，完善市场法律体系，制约各种利益主体的行为，使利益主体的权利和义务达到动态协调，进而实现司法正义的理想利益协调。

第三，在道德上建立规范自律的统战协调机制。市场活动的各种利益主体不仅是有各种物质与政治利益需求的个体或组织，而且也是有意识、有情感，并在一定目的和道德规范支配下自觉活动着的人或群体。主体的利益追求行为不仅受利益动机的驱使、受法律与纪律外在的强制，而且也按一定的善恶标准和精神价值进行选择和规范，并且这种规范自律主要诉诸利益主体的个体心灵体认，是个体内心自觉的道德践履，它不可能在短时间内积淀于个体的主动意识之中。因此，加强统战对象的道德教育与自律示范，也是统战工作建立利益协调机制的一个重要方面。

第十章　新时代大统战观念、力量整合机制生态化

社会组织需要生存与发展，就必须整合能在一定的制度、体制和组织结构中运行的机制，统一战线也不例外。我们试图探索一种带有规律性的整合模式，建构一种新型高效的整合机制，这就是新时代大统战整合机制的生态化模式。

第一节　新时代大统战观念整合机制生态化

按照生态的多样性的原理，统一战线内部需要具有不同的意见和建议，而生态的整体性原理又要求统一战线内部的政治认同。各统战成员处于不同的生态位，观念有所不同是正常的，但不能影响在实现中华民族伟大复兴征途中的“同心同向”，这就需要进行观念整合。

一、用社会主义核心价值观进行观念整合

社会主义核心价值观是国家主流价值观，在“异质性”较大的统一战线具有凝聚社会共识、整合社会思想等重要作用。特别是在当前西方普世价值观大力渗透、极端宗教势力干扰、民族意识与国家意识非均衡发展、国家认同弱化等现实挑战的情况下，更需要我们在统一战线培育和践行社会主义核心价值观，以加强意识形态统一、维护社会稳定、促进政治观念整合与认同。

（一）用社会主义核心价值观整合统一战线成员的主流观念

用社会主义主流价值观整合统一战线成员的主流观念，是在尊重差异、包容多样的原则指导下用社会主义核心价值引导、引领社会思潮的发展，最大限度地形成统一战线成员的思想共识，凝聚统一战线成员的合力，从而达成新时代大统战工作的目标。社会主义核心价值观是社会主义核心价值体系的内核，体现社会主义价值体系的根本性质和基本特征，反映社会主义核心价值体系的丰富内涵和实践要求，是社会主义核心价值体系的高度凝练和集中表达。我国正处在大发展大变革大调整时期，在前所未有的改革、发展和开放进程中，各种价值观念和社会思潮纷繁复杂。国际敌对势力正在加紧对我国实施西化分化的战略图谋，尤其是思想文化领域是他们长期渗透的重点领域。面对世界范围内思想文化交流交融交锋形势下价值观较量的新态势，面对改革开放和发展社会主义市场经济条件下思想意识多元多样多变的新特点，迫切需要我们积极培育和践行社会主义核心价值观，扩大主流价值观念的影响力，提高国家文化软实力。从实现民族复兴中国梦的宏伟目标看，核心价值观是一个国家的重要稳定器，构建具有强大凝聚力感召力的核心价值观，关系到社会和谐稳定，关系到国家长治久安。因此，我们要用社会主义核心价值观整合主流观念，持续加强社会主义核心价值体系和核心价值观建设，巩固全国各党派、各民族、各阶层群众团结奋斗的共同思想基础，凝聚起实现中华民族伟大复兴的中国力量。

（二）以社会主义核心价值观引领社会思潮

以社会主义核心价值观引领社会思潮，既是一个从上至下、由执政党和政府来提倡和创建的过程，又是一个包括统战成员在内的全体社会成员共同参与、不断完善、不断深化的过程。以社会主义核心价值观引领社会思潮，着眼点是最大限度地形成社会思想共识，根本目的是凝聚社会发展的合力，促进社会发展，这与新时代大统战目标完全一致。以社会主义核心价值观引领社会思潮，必须着眼于最大限度地形成统战成员的思想共识，引导统战成员在社会生活基本方面形成大体一致的观念。从生态学原理来阐释这种观念的整合：是引导，而不是强制；是大体一致，而不是整齐划一。

任何国家，不管其经济结构和社会思想多么复杂多样，总会有占主导地位的价值观，并对整个社会的思想文化发挥着强大的引领和整合作用。在国家层面的指导思想、理想信念、意识形态应当是共同的、一元的，其目的就是要最大限度地形成社会思想共识，这是一个社会健康、稳定、和谐发展的根本保证。把最大限度地形成社会思想共识作为以社会主义核心价值观引领社会思潮的价值取向，把不同阶层、不同群体人们的思想引导到建设中国特色社会主义的共同理想上来，凝聚到为实现中华民族伟大复兴而奋斗的基本共识上来，有利于最大限度地掌握和动员更多的精神文化资源，释放更加强大的精神伟力，维系中华民族团结奋进的精神纽带，万众一心，开拓创新，共同推进新时代中国特色社会主义的伟大事业。

面对社会思潮的纷繁多变，要根据社会思潮的性质，采取不同的措施，引导其沿着健康的轨道前进，向着积极的方向发展。要注意严格区分思想认识问题、学术问题和政治问题的界限。坚持破中有立、立中有破的原则，大力弘扬时代主旋律，用积极健康的思想去引领多样化的社会思潮。同时，切实加强对思想理论阵地的管理，坚持在解放思想中统一思想，在加强管理中促进繁荣，有效防止指导思想理论上的噪音、杂音，消除各种错误思潮对统战成员思想的消极影响。

要用发展着的马克思主义指导新的实践。指导实践的发展是实现理论创新的根本目的。只有在指导实践的过程中，社会主义核心价值观才能不断经受实践的检验，突破个别陈旧结论，对新的现象做出新的概括和总结，从而引领社会思潮，推进社会主义核心价值观的不断发展与引领社会思潮的创造性实践，不断增强其说服力，才能做好统战成员的政治引导和观念整合。

（三）以社会主义核心价值观教育整合价值认同

社会主义核心价值观培育不仅要解决知与不知的问题，更要解决信与不信的问题，这就涉及核心价值观的认同问题。作为一种核心价值理念，社会主义核心价值观的认同不能靠强制性手段来实现，其培育的关键环节是要通过理论点化、精神激化、道德教化、实践强化，最终实现价值认同的目标。

价值认同，是指价值主体在社会实践中通过交往、对话和互动，不断调适自身的价值结构以适应、接受和遵循社会价值规范的过程。它标志着人们在社会实践中能够以社会共同的价值要求作为标准来规范自己的活动，并使之“内化”为自觉行为的价值取向。价值认同是凝聚人心、达成共识、整合观念与维持秩序的最佳途径。它是最有效的，因为价值观念是决定行动的主要因素；它是最持久的，因为“认同”已经使价值诉求从外在引导变为内心自觉；它是最节省的，因为不需要花费一枪一弹。价值认同既有外部因素影响下产生的强制认同，又有与接受者的接受图式、追求目标相一致的自觉认同。

价值认同模式可以分为盲目认同、诱导认同、强制认同和自觉认同等四种模式。“盲目认同”是指价值主体既没有树立起自己的价值观念，也没有形成对对方观念的理性把握，只是在从众心态影响下，根据下意识水平的评价接受了对方的价值观念。其特点是盲目性和自发性。“诱导认同”是指运用柔性方式，潜移默化地影响人的价值观念，从而使之放弃原有的价值观念而信从诱导者的价值观念。随着文化的传播和交流，诱导认同成了一种越来越重要的价值认同方式。“强制认同”就是利用自己的强势力量，使用硬性方式迫使对方接受自己的价值观，“自觉认同”是指价值主体对对方的价值观念有一种清晰的认知，愿意以此修补自己的价值观念，在主动、自愿基础上接受对方价值观念的一种理性认同。

社会主义核心价值观的认同，是指社会成员通过生产生活、交往互动，逐步调整自身的价值结构以接受、遵循核心价值观，并用以规范自己行为的过程。新时代统一战线成员对社会主义核心价值观的认同既不是盲目认同，也不是诱导式、强制式认同，而是建立在主动基础上的自觉认同。在这一过程中如何保持核心价值观与个体价值观之间的适度张力，如何在实际生活中构筑实现个性与共性、共同意识与个体行为选择相统一的基础，是建立新时代统一战线社会主义核心价值观认同机制不容忽视的问题。如何以社会主义核心价值观教育来整合统一战线成员的价值认同呢？

一是要建立社会主义核心价值观的接受内化机制。社会主义核心价值观要成为统战成员的价值认同并转化为个体的行为，必须经过一个接受和内化的过程。核心价值观只有为统战成员真正认同和普遍接受才能被最终确立。也只有在个体将之内在化，并围绕着这种内在化过程构建其意义的时候，它才能够产生认同，才能更加主动地按照其要求去行动。根据利益决定思想原则，任何思想的形成都是受利益驱动的。只有那些符合自己利益的外界信息和刺激才能被认可和接收。因此，社会主义核心价值观要得到统战成员的普遍认同，就必须能够满足统战成员的某种需要。从利益认同到价值认同，是社会主义核心价值观认同的内在途径。

二是要建立社会主义核心价值观认同的实践强化机制。认知与接受是认同的基础，内化是认同的关键环节，但实践是认同的结果，并进一步促进实践者的价值内化。统战成员社会主义核心价值观的培育，更重要的在于使社会主义核心价值观成为统战成员的理想信念和行为准则，落实到他们的日常行为中。因此，社会主义核心价值观教育，必须将社会主义核心价值观与统战成员的日常生活紧密联系，寓于他们的社会实践活动中，由外到内，再由外延伸到内，达到“知”“行”相统一。实践强化机制就是促使社会主义核心价值观外化为价值行为的重要途径。实践强化机制一方面是对有违社会主义核心价值观要求的行为进行抑制和批评，另一方面是对统战成员实践社会主义核心价值观的高尚行为予以宣扬和褒奖。

三是要健全社会主义核心价值观的灌输引导机制。由于认识能力和活动空间的限制，处于不同生态位的统战成员们往往只能形成零散的社会价值观，而无法自觉形成科学系统的核心价值观。因此，核心价值观的灌输在这时就显得十分必要。但是价值认同如果仅仅依赖于外力强制性灌输和行政干预等强硬手段，“对于干预方来说带有明显的强权色彩，而对另一方来说，完全处于一种被动的接受状态。显然，这种认同与经济全球化进程中出现的价值的多元性存在的现实是不相适应的”。[①] 所以，统战成员对社会主义核心价值观的认同，必须坚持灌输和引导的结合，通过柔性化、隐性化的交流互动方式，广泛运用信息技术和充分利用网络技术等现代媒介来实现。

二、尊重差异，包容多样

用社会主义核心价值观在统一战线引领多样化社会思潮是一项理论性和政策性都很强的系统工程，必须高度重视和严格遵守基本原则的指导。尊重差异、包容多样是引领统战成员思想工作开展的基本指导原则，只有在这个原则的指导下，才能增强引领工作的针对性，才能推进社会主义核心价值观的认同，才能有利于形成统战成员的思想共识，争取统一战线的“最大公约数”。

尊重差异，包容统战内部多样性。坚持尊重社会思潮的复杂多样性特点和包容合理性差异，这是遵循尊重差异、包容多样原则的基本要求。社会思潮复杂多样性的特点是社会转型时期各方面深刻变化的必然反映，不仅有其

① 贾英健:《重建当代价值认同的致思理路和方法解答》,《湖南社会科学》, 2006年第2期，第1-5页。

深刻的理论根源、心理基础，也有其存在的物质条件，是社会发展过程中现实需要的结果。一方面，要尊重、包容社会思潮客观存在的多样性和它们之间的差异性，坚持“百花齐放、百家争鸣”的方针，树立和谐共存的理念，不断吸收、借鉴多样化社会思潮的合理成分。另一方面，要尊重不同阶层、不同团体在思想意识、价值观念上的差异性，在统战成员文化培养、思想引导上既鼓励先进分子的发展，又要照顾到不同认识水平的人群，充分挖掘各个阶层群众所蕴含的积极向上的精神因素，形成思想共识，为更好地在统一战线坚持用社会主义核心价值观引领多样化社会思潮打下基础。

“差异”和“多样”，是产生矛盾的基础，但并不意味着发生矛盾的必然性。关键是如何对待“差异”、怎样看待“多样”。“尊重差异”是实现和谐的共处的前提，“包容多样”是实现互补创新的保证。承载不同文明、不同文化的国家和民族，在竞争比较中取长补短，在求同存异中共同发展。“尊重差异、包容多样”能够最大限度地激发社会活力、调动一切有利于维护社会和谐的因素。这不仅是一个世界观、思想方法的问题，而且是一个涉及社会各个领域的重大实践问题，这一观念对于促进大统战中的政党关系、民族关系、宗教关系、阶层关系、海内外同胞关系的和谐与团结都具有重要意义。

“尊重差异、包容多样”观念的实践是有前提的。从中国构建社会主义和谐社会的原则出发，这种前提在国际统战中就是高举和平、发展、合作的旗帜，按照和平共处五项原则和其他公认的国际关系准则同世界各国发展友好关系，推动建设人类命运共同体，维护世界和平。这种前提在族际关系中就是牢牢把握各民族共同团结奋斗、共同繁荣发展的主题，巩固和发展平等、团结、互助、和谐的社会主义民族关系，使各族人民和睦相处、和衷共济、和谐发展。统一战线“尊重差异、包容多样”的民族观，以全国各民族人民的根本利益为出发点，“平等、团结、互助、和谐”集中体现了这一根本利益，构成社会主义核心价值体系的组成部分。同样，从国际统战来说，“尊重差异、包容多样”的民族观，以全人类的根本利益为出发点，“和平、发展、合作”集中体现了这一根本利益，是推动构建人类命运共同体的基本准则。因此，统一战线“尊重差异、包容多样”的民族观，无论对于解决国内的民族问题还是处理国际关系，都展示了一个和谐共容、和平共处、互利发展的新境界。

从生态视角看，尊重多元文化差异，包容社会生活多样，是实现社会平等、公平、正义、诚信需要遵循的原则，也是最大限度地激发社会活力、调动一切有利于维护社会和谐因素的基本保证。要尊重和包容各阶层、各利益群体的合理利益诉求，要承认统战成员对马克思主义认识上存在差异性和多样性，尊重不同群体的认同层次，通过积极引导、平等对话、沟通协作消除冲突，从而形成统战成员共同的价值目标和理想追求。

新时代大统战工作要以社会主义核心价值观为引领，构筑各民族共有精神家园，才能深层次整合统战成员的思想观念。加强中华民族大团结，增强文化认同是根本之策、长远之计。文化认同是最深层次的认同，是民族团结之根、民族和睦之魂。正是在这个意义上，习近平总书记强调，要把建设各民族共有精神家园作为战略任务来抓。① 社会主义核心价值观植根于中华优秀文化的沃土，熔铸于我们党领导人民长期奋斗的伟大实践，是社会主义先进文化的精髓，是当代中国精神的集中体现，凝结着全体人民共同的价值追求。在统战工作领域构筑各民族共有精神家园，要以社会主义核心价值观为引领，推动各民族文化的传承保护和创新交融，树立和突出各民族共享的中华文化符号和中华民族形象，增强各族群众对中华文化的认同。

新时代大统战工作的一项重大任务，就是教育引导统一战线成员以社会主义核心价值观为引领，坚持共同的理想信念、价值理念、道德观念，弘扬中华优秀传统文化、革命文化、社会主义先进文化，促进统一战线广大成员在思想上精神上紧紧团结在一起，共同致力于坚持和完善中国特色社会主义制度、推进国家治理体系和治理能力现代化的各项实践。

社会主义核心价值观在国家层面倡导富强、民主、文明、和谐，社会层面倡导自由、平等、公正、法治，公民个人层面倡导爱国、敬业、诚信、友善，这24个字是社会主义核心价值观的基本内容。其中，“爱国”是中华民族共同的价值基础，即认同和坚持爱国主义。它集中体现了爱国统一战线的主题。从革命的统一战线到爱国的统一战线再到新时代最广泛的爱国统一战线，中国共产党在革命、建设和改革时期领导的统一战线随着时代变化和任务调整而不断发展变化。一以贯之的是，统一战线工作是党的一项极端重要的工作，是中国共产党夺取革命、建设、改革事业胜利的重要法宝，是中国共产

① 《中央民族工作会议暨国务院第六次全国民族团结进步表彰大会在北京举行》，新华网，2014年9月30日。

党执政兴国的重要法宝，是实现祖国完全统一和中华民族伟大复兴的重要法宝。正如习近平总书记在党的十九大报告中所强调的，统一战线是党的事业取得胜利的重要法宝，必须长期坚持。在中国特色社会主义进入新时代的历史方位下，进一步加强和改进党的统战工作势在必行。只有通过加强思想政治引领，用与时俱进的中国共产党的指导思想来推动统一战线发展和统战工作创新，凝聚人心，形成广泛共识，团结一切可以团结的力量，才能使统一战线的优势和作用得到充分发挥。当前，随着社会结构不断分化、新的社会群体不断涌现，思想观念更加多元，统战成员范围也随之日益扩大。只有通过加强思想政治引领，才能形成共识，发挥知识分子的智慧和力量，更好地为中华民族伟大复兴中国梦服务。新时代统战工作不仅要巩固现有群体，还要有效吸纳新的社会群体加入。改革开放以来，我国无论是所有制形式还是社会治理方式，都发生着重大调整和深刻变化。与此同时，社会结构不断分化，社会中出现了更多不同的利益群体，新的社会阶层人士也不断涌现。把这部分新的社会群体吸纳进统一战线范围，发挥其作为社会主义建设者的作用，就更需要弘扬社会主义核心价值观，对其加强思想政治引领，共同推进新时代中国特色社会主义建设。只有通过弘扬社会主义核心价值观，加强思想政治引领，巩固共同团结奋斗的思想政治基础，才能形成共同团结奋斗的凝聚力和向心力，才能确保国家稳定和长治久安。只有通过弘扬社会主义核心价值观，加强思想政治引领，构建大统战工作生态机制，推动统战工作创新发展，才能谱写出新时代统战工作的新篇章。

第二节 新时代大统战力量整合机制的生态化

统战工作是一种系统整合的工作，是一种集结力量的工作，将各种零散的力量整合到社会主义现代化建设这个大的系统工程中。建立统一战线是建立一种系统，一种集中力量与协调矛盾的系统。习近平总书记强调，民族工作、宗教工作都是全局性工作。[①] 客观事物无论以什么样的形态、方式存在，都不是简单孤立的，而是一种综合性联系和作用下的存在。巩固统一战线是

① 《习近平：巩固发展最广泛的爱国统一战线》，新华网，2015年5月21日。

将这种集中力量与协调矛盾的系统进行强化与完善，使之在社会目标的实现中发挥更大的作用，发展统一战线是拓展这个系统，使这个系统的力量更为壮大，壮大的目的不是拉帮结派，而是为了壮大社会主义现代化建设力量。新时代大统战力量整合机制就是在维护广大人民群众利益、维护民族的整体利益、坚持社会主义道路、坚持党的领导的前提下吸收与整合周围的力量，使社会主义现代化建设的力量更为壮大。

《宪法》将新时代爱国统一战线的范围扩展为“全体社会主义劳动者、社会主义事业建设者、拥护社会主义爱国者、拥护祖国统一和致力于中华民族伟大复兴爱国者的联盟”。新时代爱国统一战线呈现出空前的广泛性、巨大的包容性、鲜明的多样性和显著的社会性。要把这样一个数量庞大、构成多元的群体团结凝聚起来，仅仅依靠统战部门是很难做到的，必须营造全党重视、共同来做的良好局面，把方方面面的资源力量充分调动起来。

一、形成党委领导，一把手分管统战工作的“引力”机制

只有党组织书记亲自抓统战工作，才能整合整个党委对统战工作的领导，形成强大的“引力”机制。这就要求各级党组织书记不仅要亲自做好统战工作，发挥“关键少数”的“关键作用”，而且还要整合党委的力量，使每位党委成员都互相配合，共同做好统战工作。

（一）整合党委的力量

打铁先得本身硬，中共各级党委要抓好统战工作，先得搞好自身的团结。一个党委班子就是一个整体，要形成合力，必须充分调动每个成员的积极性。党委班子就那么几个人，随着改革发展的不断深入，面临的问题和矛盾会越来越多，如果“锣齐鼓不齐”，是会出大问题的。“要把问题摆到桌面上来”，“要互通‘情报’”，“不仅‘班长’要这样做，委员也要这样做”，这是《党委会的工作方法》阐述的工作方法。把问题摆到桌面上来、把彼此知道的情况互相通知、互相交流，有利于解决问题、达成共识、消除误会，有利于增进党委委员之间的团结。习近平总书记要求全党同志重温《党委会的工作方法》，就是要全党同志用科学的世界观和方法论，辩证地看待问题，科学地处理问题。出现问题不可怕，重要的是要及时解决问题。俗话说：只要思想不滑坡，方法总比问题多。把问题摆到桌面上来，大家共同商量，一起出主意、

想办法，充分发挥集体智慧的力量，集思广益，就能更好地解决各种纷繁复杂的问题，从而提高党委解决问题的能力，增强党委的凝聚力和战斗力。

（二）把统战工作作为党的最重要的工作

要把统战工作作为党的最重要的工作来抓。在统战部长进入党委常委的前提下，书记还须担任统一战线工作领导小组的组长，亲自抓统战工作。各级党委的工作千头万绪，要分清主次，把统战工作纳入党委重要议事日程。要进一步发挥好统战工作领导小组作用，注重加强民族、宗教、侨务、新的社会阶层等领域工作的协调配合，形成做好新时代统战工作的强大合力。要关注统一战线成员的现实需求，照顾同盟者利益，积极为党外人士发挥作用搭建舞台，特别是要健全党外代表人士队伍建设制度，努力建设一支数量充足、结构合理、素质优良、作用突出的党外代表人士队伍，实现新时代统一战线持续健康发展。要引导统一战线成员聚焦党委、政府关心、关注的问题，突出前瞻性、可行性、时效性，多建有用之言，多献有用之策，多务务实之举。

（三）要抓实抓紧，抓住关键环节

党委对统战工作不但要“抓”，而且一定要“抓紧”。只有抓实抓紧，毫不放松，才能抓得住。抓而不紧，等于不抓，抓而不实，等于白抓。“抓紧”既是一种要求，也是推动统战工作的一个必不可少的重要方法。一是统一思想和步调。每月在办公例会上明确统战工作任务之后，整个党委要心往一处想，劲往一处使。二是加大执行力度。按照既定的统战工作要求、流程，加强监督和考核，坚持高标准严要求，确保统一战线各项工作进度和质量。三是落实到人。把统战工作目标逐级分解，层层落实，有条不紊，一个环节一个环节地向前推进，直至完成。四是抓关键环节。不论统战工作头绪怎么繁多，每个阶段总是只有一个或几个问题是最突出的。作为一级党委抓统战，不能眉毛胡子一把抓，必须明确重点，抓住关键环节。

二、形成全党抓统战工作，全社会关心统战工作，各部门协助统战工作的“合力”

（一）全党抓统战，形成党内“合力”

大统战工作具有战略性、全局性的属性，涉及面非常广，仅靠统战部门去做是远远不够的，必须全党来做。目前，从中央到省（自治区、直辖市）、地级市、县（市、区）都成立了党的统一战线工作领导小组，解决了全党做统战工作的领导体制问题，但还有相当数量的党员没有充分认识到统战工作的重要性，也缺乏对统战工作的了解，不善于做统战工作。要做到全党人人做好统战工作，处处做好统战工作，时时做好统战工作，还须做很多努力。

首先，要对全体中共党员普及统战知识和统战工作方法的教育。要把新时代统一战线的意义、内容和统战工作的方法纳入党课的教学内容，让所有中共党员都知道新时代统一战线的重要作用，了解新时代统一战线的基础知识，掌握做统战工作的基本功。其次，普及联系交友制度。党员干部要与党外人士交友，互相帮助，互相监督。在统战成员多、统战任务重的地方或单位，每位中共党员和党外人士都应结对交友。有必要的话，可考虑责任到人。每位中共党员都要主动服务统战对象，主动解决难点问题。抓机遇、抢时间，勤动脑、多动腿。最后，作为党委统战部的各位同志，更应高度重视统战工作，并着力转变工作理念。统一战线的本质是大团结大联合，是做“人”的工作。有开放思维，坚持“走出去，连起来”，全方位延伸工作触角，团结一切可以团结的力量，调动一切可以调动的积极因素。从重管理转变为重服务，从下任务转变为促参与，从主要依靠政策行政手段转变为政策、经济、文化多手段并用。要切实提高政治站位，具备开拓精神，主动服务大局。

全党重视统战工作，是搞好统战工作的根本保证。要认真总结新中国成立以来全党重视统战工作的经验，分析轻视、忽视统战工作的主要现象及成因，千方百计构建党内“合力”机制，对于在新形势下进一步打开全党重视统战工作的局面很有意义。

（二）全社会关心统战，各部门协助统战，形成社会“合力”

新时代大统战工作已拓展到各个领域和地方的每个角落，需要形成社会“合力”机制，才能适应当前的统战工作形势。随着我国经济社会的不断发展和社会阶层的不断分化，统一战线的工作领域不断拓宽、工作范围不断扩大、统战对象不断增多，统战工作已经由主要集中在政治领域拓展到经济、文化、社会等各个领域，由大城市拓展到中小城市，由非公有制单位拓展到公有制单位。如今，许多统一战线成员在不同所有制、不同行业、不同地域之间频繁流动，人们的职业、身份经常变化，而且这种变化还将不断持续下去。为了适应新形势的发展要求，统一战线的工作方式、工作方法、工作手段和工作载体都相应地发生了变化。参与统战工作的部门和组织也在日益增多，统一战线呈现出显著的社会性特征。随着统战工作特别是基层统战工作的任务越来越重，相应地承担统战工作的基层单位、组织、部门和团体也越来越多，统战工作逐渐走向社会各个领域。基层统战工作越来越呈现出开放式、网络化、社会化的特点和趋势。目前，统战部门的某些职能开始下移和扩展，许多过去没有承担过统战任务和职责的部门、团体也开始呈现出统战特色并赋予其统战工作职能，整个统一战线正在呈现出大统战、社会化的特点和趋势。就目前情况来看，统战工作社会化是当前统战工作发展的一大趋势，也是全面贯彻落实党的统战政策的必然选择。深入研究基层统战工作社会化问题，探索有效的工作方法和工作思路，对于发展、壮大统一战线具有十分重要的意义。目前，基层统战工作已日趋社会化，承担统战工作的各种基层社会团体和部门正在逐渐增多，基层统战部门改变了过去那种独自包揽统战工作的做法，改变了统战系统的封闭状况，变“小统战”为“大统战”，加强了对有关部门、社会团体和行业组织统战工作的指导和联系，互相沟通协作、互相支持配合，推动他们的工作贯穿统战工作的内容、体现统战工作的要求，初步建立了党委重视、政府支持、统战部负责协调、各部门密切配合、全社会关心参与的大统战格局。一是统战宣传工作网络化建设得到加强。信息技术在统战工作中的应用更加普遍、作用更大、效果也越来越好。基层统战部门以信息网络建设为基础，推动了统战信息工作的社会化。目前，已初步建立了“横向到边、纵向到底”的统战信息工作队伍，基层统战部门及各有关部门均安排了有较高政策水平、文字水平和责任心强的人员从事统战信息工作，并明确分工领导。初步建立了基层统战工作联系网络，并不断转变工作方式，综合运用和依靠政治、经济、行政、法律等各种手段来开展统战工作，实现了统战工作方式的信息化和多样化。二是统战功能社会化显著增强。统一战线成员遍布社会的政治、经济、文化等各个领域和各个行业，涉及各党政机关、人民团体、社会组织等不同层面，是一个庞大的社会系统工程，事关党的领导地位和人民政权的巩固，事关民族团结、社会稳定和领土完整，事关祖国的和平统一大业，是党的全局工作中的一个极为重要的方面。其功能的社会化，不仅使其成为全党的工作重点，而且也越来越使其成为全社会、各有关部门和单位工作中不可缺少的重要组成部分。三是统战工作手段和载体更加多元化、社会化。基层统战工作不再像过去那样单纯依靠行政手段和方式，而是更加注重运用社会各方面的力量、多元化载体实现统战工作的目标。第二十次全国统战工作会议已把统一战线知识列入国民教育的重要内容，以夯实统一战线的社会基础；把统一战线工作纳入党政领导班子工作的考核内容，作为选拔任用领导干部的重要依据；把统战工作纳入宣传工作、新闻工作的计划，通过包括互联网在内的各种媒体积极宣传有关党的统一战线方面的路线、方针和政策等，扩大统一战线的社会影响；四是统战工作发挥人才密集的智力优势与协调关系的功能优势更加明显。在不同的历史时期，由于总路线总政策不同，因而统一战线的性质、范围和对象不同，中国共产党对统一战线对象所采取的政策也不同。当今时代，统一战线工作的范围在于组织引导党外人士围绕“五位一体”总体布局和“四个全面”战略布局，深入调查研究，积极建言献策，为党委政府科学民主决策提供有价值的参考。发挥高校、企业、科研院所党外知识分子和专家学者的作用，引导党外高端人才创新创业，打造一批产业创新中心和创新集聚地。同时，统一战线工作还要围绕促进政党关系、民族关系、宗教关系、阶层关系和海内外同胞关系和谐，主动协调关系、化解矛盾。引导党外人士积极发挥正能量，鼓励他们利用专业知识与影响力协助党委政府做好政策解释、平息负面舆论等工作。

三、充分发挥各民主党派和社会团体生命内源力的“活力”

（一）发挥新型政党制度的“活力”

新型政党制度是从我国土壤中生长出来的，适应我国政治生态与社会生态。它把各个政党和无党派人士紧密团结起来，为着共同目标而奋斗，成为统一战线生态的源头活水。中国共产党领导的多党合作和政治协商制度作为我国一项基本政治制度，既坚持以马克思主义政党理论的立场、观点和方法为指导，又立足中国国情，是马克思主义政党理论同中国实际相结合的产物，也是中国共产党同各民主党派、无党派人士在长期团结奋斗寻求中华民族的解放、追求民主的进程中逐步探索形成的，并充分汲取了中华优秀传统文化中和而不同、求同存异、兼容并蓄、天下为公等思想，是具有鲜明中国特色的新型政党制度。既有效避免旧式政党制度囿于党派利益、区域和集团利益、阶级利益决策施政从而导致社会撕裂的弊端，又有效避免了实行多党制国家由于政党轮流统治所产生的党派之争使施政矛盾愈演愈烈，社会纷争不断，社会治理效率低下的劣势。在这种新型政党制度下，我国各民主党派成员和无党派人士处于参政生态位，围绕党和国家重大决策积极建言献策，为经济建设和社会发展做出重大贡献的同时，也在推动民主政治和生态文明建设，激活统一战线的源头之水。

（二）发挥民主党派成员在政协中的“活力”

当代世界已经步入了政党政治的时代。作为功能性的机构，政党的存在主要是对所代表阶层和群体的利益进行聚合和表达，把大众的偏好转变为公共政策。在长期的革命和战争中，各方政治力量的博弈使我国最终形成了富有中国特色的多党合作制度。这种制度所体现的党际关系和运行规则迥异于西方竞争性的政党制度：在中国共产党的领导下，各民主党派在多党合作的制度框架中，积极参与国家政权，发挥政治协商、民主监督、参政议政的职能，从而使我国既保持了稳定有序的政治局面，又创造了生动活泼的民主气氛。

我国日益重视保障民主党派参政议政职能的充分发挥。《中共中央关于加强人民政协工作的意见》指出，要努力搭建好人民政协这个大舞台，充分发挥人民政协作为中国共产党领导的多党合作和政治协商的重要机构的作用，尊重和保障各民主党派在政协各种会议上以本党派名义发表意见的权利；要确保各民主党派界别委员能以党派名义提出主张，发表意见，能以党派名义开展有关活动；要尊重和保障各民主党派和无党派人士开展视察、提出提案、举报、反映社情民意以及参与调查和检查活动的权利。这些制度性的保障对民主党派加强参政议政工作大有裨益，它将有力地推动多党合作和政治协商事业的发展。在市场经济体制改革催生的多元社会条件下，人民政协作为各民主党派以政治主体的身份参与国家的政治活动的有效平台变得日益重要。经过三十年的改革开放，社会出现了大量的“自由流动资源”和“自由活动空间”，我国的政治社会生态发生了根本性变化。总体而言，目前已经进入了经济体制深刻变革、社会结构深刻变动、利益格局深刻调整、思想观念深刻变化的时期，形成了社会经济成分、组织形式、就业方式、利益关系和分配方式日益多样化的复杂社会形态。整个社会的阶层结构发生了重大变化，已经从建国初期“两阶级一阶层”（工人阶级、农民阶级和知识分子阶层）的社会结构形态转变为国家与社会领导阶层、经理人员、私营企业主阶层、专业技术人员阶层、办事人员阶层、个体工商户阶层、商业服务阶层、产业工人阶层、农业劳动者阶层、城乡无业失业和半失业人员阶层等多阶层并存的社会结构形态。社会的“不同”和“多元”是现代社会进步的标志，但多元社会也为政治的良性运行和协调发展带来挑战。阶层分化促使社会不同阶层人群的自主意识增强，利益诉求差异扩大，这对政治决策的民主与公正形成挑战。

在新的社会结构条件下，知识分子阶层内部的巨大变化产生的不同政治诉求、利益需求、思想观念和表达方式，对国家政治整合提出了挑战，这需要充分发挥民主党派的代表作用，通过民主党派在政协平台上的参政议政来满足所代表群体的利益表达和政治诉求，在国家的公共生活中建立起有序的政治秩序。新的历史时期，在政协中充分发挥各民主党派的参政议政职能，有利于在了解和掌握不同社会群体的思想观点和利益要求的基础上，更好地协调不同社会群体的利益关系，及时有效地化解社会矛盾。与其他界别的政协委员相比，民主党派界别政协委员具有在政协中充分履行参政议政职能的优势。从政协中民主党派界别委员的参政议政活动情况看，民主党派界别委员主要有三种活动形式：一是在每年政协会议召开前，各民主党派召开本党派参政议政工作会议，组织党派力量调研重大社会热点难点问题，认真撰写党派集体提案；二是在政协会议期间，各民主党派委员以党派名义提出集体提案、书面发言和口头发言；三是各民主党派在政协中参加界别分组讨论，并以此为平台反映民主党派界别政协委员对中共和政府政策制定和执行的意见和建议。

与政协中其他界别比较而言，民主党派界别政协委员无论是在参政议政的制度保障、组织化程度、活动方式还是在参政议政内容等方面都具有自身优势。长期以来，民主党派在多党合作框架中形成了相对完整的参政议政组织系统和工作机制。民主党派界别的政协委员能够以党派内的组织系统为依托，充分利用党派内部的组织资源，集聚党派内成员的集体智慧，形成能够反映更广大群体政治愿望和利益诉求的提案。同时，民主党派集聚了各界社会精英，他们具有相对开阔的视野和较高的理论水平，在参政议政内容上大多围绕中共中央和地方大政方针、重要事务，具有一定的高度、深度和前瞻性。因此，无论是基于多元化的社会阶层结构形态的客观要求，还是基于民主党派自身的优势，都需要充分发挥民主党派的组织优势和桥梁作用及其在政协中的参政议政职能。

为确保充分发挥民主党派在政协中的参政议政作用，务必推进政党协商、参政议政、民主监督制度化、规范化、程序化。这是习近平总书记关于坚持和发展我国多党合作制度的重要思想。在党的十九大报告中，习近平指出，要“坚持长期共存、互相监督、肝胆相照、荣辱与共，支持民主党派按照中国特色社会主义参政党要求更好履行职能”。[①]就如何落实，习近平强调要“推动政党协商、参政议政、民主监督制度化、规范化、程序化建设，支持民主党派加强自身建设、更好履行职能，彰显我国新型政党制度的独特优势”。[②]习近平总书记要求在具体实践中把握好“三个统一”的贯彻落实。一要坚持和发展新型政党制度与加强政党协商的有机统一。在党的十九大报告中明确指出:“必须坚持中国特色社会主义政治发展道路，坚持和完善人民代表大会制度、中国共产党领导的多党合作和政治协商制度、民族区域自治制度、基层群众自治制度，巩固和发展最广泛的爱国统一战线，发展社会主义协商民主，健全民主制度，丰富民主形式，拓宽民主渠道，保证人民当家作主落实到国家政治生活和社会生活之中。”其核心思想，就是要彰显新型政党制度的优势，切实加强政党协商，创新和发展新型政党制度。二是坚持和发展新型政党制度与“十六字方针”的有机统一。习近平总书记在2018年在全国政协十三届一次会议的分组讨论中指出:“中国共产党领导的多党合作和政治协商制度作为我国一项基本政治制度，是中国共产党、中国人民和各民主党派、无党派人士的伟大政治创造，是从中国土壤中生长出来的新型政党制度。”[③]并多次强调建设新型政党制度与坚持传统的“十六字方针”高度统一。三是支持参政党更好履职与提升参政党履职能力的有机统一。习近平在总书记十九大报告中强调，“支持民主党派按照中国特色社会主义参政党要求更好履行职能”，此后就参政党履职能力的提升，具体指明了五大能力和五条路径，即“提高政治把握能力、参政议政能力、组织领导能力、合作共事能力、解决自身问题能力”。[④]

① 《习近平谈巩固和发展最广泛的爱国统一战线》，党建网微平台，2021年7月16日。

② 《坚持和完善我国新型政党制度》，《光明日报》，2019年11月8日。

③ 习近平:《坚持多党合作发展社会主义民主政治 为决胜全面建成小康社会而团结奋斗》，《人民日报》，2018年3月5日第1版。

④ 《认真学习贯彻习近平新时代中国特色社会主义思想 把多党合作事业不断推向前进》，《求是》，2018年2月28日。

（三）发挥民主党派成员在人民代表大会中的“活力”

中共十一届三中全会以来，中国共产党为完善和发展人民代表大会制度做出了坚持不懈的努力，使这一符合我国国情的根本政治制度得到不断的健全，在许多方面显示优势。各民主党派作为参政党，其成员以人民代表的身份参加人大的各项工作和活动，对于加强和改善党的领导、推进社会主义民主政治建设、保证国家长治久安、促进改革开放和现代化建设的发展发挥着积极作用。

第一，做好各级人大代表的推荐和选举工作。统战部门要与各民主党派机关密切配合，推举出有代表性的、有较强参政议政能力的代表人选。在推举过程中，一方面要保证数量，及保证民主党派、无党派人士在代表中所占比例。另一方面要重视质量即代表的素质。人大代表除了具有广泛代表性及卓越贡献外，还应首先具有知政、议政、参政的职能，才能更好地发挥作用。

第二，各级党政部门要积极支持民主党派成员人大代表参加各种形式的调查、考察活动。只有接触实际、了解情况，才能对一些问题有比较深透的了解，也才能使代表的议案更具科学性、可行性。深入了解国情、民情，民主党派的协商、监督也才能建立在根本实在的基础上。

第三，充分发挥民主党派成员在人大中的作用，必须着重抓住关系国计民生和国家长治久安的重大问题，深入调查研究，提出有分量、有价值的意见和建议，各级党政部门更要支持、鼓励他们积极配合国家重大建设问题提建议、想办法、出主意。

第四，中共人大党组成员要与担任人大领导职务的民主党派人士经常交流情况、沟通思想、交换意见，以实现中共与民主党派在国家权力机关中的合作与协商。

总之，人民代表大会作为我国最高权力机关，它既是人民行使民主权利的地方，也是民主党派成员发挥作用的重要场所。各民主党派成员人大代表通过在人大中的各种活动，一方面参与了党和政府的工作实践，有效地发挥了民主监督的作用；另一方面也在工作实践中使自己参政议政水平和能力不断提高，并通过参政议政的各项活动，发挥自己的业务专长，为我国的各项建设做出了积极的贡献。

（四）发挥社会团体的活力

除了民主党派，还要充分发挥社会团体在统战工作中的活力。我国改革开放以来，在社会的自主发展中，一个引人注目的现象就是社会团体的大量涌现。社会团体是相对独立自主社会的重要组成部分，其数量的多少表明社会的组织化程度。更为重要的是，社会团体承载着利益表达与利益整合、权力的监督与制约、政治社会化以及社会自我管理等重要功能，是民主政治发展不可缺少的重要社会力量。社会团体的存在不是一种新现象。新中国成立以后，中国就有少量缺乏独立地位的人民群众团体，作为党和政府联系人民群众的桥梁和纽带，这些团体所具有的更多的是行政组织的属性，而缺乏民间性。在国家与社会的相互关系中，人民群众团体往往以“国家代表”的身份而不是“社会代表”的身份展现在人们面前。改革后出现的社会团体则体现了与此不同的民间化趋势，这一趋势正好与社会的自主发展相一致。

随着中国社会主义市场经济体制改革的深入以及政府职能的转变，一些社会问题日益显现，社会团体在解决这些问题上发挥了以民间渠道动员社会资源和社会力量的优势，这是社会自我服务、自我管理、自主发展的重要体现。同时，随着全球化趋势的进一步发展，全球结社革命发展得如火如荼，在国际上活跃着大量的非政府组织，发达国家甚至一些发展中国家中的民间组织也数量众多。中国加入WTO后，中国与世界的联系更为紧密。按照国际惯例，有些问题的解决需要由非政府组织出面协商，如行业协会等。这样，发展以社会团体为主体的民间组织以适应民间组织国际交往的需要，已势在必行。

总之，要整合所有统战成员（统一战线的工作对象）的观念和力量，在实现中华民族伟大复兴的进程中，让大家心往一处想，劲往一处使。新时代统一战线的工作对象包括民主党派成员，无党派人士，党外知识分子，少数民族人士，宗教界人士，非公有制经济人士，新的社会阶层人士，出国和归国留学人员，香港同胞、澳门同胞，台湾同胞及其在大陆的亲属，华侨、归侨及侨眷，其他需要联系和团结的人员等12个方面的群体，其成员十分广泛。他们都是坚持和完善中国特色社会主义制度、推进国家治理体系和治理能力现代化的重要参与力量。我们构建新时代大统战生态机制，就是要有海纳百川的博大胸襟，团结一切可以团结的力量，调动一切可以调动的积极因素，不断巩固统一战线共同思想基础，为中华民族伟大复兴凝集磅礴力量。

主要参考文献

1. 中共中央宣传部 . 习近平新时代中国特色社会主义思想学习纲要（2019年版）[M] . 北京：人民出版社，2019.

2. 中共中央宣传部 . 习近平总书记系列重要讲话读本（2016年版）[M] . 北京：人民出版社，2016.

3. 习近平，刘云山，王岐山，张高丽 . 党的十九大报告辅导读本 [M] . 北京：人民出版社，2017（10）.

4. 习近平 . 决胜全面建成小康社会 夺取新时代中国特色社会主义伟大胜利—在中国共产党第十九次全国代表大会上的报告 [M]. 北京：人民出版社 2017 .

5. 叶小文等 . 画出最大的同心圆——习近平总书记在中央统战工作会议上重要讲话精神学习讲座 [M] . 北京：中共中央党校出版社，2015.

6. 中共中央文献研究室编 . 习近平关于全面建成小康社会论述摘编（大字本）[M] . 北京：中央文献出版社，2016.

7. 刘世华 . 中国民主政治模式研究 [M]. 北京：人民出版社，2014.

8. 中央统战部编著 . 中国共产党统一战线工作条例（试行）[M] . 北京：华文出版社，2015.

9. 本书编写组 . 习近平新闻思想讲义 [M] . 北京：人民出版社，学习出版社，2018.

10. 陈明明 . 统一战线理论与实践前沿 2018[M] . 上海：复旦大学出版社，2018.

11. 李维汉 . 统一战线问题与民族问题 [M] . 北京：中共党史出版社，

2016.

12. 顾行超. 中国共产党统一战线思想史［M］. 上海：上海人民出版社，2005.

13. 杨学文等著. 统一战线理论与实践研究［M］. 西安：陕西人民出版社，2010.

14. 中央文献研究室. 十八大以来重要文献选编［M］. 北京：中央文献出版社，2016.

15. 习近平. 习近平谈治国理政［M］. 北京：外文出版社，2014.

16. 习近平. 习近平谈治国理政（第二卷）［M］. 北京：外文出版社，2017.

17. 姬振海等. 生态文明论［M］. 北京：人民出版社，2007.

18. 王伟光. 马克思主义中国化的最新成果——习近平治国理政思想研究［M］. 中国社会科学出版社，2016.

19. 中国人民政治协商会议全国委员会研究室编. 老一代革命家论人民政协［M］. 北京：中央文献出版社，1997.

20. 中共中央宣传部编. 习近平新时代中国特色社会主义思想三十讲（标准版）［M］. 北京：学习出版社，2018.

21. 中共中央文献编辑委员会《习近平关于协调推进“四个全面”战略布局论述摘编》［M］北京：中央文献出版社，2018.

22. 中共中央宣传部编. 习近平总书记系列重要讲话读本［M］. 北京：学习出版社，人民出版社，2016.

23. 中共中央统战部. 中国共产党统一战线史［M］. 北京：中共党史出版社，2017.

24. 中共中央文献研究室. 十八大以来重要文献选编［M］. 北京：中央文献出版社，（上册）2014、（中册）2016、（下册）2018.

25. 中共中央文献研究室. 习近平关于全面深化改革论述摘编［M］. 北京：中央文献出版社，2014.

26. 中共中央文献研究室. 习近平关于全面依法治国论述摘编［M］. 北京：中央文献出版社，2015.

27. 中共中央文献研究室. 习近平关于全面从严治党论述摘编［M］. 北京：

中央文献出版社，2016.

28. 刘定平等 . 生态价值取向研究［M］. 北京：中国书籍出版社，2015.

29. 张希中 . 习近平命运共同体思想的形成维度、内涵及价值意蕴探析［J］. 行政与法，2016（2）.

30. 杨卫敏 . 以最大公约数画出最大同心圆——学习习近平关于正确处理一致性与多样性关系的重要论述［J］. 重庆社会主义学院学报，2015（5）

31. 中共黑龙江省委统战部课题组 . 中国梦：统一战线正确处理一致性与多样性关系的价值支撑、思想原则及行动路径［J］. 黑龙江省社会主义学院学报，2014（3）.

32. 蔡扬波 . 新时代统一战线践行“五大发展”理念研究［J］. 吉林省社会主义学院学报，2020（1）：6–9.

33. 阳沐乎韧 . 习近平关于统一战线重要论述的文化透析［J］. 广西社会主义学院学报，2019（4）.

34. 刘伟芳 . 中共十八大以来统战工作新思路［J］. 毛泽东邓小平理论研究，2016（6）.

35. 杨卫敏 . 新的社会阶层人士自组织统战工作：对“自组织”的“再组织”［J］. 统一战线学研究，2020，4（4）.

36. 林华山 . 习近平总书记关于加强和改进统一战线工作的重要思想研究［J］. 河北省社会主义学院学报，2018（4）.

37. 李金河 . 多样性的半径越长画出的同心圆就越大——正确处理统一战线一致性和多样性的关系［J］. 中央社会主义学报，2015（6）.

38. 邓磊，罗欣 . 习近平铸牢中华民族共同体意识理路探析［J］. 社会主义研究，2018（12）.

39. 丛斌 . 统一战线工作的“同心圆法则”［J］. 民主与科学，2015（4）.

40. 张沛霖 . 习近平新时代中国特色外交战略中的统一战线思想初探［J］. 上海市社会主义学院学报，2019（2）.

41. 莫雷 . 探究敌友关系的三种政治学——以施密特、德里达、墨菲为例［J］. 南京社会科学，2019（4）.

42. 蒋成会、汪守军 . 习近平总书记关于加强和改进统一战线工作的重要思想的形成背景与实践价值［J］. 统一战线学研究，2020，4（4）.

43. 艾新强 . 习近平“统战工作是全党的工作”论断的大统战观解读［J］. 广西社会主义学院学报，2017（4）.

44. 刘维芳 . 中共十八大以来统战工作新思路［J］. 毛泽东邓小平理论研究，2016（6）.

45. 胡照洲 . 习近平统一战线思想的创新和发展［N］. 长江日报，2015-11-23（15）.

46. 赵晓娥 . 论习近平关于统一战线思想［J］. 陕西社会主义学院学报，2017（1）.

47. 徐理响 . 合作型政治：统一战线与政治整合的中国逻辑［J］. 统一战线学研究，2020，4（4）.

48. 汪明峰 . 新时代高校党外知识分子统战工作的创新逻辑与实践建构研究［J］. 黑龙江教育（理论与实践），2020（8）.

49. 英启琛 . 新时代爱国主义精神的发展逻辑及当代价值［J］. 惠州学院学报，2020，40（4）：44-48.

50. 蔡新民 . 主心骨 同心圆 向心力——学习习近平新时代中国特色社会主义思想的体会［J］. 新闻爱好者，2018（1）.

51. 郭玉华 . 论党的十八大以来习近平关于统一战线新思想新观点［J］. 重庆社会主义学院学报，2015，18（1）.

52. 陈惠丰. 从统一战线把握人民政协的性质定位和作用［J］. 中国政协理论研究. 2017（1）.

53. 张立新，陆博. 党的十八大以来统一战线的理论创新. 沈阳师范大学学报（社会科学版），2015（1）.

54. 辛玉玲. 论习近平新时代统一战线思想的理论创新特色［J］. 广西社会主义学院学报，（6）.

55. 邸乘光 . 新时代巩固和发展统一战线的科学指南——学习习近平总书记关于加强和改进统一战线工作的重要思想［J］. 统一战线学研究，2019（01）.

56. 李君如. 民主政治、协商民主与人民政协［J］. 党政干部学刊，2013（1）.

57. 许立坤 . 论习近平关于多党合作的重要理论创新——习近平统一战线思想研究系列之一［J］. 广西社会主义学院学报，2015（4）.

58. 张峰 . 指导统一战线事业发展的纲领性文献：学习习近平同志在中央

统战工作会议上的重要讲话精神[J]. 北京：中央社会主义学院学报,2015(3).

59. 杨正敏 . 习近平总书记统一战线重要思想论纲［J］. 重庆社会主义学院学报，2016（5）.

60. 蒋明伟. 马克思恩格斯统战联盟思想及现实启示[J]. 思想教育研究，2017（1）.

61. 张献生 . 习近平对统一战线工作方式方法的丰富和创新［J］. 辽宁省社会主义学院学报，2018（3）.

62. 蒋光贵 . 习近平统一战线思想的几个特征［J］. 湖北省社会主义学院学报，2017（4）.

63. 张薇，张艳娥. 习近平总书记统一战线重要思想的思维特征［J］. 重庆社会主义学院学报，2016（5）.

64. 刘斌志 . 论习近平总书记对统一战线思想的发展与创新［J］. 河北省社会主义学院学报，2017（3）.

65. 杨爱珍 . 对习近平总书记关于加强和改进统一战线工作的重要思想的研究［J］. 上海市社会主义学院学报，2019（6）.

66. 吴丽萍，王蔚 . 习近平对统一战线理论的创新发展［J］. 理论视野，2019（8）.

67. 贺善侃 . 新时代统一战线功能的新拓展[J]. 上海市社会主义学院学报，2018（1）.

68. 王东勤 . 习近平同志关于统一战线的重要讲话精神及其时代价值［J］. 中央社会主义学院学报，2016（4）：35–39.

69. 张强 :《习近平总书记统一战线重要思想的宗教篇》[J]. 重庆社会主义学院学报，2016（5）.

70. 蒋妥 . 习近平定调大统战：“大”在哪里［J］. 决策与信息，2015（9）.

71. 高国升 . 党的十八大以来统一战线理论与政策的新发展［J］. 中央社会主义学院学报，2014（6）.

72. 张恩娜. 论邓小平统一战线理论及对实现中国梦的作用［J］. 理论与当代，2015（ 7 ）.

73. 李淑萍 . 充分发挥统一战线在协商民主中的重要作用［J］. 中央社会主义学院学报，2014（2）.

74. 周艳萍，韩廷波，孙彤 . 习近平统一战线思想研究［J］. 天津市社会主义学院学报，2015（3）.

75. 丁红岩 . 多民族视域下中华民族命运共同体思想研究［J］. 长春师范大学学报，2017（5）.

76. 袁鸿 . 习近平统一战线思想新发展述论［J］. 四川统一战线，2016（11）.

77. 蒋光贵 . 习近平总书记统一战线重要思想的哲学意蕴［J］. 统一战线学研究，2017（3）.

78. 施敏 . 发挥统一战线优势与实现中国梦［J］. 中共云南省委党校学报 .2014（9）.

79. 王国麟 . 统一战线是实现中华民族伟大复兴的重要法宝——学习习近平关于“统一战线”的重要论述［J］. 贵州社会主义学院学报，2016（4）.

80. 杨松禄 . 论统一战线在社会主义协商民主中的作用［J］. 上海市社会主义学院学报，2015（3）.

81. 蔡宇宏 . 统一战线是社会主义协商民主的内生性要素［J］. 当代世界社会主义问题，2017（3）.

82. 王国奇 . 习近平总书记关于加强和改进统一战线工作的重要思想研究［J］. 湖南省社会主义学院学报，2019（12）.

83. 吉强 . 试论习近平关于新时代统战工作的互联网思维［J］. 江苏省社会主义学院学报，2020（1）.

84. 马一德 . 宪法框架下的协商民主及其法治化路径［J］.《中国社会科学》，2016（9）.

85. 赵雅文 . 大力构筑网络协商民主“同心圆”［J］. 理论探索，2017（2）.

86. 杨卫敏 . 新的社会阶层人士自组织统战工作：对“自组织”的“再组织”［J］. 统一战线学研究，2020，4（4）.

87. 陈晓晖，李蒙琴 . 习近平总书记关于加强和改进统一战线工作的重要思想论析［J］. 上海市社会主义学院学报，2020（3）.

88. 史成虎 . 论统一战线在构建社会主义和谐社会中的地位和作用［J］. 华中师范大学学报，2017（5）.

89. 蒋光贵 . 习近平总书记统一战线重要思想形成的时代背景［J］. 重庆社会主义学院学报，2016（4）.

90. 郭道久 . 统一战线在建设社会主义协商民主中的功能［J］. 重庆社会主义学院学报，2015（1）.

91. 田向利 . 不忘初心 维护核心 服务中心 凝聚人心——新时代统战工作定位探析［J］. 四川省社会主义学院学报，2020（1）.

92. 陈昌宏 . 发挥统战优势 完善中国之治［J］. 湖北省社会主义学院学报，2019（6）.

93. 孙德魁 . 新时代统一战线服务“一带一路”建设的思路和途径［J］. 江苏省社会主义学院学报，2018（6）.

94. 赵华明，李丽娜，刘英杰 . 新时代统一战线立法体系的构建与完善［J］. 辽宁省社会主义学院学报，2019（1）.

95. 王和平 . 以高质量统战工作服务高质量发展［J］. 湖南省社会主义学院学报，2020，21（3）：50–51.

96. 陈萍，夏妍 . 关于正确处理新时代统一战线一致性与多样性关系的路径选择［J］. 辽宁省社会主义学院学报，2018（4）.

97. 姜智红 . 习近平总书记关于加强和改进统一战线工作的重要思想研究［J］. 广东省社会主义学院学报，2020（2）.

98. 林华山.“一国两制”实践中统一战线争取人心问题研究［J］. 四川省社会主义学院学报，2018（3）.

99. 李巍 . 新时代统一战线作用探析［J］. 吉林省社会主义学院学报，2019（1）.

100. 刘小莉，樊笃涛 . 新时代统一战线基本特征和发展趋势研究［J］. 陕西社会主义学院学报，2020（2）.

101. 陈喜庆 . 新中国成立70年来党的统一战线政策的发展和启示［J］. 中央社会主义学院学报，2019（6）.

102. 陈晓晖，李佳奇 . 新时代高校归国留学人员统战工作的思考［J］. 辽宁省社会主义学院学报，2020（1）.

103. 刘佳义. 论凝聚共识［J］. 中国政协理论研究，2019（4）.

104. 杨卫敏 . 论习近平新时代大统战战略思维［J］. 江苏省社会主义学院学报，2019（1）.

105. 刘硕，张春梅 . 习近平总书记关于加强和改进统一战线工作重要思想的逻辑体系探究［J］. 黑龙江省社会主义学院学报，2020（1）.

106. 李荣梅 . 构建新时代大统战工作格局的实践、问题及思考［J］. 山西社会主义学院学报，2019（4）.

107. 艾新强，刘超伟 . 习近平大统战观研究［J］. 云南社会主义学院学报，2019，21（4）.

108. 陈兴国 . 基层统战力量与任务失衡的问题与对策［J］. 贵州社会主义学院学报，2019（4）.

109. 李俊 . 新时代统一战线"最大政治"功能的思考［J］. 科学社会主义，2019（5）.

110. 任重文 . 深入学习习近平同志关于实现中华民族伟大复兴的中国梦重要论述［M］. 北京：人民日报出版社，2014.

111. 辽宁省社会主义学院课题组 . 坚持正确处理一致性和多样性关系的方针研究［J］. 辽宁省社会主义学院学报，2016（4）.

112. 林华山. 新时代统一战线的战略定位与发展图景——从"爱国统一战线"到"中华民族伟大复兴统一战线"［J］. 统一战线学研究，2018（1）.

113. 丛斌 . 统一战线工作的"同心圆法则"［J］. 民主与科学，2015（4）.

114. 林华山 . 统一战线在实现中国梦中的地位和作用［J］. 重庆社会主义学院学报，2013（4）.

115. 贾利春，屈伟杰，陈雅祎 . 统战工作中一致性和多样性关系浅析［J］. 河北省社会主义学院学报，2017（4）

116. 周显信，罗馨 . 习近平命运共同体思想的逻辑结构与构建路径［J］. 理论与改革，2016（3）.

117. 刘定平，张先君 . 习近平总书记关于加强和改进统一战线工作的重要思想的战略思维［J］. 湖北省社会主义学院学报，2020（4）.

118. 刘定平，刘铭鑫 . 习近平总书记关于"同心圆"论述的逻辑理路［J］. 湖南省社会主义学院学报，2021（3）.

后　记

本书是由我完成的两个有关联性的研究课题的成果凝练而成的。全书分上、下两篇，共十章。上篇为第一章至第五章，选取了我完成的湖南省社会科学成果评审委员会重点项目（XSP18ZDI013）——《习近平统一战线思想研究》的部分成果，其主要内容包括新时代统一战线的重要地位、理论创新、逻辑思维、基本特征及重大价值。下篇为第六章至第十章，选取了我完成的湖南省哲学社会科学规划基金一般项目（16YBA237）——《治国理政新时期大统战生态机制研究》的主要成果。其主要内容包括大统战机制的生态审视及证成、新时代大统战的目标，以及大统战组织机制、领导机制、联系机制、协调机制、整合机制的生态化构建。上篇是下篇的理论基础，下篇是上篇的实践基础，两者互为依托。

我在研究上述两个课题的时候，得到了湖南省社会科学成果评审委员会和湖南省哲学社会科学规划基金办公室的资助；得到了湖南省高校思想政治工作（统一战线工作）创新发展中心和湘潭理工学院的支持；得到了南华大学张峰林教授的热心帮助。在中共湖南省委统战部的安排下，我参加了2018年中央统战部赴湘调研组召开的座谈会，就学习和研究习近平总书记关于进一步加强和改进统一战线工作的重要思想的体会作了主题发言，同时也得到了与会的领导和专家的指导。课题研究报告完成后，湖南工商大学黄昕校长、甘德健副校长热心支持我选取这两个课题的主要成果凝练成一部著作出版。在书稿的修改和整理过程中，湖南工商大学马克思主义学院、湘潭理工学院马克思主义理论教学部的同仁们对稿件提出了一些有益的建议。我的学生王萍、刘铭鑫、刘沛东在前期的课题研究中协助我做了大量的调研工作。在课题研究和书稿写作过程中，我参考了大量的文献和内部资料，也采用了我主持的课题研讨会上课题组成员的发言。未能一一标出，在此，一并致谢！

出版本书，源于我对统战工作的一份情感。我曾从事高校统战工作十多年，当过两届湖南省高校统战工作研究会副会长（负责常务工作），得到过三次全国高校统战理论研究会的奖励，主持完成十余项湖南省和教育部的有关统战工作研究或统战理论研究的科研课题。最值得一提的是我在中共统战部门和民主党派结交了一批良师益友。与他们交往，如沐春风。这也是我对统战工作感情深厚的一个重要原因。我从事高校统战工作期间，与中共省、市统战部门和民主党派机关常有工作联系，我没见过中共统战部门和民主党派机关存在门难进、脸难看的现象。有一天，我去省委统战部知识分子工作处办事，不期负责这项工作的同志有任务临时出门了，要我稍等一会儿。一位气质很好的女同志看到我站在走廊上等人，便热情地邀我到办公室坐一会儿。后来我才知道，这是新上任的李部长（省委常委）。此前，李部长的前任省委常委石部长，在我校调研时，听说我校独立设置了党委统战部，从七楼的会议室出来后，没去乘电梯，兴致勃勃地跟我就近从楼梯爬到十层的统战部办公室。在我的办公室，她亲切地问我工作有没有困难。看到我办公室有很多书，又表扬了一句。我觉得统战系统的人都好打交道，联想到了统战工作的政治生态问题，想到用生态方法来研究统战工作机制。后来就申报了这方面的科研课题。在本书中，就采用了生态的研究方法。当然，我的研究还未到位，可能有些表述还存在缺点和错误。但若能起到抛砖引玉的作用，就还是有意义的。

我还真做过一件有意义的事：2013年6月，我在中央社会主义学院参加全国高校统战部长培训班时，以湖南省高校统战工作研究会副会长兼秘书长的身份，发起成立全国高校统战工作研究会中南片区分会。此提议立即得到武汉大学党委统战部蒋锁奋部长的支持。他当时是湖北省高校统战工作与理论研究会会长，立即找到广东省负责这方面工作的同志，以湖南、湖北、广东三省为基础的研究分会便建立起来了。现在，我已离开统战工作岗位几年了，欣慰地看到全国高校统战工作研究会中南片区分会越办越好。我愿意将拙著化作心花，献给这个学会。

盛夏长沙，十分炎热。我也有些心浮气躁，而且时间与水平有限，致使拙作存在个别不足与错漏。敬祈读者指正。

刘定平

2021年8月